L'ENCYCLOPÉDIE VISUELLE DE

NOTRE MONDE

L'UNIVERS • LA TERRE • LA MÉTÉO • LES OCÉANS

Catalogage avant publication de Bibliothèque et Archives nationales du Québec et Bibliothèque et Archives Canada

Vedette principale au titre : L'encyclopédie visuelle de notre monde

Comprend un index.

Pour les jeunes de 8 à 12 ans.

ISBN 978-2-7644-0852-0

1. Terre – Encyclopédies pour la jeunesse.
2. Univers – Encyclopédies pour la jeunesse.
3. Astronomie – Encyclopédies pour la jeunesse.

QB631.4.E52 2007   j525.03   C2007-940124-4

L'*Encyclopédie Visuelle de notre monde* a été créée et conçue par
Québec Amérique Jeunesse, une division de **Les Éditions Québec Amérique inc.**
329, rue de la Commune Ouest, 3e étage
Montréal (Québec) H2Y 2E1 Canada
T 514.499.3000 **F** 514.499.3010
www.quebec-amerique.com

Dépôt légal : 2007
Bibliothèque nationale du Québec
Bibliothèque nationale du Canada

Nous reconnaissons l'aide financière du gouvernement du Canada par l'entremise du Programme d'aide au développement de l'industrie de l'édition (PADIÉ) pour nos activités d'édition.

 Conseil des Arts du Canada   Canada Council for the Arts   Québec ::

Gouvernement du Québec – Programme de crédit d'impôt pour l'édition de livres – Gestion SODEC.

Les Éditions Québec Amérique bénéficient du Programme de subvention globale du Conseil des Arts du Canada. Elles tiennent également à remercier la SODEC pour son appui financier.

Imprimé et relié à Singapour.
10 9 8 7 6 5 4 3 2 1   11 10 09 08 07

Éditrice
Caroline Fortin

Directrice éditoriale
Martine Podesto

Rédactrices en chef
Johanne Champagne
Marie-Anne Legault

Adjointes à la rédaction
Stéphanie Lanctôt
Cécile Poulou-Gallet

Rédactrices
Anne Dupuis
Marie-Claude Ouellet

Designers graphiques
Josée Noiseux
Éric Millette

Mise en pages
Karine Lévesque
Jean-François Nault
Jérôme Lavoie
Émilie Bellemare

Directeurs artistiques
Anouk Noël
Marc Lalumière

Illustrateurs
Jocelyn Gardner
Carl Pelletier
Rielle Lévesque
Alain Lemire
Mamadou Togola
Michel Rouleau
Ara Yazedjian
Jean-Yves Ahern
Mélanie Boivin
Danielle Lemay
Raymond Martin
Claude Thivierge
François Escalmel
Marie-Andrée Lemieux

Documentalistes photos
Gilles Vézina
Nathalie Gignac
Fernand Chevalot
Kathleen Wynd

Préimpression
Hélène Coulombe
Sophie Pellerin
Kien Tang
Tony O'Riley

Réviseurs-correcteurs
Claude Frappier
Isabelle Allard
Diane Martin

Consultants
Robert Lamontagne (astronomie)
Christian Levesque (géologie)
Ève Christian (météorologie)
Serge Lepage (océanographie)

Remerciements
Benoît Allaire
Ville de Montréal
Gilles Brien (Environnement Canada)

L'ENCYCLOPÉDIE VISUELLE DE
NOTRE MONDE

L'UNIVERS • LA TERRE • LA MÉTÉO • LES OCÉANS

QUÉBEC AMÉRIQUE

Table des matières

L'Univers

Depuis l'aube des temps, l'Univers est le théâtre d'une grande activité. Au fur et à mesure que les premières particules de matière se forment et s'organisent en atomes, des nuages de gaz et de poussières se multiplient. Puis, des milliards d'étoiles naissent au cœur de ces nuages et s'assemblent en galaxies multiformes. Entourées d'immenses espaces vides, des milliards de galaxies composent de nos jours la toile de fond de l'Univers. Parmi elles se trouve une galaxie spirale, la Voie lactée, qui voyage dans le cosmos telle une roue lumineuse, emportant dans ses bras le Système solaire.

Il était une fois un univers...

L'Univers, c'est tout ce qui existe, du sol sur lequel on marche jusqu'à l'air que l'on respire, en passant par tout ce qui vit et ne vit pas. Depuis le début des temps, les êtres humains se sont demandé d'où venaient les astres qui illuminaient le ciel. Tous les peuples qui ont traversé l'histoire ont inventé des histoires merveilleuses pour répondre à cette question. Au siècle dernier, les cosmologistes, des astronomes spécialisés dans l'histoire de l'Univers, ont proposé une théorie pour expliquer sa naissance et son évolution. Leur théorie s'appelle le Big Bang.

La théorie du Big Bang

La plupart des astronomes pensent qu'il y a environ 15 milliards d'années, l'Univers était plus petit qu'une tête d'épingle. Toute l'énergie emprisonnée dans ce minuscule point aurait été libérée subitement au cours d'une formidable « explosion », le fameux Big Bang. Une sorte de boule d'énergie extrêmement chaude aurait alors pris de l'expansion à toute allure. De petites particules de matière auraient commencé à se former dans cet Univers naissant, et à s'organiser en étoiles et en galaxies. Aujourd'hui encore, l'Univers continue de s'étendre, comme un ballon que l'on gonfle.

0 seconde
Une quantité inimaginable d'énergie est libérée.

0,000001 seconde
Les toutes premières particules de matière, les minuscules quarks, commencent à se former à partir de l'énergie du Big Bang. Les quarks s'assemblent en protons et en neutrons.

300 000 ans
Les neutrons, les protons et les électrons s'assemblent pour former les premiers atomes constituant la matière. Ces atomes sont l'hydrogène, une des composantes de l'eau, et l'hélium, ce gaz léger dont on gonfle parfois les ballons.

15 milliards d'années
L'Univers, tel qu'on le connaît
aujourd'hui, avec ses milliards
de galaxies remplies d'étoiles.

10,5 milliards d'années
Le Soleil apparaît dans un des bras de la
Voie lactée, suivi de près par son cortège
de planètes. Le Système solaire est né.

1 milliard d'années
Un peu partout dans l'espace, l'hydrogène et
l'hélium commencent à s'organiser et à former des
étoiles, puis des galaxies, comme la Voie lactée.

Le destin de l'Univers

Depuis le premier instant, l'Univers a commencé à prendre de
l'expansion et encore aujourd'hui, ses galaxies ne cessent de
s'écarter les unes des autres. Jusqu'à tout récemment, certains
astronomes pensaient que l'Univers arrêterait un jour de grandir
et se recroquevillerait sur lui-même. Selon cette théorie, appelée
le « grand écrasement » ou « Big Crunch », les galaxies, alors
attirées les unes sur les autres, entreraient en collision et se
fondraient en un seul point. Aujourd'hui, la plupart des
astronomes croient plutôt que l'expansion de l'Univers se
poursuivra toujours.

Le grand boum !

En 1931, l'abbé Georges Lemaître,
brillant astronome belge, fut
le premier à suggérer que l'Univers
avait été créé instantanément
lors d'une gigantesque explosion.
C'est le physicien anglais
Fred Hoyle, farouche adversaire
de cette théorie d'un « grand boum »,
qui inventa le terme « Big Bang »
pour se moquer ! Cet éternel
sceptique croyait plutôt
que l'Univers avait toujours
était là, tel quel.

La vraie nature de l'Univers

Aux premiers jours de l'Univers, il n'y avait rien : ni étoiles, ni planètes, ni le moindre grain de poussière. Environ un milliard d'années plus tard, les étoiles commencèrent à se former à partir de la masse gazeuse qui constituait alors le jeune Univers. Encore de nos jours, des étoiles naissent pendant que d'autres disparaissent. Toute la matière contenue dans l'Univers est en constante transformation. Mais de quoi cette matière cosmique est-elle faite ? Vers l'an 400 avant notre ère, on croyait que tout ce qui existait était composé de quatre éléments, soit le feu, l'air, l'eau et la terre. Le philosophe grec Démocrite pensait au contraire que la matière était constituée d'éléments minuscules, qu'il baptisa « atomes ». Ses idées avant-gardistes furent oubliées jusqu'à ce que le chimiste anglais John Dalton élabore sa théorie atomique en 1803.

Mystérieuse matière

En plus de la matière ordinaire qui compose les galaxies, les étoiles, les planètes et tout ce qui nous entoure, on retrouverait dans l'espace un autre type de matière qui ne serait pas composé de neutrons, de protons et d'électrons. Cette matière invisible est appelée « matière sombre ». Même si la plupart des astronomes s'entendent aujourd'hui sur l'existence de cette mystérieuse matière, on ignore toujours de quoi elle est faite !

AU CŒUR DE LA MATIÈRE

Selon la théorie atomique moderne, toute la matière se compose d'éléments chimiques différents, et chacun de ces éléments est unique car il est constitué d'atomes différents. De plus, les atomes sont formés de composantes plus petites : les particules subatomiques. Les principales particules subatomiques sont les protons, les neutrons et les électrons.

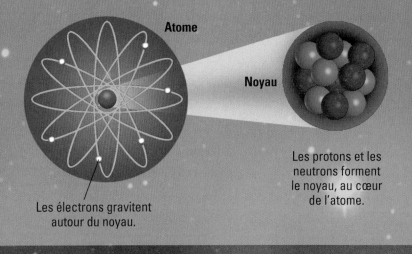

Atome

Noyau

Les protons et les neutrons forment le noyau, au cœur de l'atome.

Les électrons gravitent autour du noyau.

La gravité

La légende raconte que le savant anglais Isaac Newton eut l'idée de la théorie de la gravité alors qu'il était assis sous un pommier. En voyant tomber une pomme, il comprit que la force qui attirait le fruit vers le sol devait être la même que celle qui attirait la Lune vers la Terre et la maintenait sur son orbite. Selon la Loi de Newton, tous les corps s'attirent avec une force proportionnelle à leur masse. Plus un corps est massif, c'est-à-dire plus il contient de matière, plus son attraction est forte. De la même façon, plus un objet est rapproché, plus la force d'attraction qu'il exerce est élevée. Cette force est responsable du mouvement des planètes, des étoiles et des galaxies.

Des myriades de galaxies

L'Univers compte environ 100 milliards de galaxies composées de gaz, de poussières et d'étoiles. Les plus petites d'entre elles sont formées de millions d'étoiles, alors que les plus grandes en comptent plusieurs centaines de milliards. Ces gigantesques îles de matière cosmique ne sont pas dispersées n'importe comment dans l'espace. Elles sont regroupées en vastes ensembles de galaxies appelés amas. Ces derniers s'assemblent à leur tour en superamas. Ces immenses formations ne remplissent pas totalement l'espace. De vastes régions vides séparent les superamas de galaxies les uns des autres. Les télescopes les plus puissants ont permis de découvrir des millions de galaxies. De nombreuses autres restent encore à trouver avant de pouvoir compléter la carte de l'Univers.

Galaxies cannibales

Certaines galaxies géantes sont si immenses que les astronomes pensent qu'elles ont « avalé » d'autres galaxies qui étaient un jour situées à proximité. Notre Voie lactée ferait partie de ces galaxies cannibales ! On croit qu'elle englobera avec le temps la galaxie du Sagittaire, une petite galaxie naine située dans son voisinage.

D'autres galaxies !

Jusqu'au 20ᵉ siècle, les astronomes étaient convaincus que l'Univers ne comptait qu'une seule galaxie, soit la Voie lactée où nous habitons. Ils avaient observé des taches floues, baptisées « nébuleuses », dont ils ignoraient la nature. En 1924, l'astronome Edwin Hubble a découvert que ces taches étaient en fait d'autres galaxies. Le brillant astronome venait de révolutionner notre conception de l'Univers.

Des galaxies de toutes les formes

Les galaxies présentent toutes sortes de formes. Comme elles sont situées à d'énormes distances de nous, il faut un télescope puissant pour pouvoir les distinguer. On peut classer les galaxies en trois catégories principales : spirales, elliptiques et irrégulières.

Galaxies spirales

Les galaxies spirales regroupent des étoiles de tous les âges. Elles se reconnaissent facilement à leurs bras disposés en spirale autour du centre. Cette catégorie regroupe plusieurs des grandes galaxies connues, telles que notre Galaxie, la Voie lactée, et sa voisine Andromède.

Galaxies elliptiques

Les galaxies elliptiques sont constituées de vieilles étoiles rouges. Certaines galaxies elliptiques sont aplaties comme des crêpes alors que d'autres sont plutôt arrondies.

Galaxies irrégulières

Plusieurs galaxies n'ont pas de forme particulière. Elle peuvent ressembler autant à des soucoupes un peu tordues qu'à de drôles de boules. On les classe dans la catégorie des galaxies irrégulières.

Dans les bras de la Galaxie

Par nuit claire, loin des lumières des villes, on peut observer une large bande blanchâtre qui traverse le ciel. Cette traînée de lumière, c'est la lueur des 200 à 300 milliards d'étoiles lointaines qui composent notre Galaxie, la Voie lactée. Presque tout ce que l'on observe dans le ciel, à l'œil nu, appartient à la Voie lactée. Comme toutes les galaxies, la nôtre n'est pas isolée dans une région du cosmos. Elle fait partie d'un amas appelé le Groupe local, lui-même situé dans le Superamas local. La Voie lactée est une gigantesque galaxie spirale. Même en voyageant à la vitesse de la lumière, soit à 300 000 kilomètres par seconde, il faudrait 100 000 ans pour la traverser d'un bout à l'autre !

Du lait renversé !

La Voie lactée a inspiré beaucoup de mythes aux peuples anciens. Pour les Vikings, par exemple, elle formait un pont offrant aux morts un passage jusqu'au ciel. Le nom « Voie lactée » (qui signifie « voie de lait ») nous vient des anciens Grecs qui croyaient à l'époque que la traînée blanche était du lait répandu par le demi-dieu Héraklès (ou Hercule, chez les Romains) alors qu'il était bébé.

Vue du dessus, notre Galaxie a la forme d'une gigantesque spirale constituée de plusieurs « bras » énormes disposés autour d'un centre. Les bras portent des milliards d'étoiles de tous les âges, des nuages de gaz et des poussières. Au centre se trouve le bulbe, une sorte de renflement composé d'étoiles rouges géantes et de grands nuages de gaz. De profil, la Voie lactée ressemble plutôt à un œuf au miroir. Le « jaune » est le bulbe central et le « blanc », les bras. Autour de « l'œuf » se trouve le halo, une enveloppe constituée de gaz et d'étoiles très anciennes.

Bras de Persée

Notre Système solaire

Bras d'Orion

Bras du Cygne

Bras du Sagittaire

Bras du Centaure

Bulbe

Halo

Nos voisines galactiques

La Voie lactée fait partie du Groupe local, un amas formé d'environ 36 galaxies. Si l'on ne tient pas compte des galaxies naines, nos voisines les plus proches sont le Grand Nuage de Magellan, le Petit Nuage de Magellan et la galaxie d'Andromède. Le Superamas local comprend le Groupe local, auquel nous appartenons, ainsi que plusieurs autres amas. Le plus important, l'Amas de la Vierge, est constitué d'environ 1 million de galaxies.

Les astres de lumière

Il y a 4,6 milliards d'années se formait dans un des bras spiraux de la Voie lactée une petite étoile jaunâtre, notre Soleil. Le Soleil n'est qu'une des centaines de milliards d'étoiles qui brillent dans l'Univers. Ces petits points lumineux sont en fait de gigantesques fournaises produisant d'énormes quantités de lumière et de chaleur. Nous avons maintenant une bonne idée de la façon dont les étoiles naissent, vivent et meurent. Nous savons que les plus petites d'entre elles finissent par s'éteindre tout doucement alors que les plus massives terminent leur vie dans une explosion spectaculaire.

Une étoile parmi tant d'autres

Le Soleil est une étoile, comme les milliers d'autres points lumineux que nous voyons scintiller dans le ciel nocturne. S'il paraît gigantesque, c'est que contrairement aux autres étoiles, il est situé très près de nous. Notre Soleil est en fait une étoile jaunâtre de taille moyenne, tout à fait ordinaire. S'il nous semble unique, c'est parce qu'il est notre étoile, celle qui nous éclaire et nous réchauffe. Sans sa précieuse énergie, notre planète serait une boule froide, sombre et sans vie. Comme toutes les étoiles, le Soleil finira un jour par s'éteindre. Il n'y a pourtant pas lieu de s'inquiéter… Il n'est rendu qu'à la moitié de sa vie et devrait continuer d'éclairer et de réchauffer la Terre pendant encore cinq milliards d'années !

Poids lourd

Le Soleil est de loin le corps le plus imposant du Système solaire. S'il était vide, il pourrait contenir plus d'un million de planètes de la taille de la Terre. À elle seule, notre étoile contient 99,8 % de la masse totale du Système solaire ! Même Jupiter, la plus grosse des huit planètes, paraît minuscule à ses côtés !

La fournaise solaire

Comme les autres étoiles, le Soleil est une énorme boule de gaz brûlants. Ces gaz sont principalement de l'hydrogène et de l'hélium. Au cœur du Soleil, où la température est la plus élevée, des réactions nucléaires se produisent constamment. Les atomes d'hydrogène subissent une pression et une température si élevées qu'ils se collent les uns aux autres et se transforment en hélium. Chaque seconde, plus de 600 millions de tonnes d'hydrogène sont ainsi converties en hélium. Ce phénomène, appelé fusion nucléaire, produit énormément d'énergie. Cette énergie met environ un million d'années à se déplacer jusqu'à la surface du Soleil, où elle est dégagée sous forme de chaleur et de lumière.

Si les astronomes n'ont jamais pu observer l'intérieur du Soleil, ils ont malgré tout réussi à déterminer sa structure en étudiant sa surface et les gaz qui l'entourent. Ainsi, notre étoile est constituée des couches suivantes :

La zone de convection
La zone de convection transporte l'énergie juste au-dessous de la surface du Soleil.

La zone radiative
L'énergie quitte le noyau et remonte lentement dans la zone radiative. Il lui faudra environ un million d'années pour atteindre la surface du Soleil.

La chromosphère
La chromosphère est une fine couche de gaz située au-dessus de la photosphère. Elle forme, avec la couronne, l'atmosphère solaire.

Le noyau
L'énergie solaire est produite au cœur du Soleil, là où la température atteint 15 000 000 °C. C'est dans le noyau qu'a lieu la fusion nucléaire qui libère une somme phénoménale d'énergie.

La couronne
La couronne est une couche de gaz située au-dessus de la chromosphère. C'est la couche solaire la plus externe. Elle s'étend sur des millions de kilomètres autour du Soleil. Avec la chromosphère, la couronne est visible uniquement durant une éclipse solaire, lorsque la surface du Soleil est complètement cachée derrière la Lune.

La photosphère
La photosphère est la surface visible du Soleil, celle qui émet la lumière. La lumière solaire met ensuite 8 minutes à atteindre la Terre.

Les phénomènes solaires

La surface du Soleil est loin d'être une mer tranquille. De gigantesques jets de gaz chauds, appelés protubérances, s'y forment régulièrement. Les protubérances peuvent atteindre des milliers de kilomètres de hauteur. En s'élevant dans l'espace, elles refroidissent et apparaissent alors sous la forme de zones plus sombres appelées taches solaires. De plus, un flot de particules très excitées s'échappe en permanence du Soleil à une vitesse d'environ 500 kilomètres par seconde. C'est le vent solaire. Tous les 11 ans, notre étoile passe par une période d'activité solaire intense durant laquelle le vent solaire s'intensifie et le nombre de protubérances et de taches augmente. Puis, l'activité solaire diminue et notre étoile redevient plus calme. L'activité solaire est responsable de nombreux phénomènes, dont les magnifiques aurores colorées qui embrasent le ciel nocturne des régions polaires.

Tempête solaire

L'activité solaire est parfois si intense que le vent solaire se transforme en véritable tempête ! Les répercussions se font alors sentir sur l'ensemble de notre planète. Le 13 mars 1989, une tempête solaire gigantesque a provoqué des pannes électriques majeures et de nombreuses perturbations dans les communications radiophoniques à l'échelle de la planète. De magnifiques aurores boréales, habituellement limitées aux régions nordiques, ont pu être admirées du Canada jusqu'au Mexique !

Des rideaux de lumière

En filant dans l'espace, les particules du vent solaire bombardent tout sur leur passage. Sur la Lune, par exemple, elles ont réduit les rochers en fine poussière. Heureusement, la Terre est bien protégée par son atmosphère. En plus d'être enveloppée d'une couche de gaz, notre planète est entourée d'un énorme champ magnétique qui agit comme un bouclier. Malgré tout, certaines particules du vent solaire arrivent à se faufiler au-dessus des pôles Nord et Sud qui les attirent, tels deux aimants. En pénétrant dans l'atmosphère terrestre, ces particules provoquent de superbes phénomènes lumineux et colorés. Ce sont les aurores polaires, appelées aurores boréales dans l'hémisphère Nord et aurores australes dans l'hémisphère Sud.

LA NUIT EN PLEIN JOUR

Une éclipse de Soleil survient lorsque, vue de la Terre, la Lune passe devant notre étoile. Lorsque la Lune est placée exactement entre la Terre et le Soleil et le masque entièrement, son ombre plonge une partie de la planète dans l'obscurité complète. C'est alors la nuit en plein jour ! Les éclipses solaires totales sont des phénomènes assez rares ; on en observe seulement quelques-unes par siècle à un endroit donné.

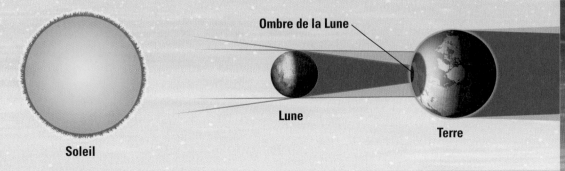

Ombre de la Lune

Soleil

Lune

Terre

Le fabuleux destin des étoiles

Il existe probablement autant d'étoiles dans l'Univers que de grains de sable sur toutes les plages du monde. Dans notre galaxie, la Voie lactée, elles sont plus de 200 milliards. Parmi ces étoiles, environ 6 000 peuvent être vues de la Terre à l'œil nu, 3 000 dans l'hémisphère Nord et 3 000 dans l'hémisphère Sud. Les étoiles sont de gigantesques boules de gaz brûlants. Tout comme notre Soleil, elles transforment les gaz qui les composent et produisent ainsi énormément d'énergie. Cette énergie s'échappe, entre autres, sous forme de lumière. C'est ce qui fait briller les étoiles. Un peu comme les humains, les étoiles naissent, vieillissent et meurent. Mais contrairement à nous, leur espérance de vie atteint des milliards d'années !

1. La nébuleuse
À l'intérieur de la nébuleuse, les gaz et les poussières se contractent sur eux-mêmes. Le centre de la nébuleuse devient alors très chaud.

2. La jeune étoile
Lorsque la température au cœur de la nébuleuse est suffisamment élevée, les gaz entament leur transformation. L'hydrogène est converti en hélium et la jeune étoile commence à briller.

3. L'étoile adulte
L'étoile passe presque toute son existence à briller en continuant de transformer tranquillement son hydrogène en hélium.

Vie et mort des étoiles
Les étoiles naissent dans les nébuleuses, d'immenses nuages cosmiques composés de gaz et de poussières. Les scientifiques surnomment les nébuleuses « pouponnières d'étoiles ». Les principales étapes de l'évolution d'une étoile moyenne, comme notre Soleil, sont illustrées ici.

7. La naine noire
L'étoile éteinte est un astre mort appelé naine noire. Celle-ci est trop froide pour briller.

6. La naine blanche
Le noyau de la vieille étoile se contracte et rapetisse. L'étoile devient alors une naine blanche qui s'éteint doucement.

Poussières d'étoiles

En explosant en supernova, l'étoile massive rejette dans l'espace toute la matière dont elle était constituée. Cette matière se retrouve incorporée aux gaz et aux poussières qui forment une nébuleuse, comme celle qui a donné naissance à notre Soleil. Ainsi, les plantes, les animaux, les montagnes, les objets et même l'air que nous respirons sont composés d'éléments minuscules provenant d'étoiles disparues…

5. La nébuleuse planétaire
Avec le temps, les couches externes de la géante rouge se détachent et se dispersent dans l'espace. Elles forment alors une nébuleuse planétaire.

4. La géante rouge
Au bout de milliards d'années, lorsque l'étoile a épuisé l'hydrogène de son cœur, elle enfle et devient de 50 à 100 fois plus grande. C'est une géante rouge.

Supernova et trou noir
Contrairement aux étoiles moyennes, comme le Soleil, qui s'éteignent doucement, les étoiles massives connaissent une fin spectaculaire. Elles terminent leur vie dans une explosion gigantesque appelée supernova. Après une supernova, une étoile massive peut s'écraser sur elle-même pour former un trou noir, une région de l'espace extrêmement dense et invisible. Un trou noir exerce une force d'attraction spectaculaire. Tel un gigantesque aspirateur cosmique, il engloutit à jamais tout corps céleste qui le frôle. Rien ne lui échappe : ni les gaz, ni les poussières ni même la lumière !

Des étoiles de toutes sortes

Au premier coup d'œil, toutes les étoiles se ressemblent. Pourtant, elles diffèrent autant par leur brillance que par leur taille ou leur couleur. Si nous pouvions voyager dans l'espace et nous approcher des étoiles, nous constaterions qu'il en existe des jaunes, comme notre Soleil, ainsi que des rouges, des bleues, des blanches et des orange. On verrait également qu'il y en a de différentes grosseurs et que certaines sont très brillantes alors que d'autres ont moins d'éclat. Si nous avons de la difficulté à différencier les étoiles qui scintillent dans le ciel de la Terre, c'est qu'elles sont situées à des distances inimaginables. Elles sont si éloignées que même avec des télescopes puissants, les astronomes sont incapables d'observer leur surface. En revanche, ils peuvent déduire leur position, leur composition chimique, leur température et même la vitesse de leur déplacement à partir de la lumière qu'elles émettent.

L'année-lumière

Même les étoiles les plus proches sont situées à plusieurs milliers de milliards de kilomètres de la Terre. Pour calculer ces distances inouïes, les astronomes ont créé une unité spéciale : l'année-lumière. L'année-lumière correspond à la distance parcourue par la lumière en une année. En voyageant à la vitesse de 300 000 km/s, la lumière réussit ainsi à franchir une distance de près de 10 000 milliards de kilomètres en une année. Une étoile située à 1 année-lumière de la Terre se trouve donc à environ 10 000 milliards de kilomètres de nous.

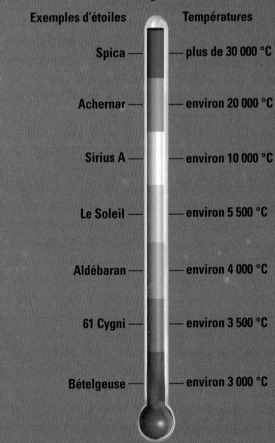

LA COULEUR DES ÉTOILES

Il existe plusieurs façons de classifier les étoiles. L'une d'elles regroupe les étoiles en sept catégories selon leur couleur et leur température. Les étoiles bleues sont les plus chaudes et les étoiles rouges, les plus froides.

Catégories

Exemples d'étoiles	Températures
Spica	plus de 30 000 °C
Achernar	environ 20 000 °C
Sirius A	environ 10 000 °C
Le Soleil	environ 5 500 °C
Aldébaran	environ 4 000 °C
61 Cygni	environ 3 500 °C
Bételgeuse	environ 3 000 °C

Voisine stellaire

Après le Soleil, Proxima du Centaure est l'étoile la plus proche de la Terre. Comme elle est située à 4,2 années-lumière (environ 42 000 milliards de km), il nous faudrait plus de 8 millions d'années pour l'atteindre même en voyageant jour et nuit à bord d'un vaisseau spatial filant à 600 km/h. Les voyages vers les étoiles ne sont donc pas pour demain !

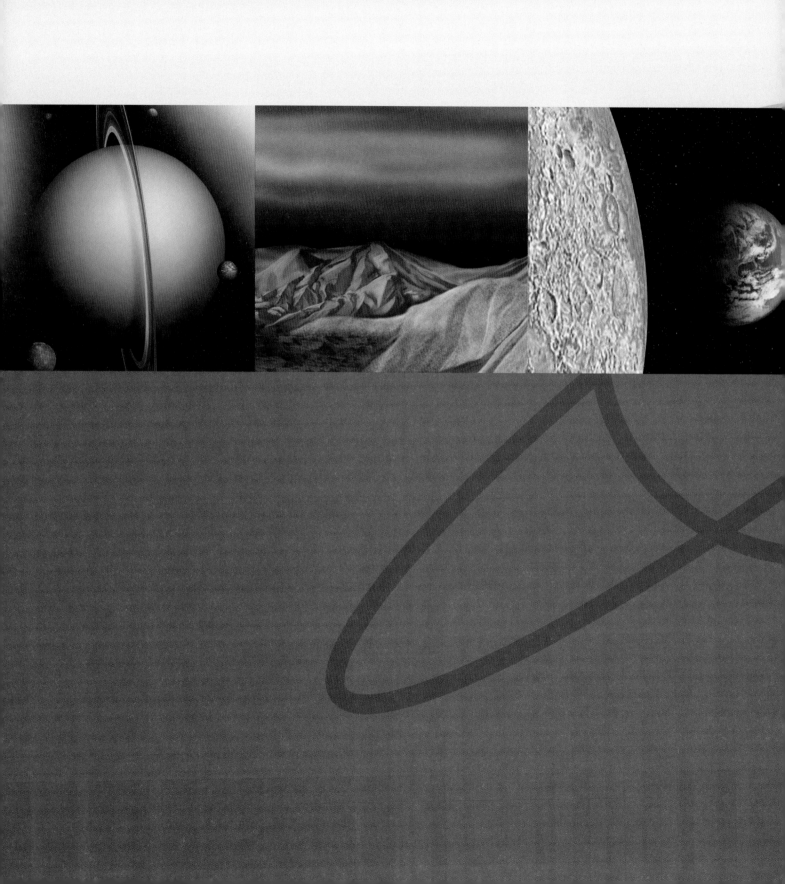

Notre petit coin d'Univers

Le Soleil est entouré d'un cortège de huit fascinantes planètes. Tous sous l'emprise de sa force d'attraction, ces astres voyagent ensemble dans l'Univers. Après nous avoir fait découvrir les paysages insoupçonnés de plusieurs lunes et planètes, les sondes spatiales poursuivent leur exploration et continuent de nous en apprendre sur les planètes naines, les comètes, les astéroïdes et d'autres objets célestes du Système solaire. Même s'ils nous semblent familiers, ces astres encore mystérieux commencent à peine à nous révéler leurs secrets.

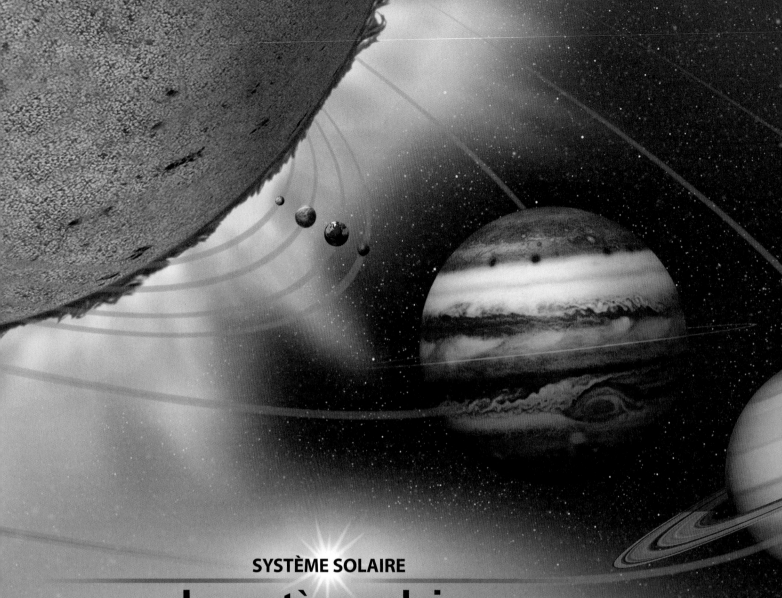

Le cortège solaire

Le Système solaire est notre petit coin d'Univers. Il est formé d'une étoile centrale, le Soleil, et de tout ce qui tourne autour : 8 planètes, 3 planètes naines, plus de 160 lunes, près d'un million d'astéroïdes, des millions de comètes, des milliards de cailloux, de la poussière cosmique et des gaz. Notre étoile est le plus gros objet du Système solaire. Sa masse imposante lui donne une énorme force d'attraction qui maintient les planètes et les planètes naines dans son voisinage et les force à tourner autour d'elle. Le Soleil attire même la lointaine planète naine, Éris, située à plus de 9 milliards de kilomètres de lui ! Les huit planètes voyagent ainsi autour de notre étoile en suivant une trajectoire elliptique, c'est-à-dire en forme d'ovale. On appelle cette trajectoire l'orbite. Durant leur course autour du Soleil, la plupart des planètes ne se déplacent pas seules. Une ou plusieurs lunes leur tiennent compagnie.

DES PLANÈTES EN MOUVEMENT

Les planètes se déplacent dans l'espace en tournant autour du Soleil. Ce mouvement est appelé révolution. Une révolution complète d'une planète autour du Soleil correspond à son année. En voyageant ainsi autour du Soleil, les planètes tournent comme des toupies autour d'un axe, une sorte de tige imaginaire qui les traverse de part en part. Ce mouvement est la rotation. Une rotation complète correspond à la journée de la planète.

Des planètes parmi les étoiles

De la Terre, on peut voir à l'œil nu cinq planètes : Mercure, Vénus, Mars, Jupiter et Saturne. Elles ressemblent à première vue à toutes les étoiles qui les entourent. Les premiers astronomes avaient cependant remarqué que ces points lumineux changeaient de position, de mois en mois, contrairement aux autres étoiles qui semblaient fixes. Ils les ont donc nommées « planètes », un mot qui signifie en grec « astres errants ».

Les planètes

Pour être une planète, un corps céleste doit répondre à quatre conditions. Il ne doit pas être une étoile, il doit tourner autour du Soleil, il doit posséder une masse suffisante pour lui conférer une forme presque sphérique et sa masse doit être assez importante pour lui permettre d'expulser ou d'attirer les corps qui se trouvent à proximité. Les planètes sont classées selon leur composition en deux groupes : les planètes rocheuses et les planètes gazeuses. Comme leur nom l'indique, les planètes rocheuses sont principalement formées de roches. Elles comptent dans leurs rangs Mercure, Vénus, la Terre et Mars. Les planètes rocheuses sont les plus proches du Soleil. On les qualifie aussi de planètes telluriques. Elles sont séparées des quatre planètes suivantes par la ceinture d'astéroïdes. Contrairement aux petites planètes rocheuses qui présentent toutes une surface solide, les planètes gazeuses, aussi appelées planètes joviennes, sont des boules de gaz géantes. Elles regroupent Jupiter, Saturne, Uranus et Neptune.

Voir activité p. 312

La petite voisine du Soleil

La planète Mercure est la plus proche voisine du Soleil. Comme elle est située très près de notre étoile, elle ne met que 88 jours à en faire le tour. C'est en voyant ce petit astre filer à toute allure dans le ciel que les anciens Romains ont eu l'idée de lui donner le nom de leur messager des dieux. Par contre, la petite planète tourne sur elle-même très lentement : une journée sur Mercure équivaut à presque six mois terrestres ! Mercure est la plus petite planète du Système solaire. Elle est de taille très semblable à la Lune, avec qui elle partage d'autres similarités. Comme notre satellite naturel, Mercure est dépourvue d'atmosphère et possède un sol poussiéreux criblé de milliers de cratères. Le plus grand de ses cratères, le bassin Caloris, mesure plus de 1 300 kilomètres de diamètre, soit le tiers de la largeur des États-Unis !

Des photos de Mercure
À ce jour, Mariner 10 est la seule sonde spatiale à avoir visité Mercure. En mars 1974, l'appareil a survolé la planète à moins de 700 km de sa surface et pris des milliers de clichés d'une de ses faces. Son autre face devrait être photographiée par la sonde Messenger Mercury Orbiter à partir de 2008.

Observer Mercure

Des cinq planètes visibles depuis la Terre, Mercure est la plus difficile à observer. Même avec de puissants télescopes, la petite Mercure n'est pas visible la nuit. Comme elle se trouve très proche du Soleil, elle disparaît du ciel presque en même temps que notre étoile. On ne peut ainsi l'observer que le soir, peu après le coucher du Soleil, ou à l'aube, alors qu'elle se trouve tout près de l'horizon.

Le plus grand écart de température !

Sans atmosphère, Mercure n'est pas protégée des cuisants rayons solaires. L'absence d'une enveloppe de gaz protectrice l'empêche aussi de maintenir à sa surface une partie de la chaleur du Soleil, à la tombée de la nuit. Résultat : le jour la température grimpe jusqu'à 425 °C et durant la nuit, elle descend jusqu'à −175 °C. C'est l'endroit du Système solaire où l'on retrouve le plus grand écart de température.

La voisine de la Terre

Après la Lune, Vénus est l'astre le plus brillant du ciel. Les anciens astronomes l'avaient d'ailleurs prise pour une étoile scintillante et l'avaient baptisée « Étoile du matin », « Étoile du soir » ou « Étoile du Berger », selon le moment du jour où elle devenait visible. Cette « étoile » est la première à apparaître au coucher du Soleil et la dernière à disparaître le matin. Vénus est la deuxième planète à partir du Soleil. On a longtemps considéré cette voisine de la Terre comme sa jumelle. De taille semblable à notre planète, Vénus est aussi une planète rocheuse entourée d'une atmosphère nuageuse. Mais la comparaison s'arrête là ! L'environnement de Vénus est très hostile : il y règne une chaleur intense, une pression écrasante, son air est irrespirable et ses nuages contiennent des gouttelettes d'acide. Les premières sondes qui l'ont visitée ont littéralement fondu sur place !

Des photos de Vénus
À ce jour, pas moins d'une vingtaine de sondes spatiales ont approché Vénus. Les premiers engins en orbite autour de notre voisine n'avaient pas réussi à photographier sa surface constamment masquée par d'épais nuages. En 1994, la sonde américaine Magellan a dévoilé le paysage de Vénus en détails. Équipée d'un puissant radar capable de traverser la dense atmosphère de Vénus, la sonde a balayé la surface de la planète de ses ondes. En mesurant le temps pris par les ondes radar pour se réfléchir à la surface de Vénus et revenir à la sonde, les astronomes ont pu recréer le relief de la planète. La carte reconstituée par ordinateur révèle de vastes plaines dominées par deux continents et de gigantesques volcans. Avec ses 8 km de hauteur, le plus grand d'entre eux, le Maat Mons, est presque aussi élevé que l'Everest.

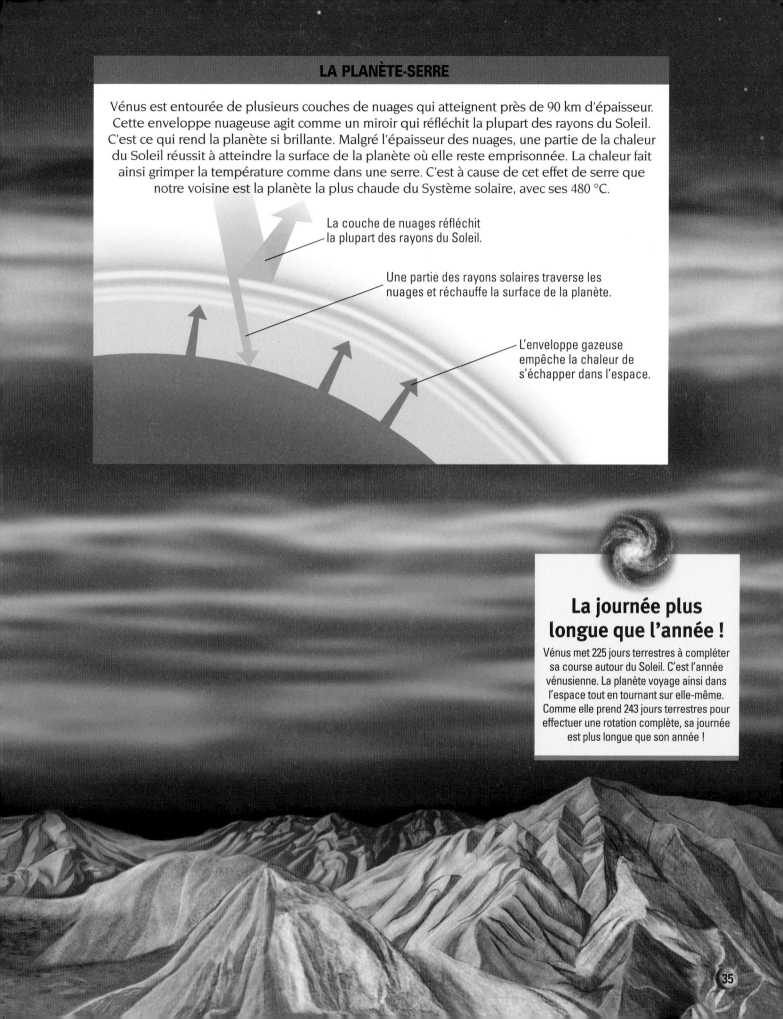

LA PLANÈTE-SERRE

Vénus est entourée de plusieurs couches de nuages qui atteignent près de 90 km d'épaisseur. Cette enveloppe nuageuse agit comme un miroir qui réfléchit la plupart des rayons du Soleil. C'est ce qui rend la planète si brillante. Malgré l'épaisseur des nuages, une partie de la chaleur du Soleil réussit à atteindre la surface de la planète où elle reste emprisonnée. La chaleur fait ainsi grimper la température comme dans une serre. C'est à cause de cet effet de serre que notre voisine est la planète la plus chaude du Système solaire, avec ses 480 °C.

La couche de nuages réfléchit la plupart des rayons du Soleil.

Une partie des rayons solaires traverse les nuages et réchauffe la surface de la planète.

L'enveloppe gazeuse empêche la chaleur de s'échapper dans l'espace.

La journée plus longue que l'année !

Vénus met 225 jours terrestres à compléter sa course autour du Soleil. C'est l'année vénusienne. La planète voyage ainsi dans l'espace tout en tournant sur elle-même. Comme elle prend 243 jours terrestres pour effectuer une rotation complète, sa journée est plus longue que son année !

L'exceptionnelle planète bleue

Comme Mercure, Vénus et Mars, la Terre est une planète rocheuse. Elle est cependant plus active que ses voisines ! Avec Io, une des lunes de Jupiter, elle est le seul endroit connu du Système solaire où se trouvent des volcans en activité. La plus grosse planète rocheuse est unique à bien d'autres égards : elle est la seule planète à posséder de l'eau liquide en abondance, à offrir une atmosphère protectrice, riche en oxygène, et à abriter la vie ! La Terre est la seule planète du Système solaire qui n'a pas reçu le nom d'une divinité grecque ou romaine. Son nom nous vient du latin *terra* qui signifie « le globe terrestre, la terre ou le sol ». Mais notre planète aurait très bien pu s'appeler Océan ! En effet, les mers et les océans recouvrent plus des deux tiers de sa surface. La planète bleue accomplit son voyage annuel autour du Soleil en compagnie d'un gros satellite naturel, la Lune.

Fenêtre ouverte sur la Terre
Sur cette vue, prise à partir des fenêtres arrière de la navette spatiale, notre planète apparaît comme une belle bille marbrée flottant dans le noir de l'espace. Le bleu qui domine correspond aux vastes océans, le blanc aux nuages, et le brun et le vert sont les continents.

Une planète en perpétuelle transformation
Quand la Terre est née, il y a 4,6 milliards d'années, elle était une grosse boule de roches fondues. La jeune planète s'est refroidie graduellement et sa croûte s'est durcie. Sous l'impact de météorites, la nouvelle croûte a vite été marquée de nombreux cratères. Au fil du temps, le vent et la pluie ont graduellement effacé la plupart de ces cicatrices. Par ce même processus, appelé érosion, les rivières ont creusé des vallées et les vagues des océans ont façonné les rivages. Encore de nos jours, l'érosion ne cesse d'user les roches et de modifier peu à peu l'aspect de la planète. De plus, des tremblements de terre et des volcans contribuent à modeler les paysages terrestres.

AU CŒUR DE LA TERRE

La Terre est principalement formée de fer, d'oxygène et de silice, un élément que l'on retrouve dans le sable. Mais ces divers matériaux ne sont pas mélangés de façon uniforme à travers l'épaisseur du globe. Les spécialistes ont pu déterminer que la planète était constituée de plusieurs couches principales en étudiant la façon dont les ondes sismiques, ces vibrations qui accompagnent les tremblements de terre, se propagent dans le sol.

Le noyau interne
Tout au centre de la planète se trouve un noyau solide contenant principalement du fer. Ce noyau est presque aussi chaud que la surface du Soleil !

Le noyau externe
Le noyau externe, beaucoup moins chaud que le noyau interne, est surtout formé de deux métaux fondus, le fer et le nickel. Les mouvements de ces métaux liquides produisent un puissant champ magnétique, facile à détecter à l'aide d'une boussole.

Le manteau
Au-delà du noyau se trouve le manteau, composé de roches fondues. Cette couche est agitée de mouvements qui transportent la chaleur interne vers la surface. On distingue parfois le manteau inférieur du manteau supérieur.

L'écorce terrestre
L'écorce terrestre, ou croûte, est la mince couche solide formée de roches et de minéraux qui forme le fond des océans et les continents. L'écorce est constituée d'une douzaine de plaques, appelées plaques tectoniques, qui flottent sur le manteau. Poussées par la chaleur du manteau, comme un couvercle sur une casserole d'eau bouillante, les plaques bougent constamment et entraînent avec elles océans et continents. Les volcans et les tremblements de terre surviennent aux frontières de ces plaques.

Ronde ou arrondie ?

Il y a plus de 2 300 ans, le philosophe grec Aristote a prouvé que la Terre était ronde en démontrant, entre autres, comment l'ombre de la Terre était toujours parfaitement circulaire lors des éclipses de Lune. On sait maintenant que la Terre n'est pas parfaitement ronde. Elle est légèrement aplatie aux pôles, une forme que les scientifiques appellent un géoïde.

La Terre en mouvement

Comme un énorme vaisseau spatial ayant à son bord un équipage formé d'humains, d'animaux, de plantes et d'une multitude d'êtres vivants minuscules, la Terre fonce dans l'espace à plus de 100 000 kilomètres à l'heure ! Heureusement, nous ne ressentons pas ce mouvement vertigineux puisque tout sur la planète bouge à la même vitesse ! La Terre effectue une révolution autour du Soleil en 365,25 jours. C'est au cours de ce voyage que les quatre saisons marquant l'année terrestre se succèdent. Comme toutes les planètes du Système solaire, la nôtre tourne aussi sur elle-même. Ce mouvement de rotation lui prend environ 24 heures. Il explique l'alternance du jour et de la nuit.

Le jour et la nuit
Chaque jour, nous voyons le Soleil « se lever » à l'est, traverser le ciel puis « se coucher » à l'ouest. Ce mouvement du Soleil dans le ciel n'est qu'apparent car c'est la Terre qui bouge ! Elle effectue un tour complet sur elle-même en presque 24 heures. À cause de ce mouvement de rotation, toutes ses régions sont éclairées puis plongées dans l'ombre à tour de rôle. Il fait jour sur le côté éclairé par notre étoile, et nuit sur l'autre.

LE CYCLE DES SAISONS

Le phénomène des saisons est dû à la quantité d'énergie solaire reçue par une région à un certain moment de l'année. Puisque la Terre tourne autour du Soleil en étant légèrement penchée sur le côté, certaines de ses régions reçoivent plus d'énergie sous forme de lumière et de chaleur que d'autres. Les rayons du Soleil frappent directement l'équateur de la Terre, et cette région centrale est la plus chaude. Plus on s'éloigne de l'équateur, plus les rayons frappent la Terre en biais, donc moins directement, et plus la température se rafraîchit. Quand le pôle Nord est incliné vers le Soleil, c'est l'été dans l'hémisphère Nord et l'hiver dans le Sud. Quand le pôle Sud est incliné vers le Soleil, c'est l'inverse.

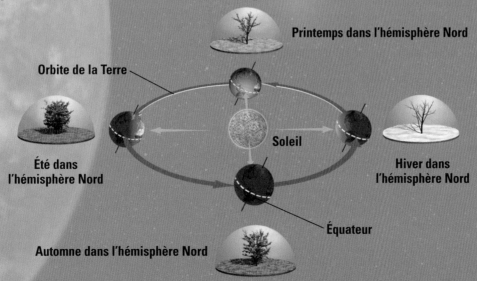

Printemps dans l'hémisphère Nord

Orbite de la Terre

Soleil

Été dans l'hémisphère Nord

Hiver dans l'hémisphère Nord

Équateur

Automne dans l'hémisphère Nord

La fascinante planète rouge

Vue de la Terre, Mars apparaît comme une étoile rougeâtre. C'est probablement à cause de cette coloration qui leur rappelait le sang répandu sur les champs de bataille que les anciens Romains ont donné à cette planète le nom de leur dieu de la guerre. Mars a toujours intrigué les humains. Même si elle est deux fois plus petite que la Terre, elle est la planète qui lui ressemble le plus : elle possède des journées de 24 heures, des calottes de glace aux pôles, une atmosphère et quatre saisons. Mais la planète rouge n'est pas un endroit accueillant pour autant ! Sa surface est souvent balayée par de fortes tempêtes de poussière et en hiver, sa température peut descendre jusqu'à −170 °C. Les conditions actuelles que l'on retrouve sur Mars ne sont pas favorables à la vie, mais de nombreux scientifiques croient qu'elles ont pu l'être dans le passé. Enfin, Mars est accompagnée de deux lunes durant son périple autour du Soleil : Phobos et la petite Deimos.

Un relief vertigineux

Mars présente un relief très diversifié marqué par d'immenses canyons et des volcans gigantesques, aujourd'hui éteints. La planète rouge abrite en fait le plus grand volcan du Système solaire. Avec une altitude de près de 26 km, le mont Olympus est trois fois plus élevé que le mont Everest, la plus haute montagne terrestre. Mars possède aussi le plus grand des canyons. Facilement visible de l'espace, le Valles Marineris est 10 fois plus long que le Grand Canyon en Arizona, aux États-Unis.

Explorer Mars

À part Vénus, aucune planète n'a été plus explorée que Mars. En 1997, Sojourner, le petit véhicule robotisé de la sonde Pathfinder, a analysé la composition du sol martien pendant trois mois. Il a, entre autres, découvert que certaines roches martiennes ressemblaient à certaines roches terrestres formées dans des endroits où se trouvait jadis de l'eau, et qu'il n'y avait pas de vie sur Mars. En 2004, les sondes Spirit et Opportunity ont continué de fouiller le sous-sol martien. Elles ont trouvé des preuves supplémentaires confirmant qu'une grande quantité d'eau liquide s'était déjà trouvée sur cette planète, mais toujours pas de traces de vie. On espère y envoyer des astronautes d'ici 2030.

Une planète rouillée

Mars est une planète rouillée !
L'eau liquide qui existait sur la planète il y a très longtemps a peu à peu transformé le fer de ses roches en rouille. C'est donc la rouille qui donne à la planète rouge sa belle coloration.
Aussi, des poussières rouges soulevées du sol lors des fréquentes tempêtes donnent au ciel martien son unique teinte rosée.

La reine des géantes

Jupiter est la première des quatre planètes gazeuses à partir du Soleil. Elle est aussi la plus grosse d'entre elles. La géante est en fait si volumineuse qu'elle pourrait contenir 1 400 fois la Terre ! En plus d'être la plus grosse planète du Système solaire, Jupiter est aussi celle qui est entourée du plus grand nombre de satellites naturels : jusqu'à maintenant, pas moins de 63 lunes ont été repérées autour d'elle. Ainsi entourée de ses satellites, la géante ressemble à un Soleil trônant au centre d'un véritable système solaire ! La cinquième planète est aussi très éloignée. Même si les représentations du Système solaire la montrent souvent tout près de Mars, il n'en est rien. La distance qui sépare Jupiter de sa voisine est plus de deux fois supérieure à celle qui sépare Mars du Soleil. Pioneer 1, la première sonde spatiale à l'avoir visitée, a mis 21 mois pour s'y rendre !

La Grande Tache rouge
L'atmosphère de Jupiter est agitée par plus de 1 000 tourbillons de nuages comparables aux ouragans terrestres. Le plus célèbre et le plus grand de ces ouragans est la Grande Tache rouge, bien visible sur toutes les photos de la belle planète marbrée. Cette gigantesque tempête, qui dure depuis plus de 300 ans, s'étend en moyenne sur 40 000 km de largeur, soit trois fois la taille de la Terre.

Une étoile manquée

Jupiter est une planète composée principalement des mêmes gaz que le Soleil. Les réactions de fusion nucléaire qui font briller les étoiles auraient pu se produire au cœur de Jupiter si la planète avait été environ 80 fois plus massive, c'est-à-dire si elle avait contenu une plus grande quantité de gaz. Il s'en est donc fallu de peu que la reine des planètes géantes devienne une étoile !

Plus de 60 satellites !

Les quatre plus gros satellites naturels de Jupiter ont été découverts par l'astronome italien Galilée en 1610, peu de temps après l'invention de la lunette astronomique. On les a baptisés satellites « galiléens » en l'honneur du célèbre savant. La taille de ces lunes se compare à celle des petites planètes naines comme Pluton et Éris. Depuis, on a découvert autour de Jupiter 59 autres lunes, de même que trois anneaux très fins constitués de particules de poussière.

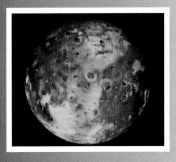

Io

Io est le satellite galiléen situé le plus près de Jupiter. Cette lune se distingue par sa grande activité volcanique, 100 fois plus élevée que celle de la Terre. Sur Io, les volcans crachent des jets de gaz atteignant plus de 250 km de hauteur. Ce gaz est le soufre, une substance jaunâtre qui donne à Io sa coloration très particulière.

Europe

Europe présente une surface couverte d'une fine couche de glace craquelée. Cette glace recouvre peut-être un océan d'eau liquide. Certains astronomes croient qu'une forme de vie très primitive, comme des bactéries, pourrait s'y trouver.

Ganymède

Le plus gros des satellites de Jupiter est aussi le plus gros de tout le Système solaire. La lune Ganymède est même plus grosse que Mercure ! Sa surface est couverte de glace et creusée de cratères.

Callisto

Callisto présente une surface presque entièrement criblée de cratères. Un océan salé se cache peut-être sous sa croûte glacée.

Des nuages agités

La surface gazeuse de Jupiter est continuellement cachée sous plusieurs couches de nuages. La géante tourne sur elle-même à près de 45 000 km/h. Malgré sa taille énorme, elle accomplit ainsi une rotation complète en moins de 10 heures. Ce mouvement de rotation rapide force les nuages à former des bandes horizontales. Dans chaque bande, des vents puissants soufflent dans des directions opposées. La bande nuageuse qui ceinture Jupiter est particulièrement agitée. Ses vents violents peuvent atteindre 650 km/h ! Les couleurs des bandes nuageuses varient selon les gaz qu'elles contiennent.

La magnifique planète

La superbe Saturne doit sa renommée à ses anneaux, les plus beaux et les plus brillants du Système solaire. Sous son magnifique ornement, la deuxième plus grosse planète gazeuse ressemble beaucoup à Jupiter. Tout comme sa géante voisine, Saturne est entourée d'une atmosphère très venteuse et de nuages organisés en bandes horizontales. Dans la bande nuageuse ceinturant la planète, des vents soufflent à plus de 1 600 kilomètres à l'heure, soit trois fois plus vite que sur Jupiter. La superbe planète à anneaux doit sa couleur jaune caramel à une brume d'ammoniac, un gaz qui règne au-dessus de ses nuages. Comme toutes les planètes gazeuses, Saturne effectue son périple autour du Soleil en compagnie de nombreux satellites naturels.

Plus de 50 satellites
Saturne compte à ce jour au moins 56 satellites naturels. Certains d'entre eux ont plusieurs milliers de kilomètres de diamètre, alors que d'autres mesurent à peine 20 km. Titan est le plus gros satellite de la planète. Le deuxième plus gros est Rhéa et le troisième est Japet.

Titan
Titan est le seul satellite naturel du Système solaire qui possède une atmosphère épaisse, semblable à celle de la jeune Terre. Des nuages orange empêchent de distinguer sa surface.

Japet
Japet présente une surface très contrastée; la partie claire est formée de glace, tandis que la partie sombre est faite de matière inconnue.

Des milliers d'anneaux

Trois des anneaux de Saturne sont visibles de la Terre. Les sondes spatiales qui ont approché la planète en ont découvert quatre autres. Grâce aux sondes américaines Voyager 1 et 2, on sait maintenant que chacun des sept anneaux principaux est en fait constitué de milliers d'anneaux minuscules. Ces annelets sont à leur tour composés de milliards de morceaux de glace et de pierraille de différentes tailles. Certains astronomes croient que ces morceaux sont des restes de satellites éclatés ou de comètes capturées par l'attraction de la planète. Les célèbres anneaux ont une largeur de plus de 300 000 km, soit un peu moins que la distance séparant la Terre de la Lune.

La planète qui flotte

Saturne possède une très faible densité, ce qui signifie qu'elle contient très peu de matière pour sa grande taille. Même si elle contient du fer et de la roche en son centre, la planète est surtout constituée de gaz très légers. Saturne est en fait la moins dense de toutes les planètes ! Elle est si légère qu'elle pourrait flotter sur l'eau. Encore faudrait-il trouver un océan suffisamment grand !

La planète couchée sur le côté

Uranus est la seule planète qui se déplace dans l'espace en roulant sur le côté comme une balle au lieu de tourner sur elle-même comme une toupie ! Les astronomes pensent qu'il y a très longtemps, Uranus aurait été renversée sur le côté par un astre. Certains croient même que ses anneaux et ses satellites se seraient formés à partir des débris de cette collision. Nous connaissons en fait bien peu de choses sur cette lointaine planète gazeuse. L'unique visite de la sonde Voyager 2, en 1986, a mesuré au sommet de ses nuages une température glaciale de –210 °C ! Des traces d'un gaz, le méthane, ont aussi été détectées dans son atmosphère. C'est ce gaz qui lui donne sa couleur bleu-vert.

Des satellites glacés

Uranus compte à ce jour au moins 27 satellites naturels. La majorité d'entre eux portent des noms tirés de pièces de théâtre de l'auteur William Shakespeare. Par exemple, les lunes Sycorax et Saliba, découvertes en 1997, ont été baptisées d'après deux personnages de la pièce La Tempête. Tous les satellites d'Uranus sont faits d'un mélange de roches et de glace. La surface particulière de Miranda (à gauche) en fait un des satellites les plus intéressants de la planète. Certains astronomes croient que le satellite aurait peu à peu « recollé » ses morceaux à la suite d'une collision avec une météorite ou un gros astéroïde.

Une septième planète

En 1781, le musicien William Herschel a observé pour la première fois la planète Uranus à l'aide d'un télescope qu'il avait construit lui-même. La découverte de l'astronome amateur est d'autant plus importante que l'on croyait jusque-là que Saturne était la planète la plus lointaine de l'Univers ! Non seulement le Système solaire comptait dorénavant sept planètes au lieu de six, mais il était aussi deux fois plus étendu que ce que l'on avait estimé précédemment.

Des anneaux uniques !

Les 11 anneaux d'Uranus ne sont peut-être pas aussi colorés et lumineux que ceux de Saturne, mais ils sont quand même uniques ! Ces anneaux sont les seuls à être verticaux, puisque la planète est couchée sur le côté. Ils sont aussi les objets les plus sombres du Système solaire. La poussière et les blocs de roches qui les composent sont plus noirs que du charbon !

La dernière des géantes gazeuses

Comme Uranus, Neptune est un monde glacé encore méconnu. On en
connaît un peu plus sur la dernière planète gazeuse du Système
solaire depuis que la sonde américaine Voyager 2 lui a rendu
visite, en 1989. En arrivant à sa dernière destination, la sonde a
découvert une grosse boule bleue dont les quatre anneaux
sombres et étroits, la taille, la composition, l'atmosphère et
la couleur rappelaient beaucoup Uranus ! L'atmosphère
de la plus petite des planètes gazeuses montre
toutefois une plus grande activité que celle de
sa voisine. On y distingue en effet des bandes
de nuages en mouvement ainsi qu'un
immense ouragan, semblable à ceux
de la Grande Tache rouge de Jupiter.
Cette tache, appelée la Grande
Tache sombre, est de la grosseur
de la Terre. On y a mesuré
des vents pouvant atteindre
2 000 kilomètres à l'heure !
Ce sont les plus puissants
du Système solaire.

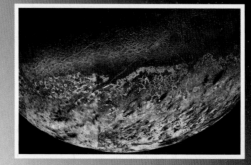

Les satellites de Neptune
Treize lunes connues accompagnent Neptune
dans son long voyage autour du Soleil. La plus
grosse d'entre elles, Triton, est l'endroit le plus
froid du Système solaire avec une température
de −235 °C. Sur sa surface glacée et craquelée
ressemblant à l'écorce d'un cantaloup,
la sonde Voyager 2 a découvert des geysers
qui crachaient de la neige d'azote, un gaz
glacé, à plus de 8 km de hauteur !

Découverte de Neptune

La planète Neptune a été observée pour la première fois à l'observatoire de Berlin, en 1846, par Johann Galle (à gauche) grâce aux calculs de deux astronomes mathématiciens, l'Anglais John Couch Adams et le Français Urbain Le Verrier. Au début du 19ᵉ siècle, les astronomes avaient remarqué qu'Uranus ne se déplaçait pas normalement sur son orbite. Comme plusieurs de leurs confrères, Adams et Le Verrier soupçonnèrent l'existence d'une planète inconnue qui forçait Uranus à dévier de sa trajectoire, en l'attirant vers elle grâce à la force de son attraction. En calculant la position théorique de cet astre perturbateur, ils découvrirent Neptune, chacun de leur côté, sans l'avoir jamais observée.

La plus éloignée !

Neptune se disputait le record de la planète la plus éloignée avec Pluton avant que celle-ci ne soit considérée comme une planète naine. Au cours de son long périple de 248 années terrestres autour du Soleil, Pluton pénètre temporairement à l'intérieur de l'orbite de Neptune. Celle dernière devenait ainsi, pendant 20 ans, la plus éloignée. Aujourd'hui, elle garde définitivement cette place !

Les petites sœurs des planètes

Le terme « planète naine » a été créé en 2006 par l'Union astronomique internationale (UAI), en même temps que la redéfinition importante du terme « planète ». Les planètes naines ressemblent beaucoup aux planètes. Elles s'en distinguent par leur petite taille qui les empêche de nettoyer leur orbite comme une planète « classique » doit le faire. Les planètes naines comptent aujourd'hui trois membres : Pluton, Cérès et Éris. Mais dans les années à venir, il est fort probable que de nouveaux astres viendront grossir leurs rangs !

Éris

Ceinture de Kuiper

La plus grosse des planètes naines

Avec près de 2 400 km de diamètre, Éris est aussi la plus éloignée des planètes naines puisqu'elle est située au-delà de l'orbite de Pluton. Sa surface serait très semblable à celle de Pluton qui est recouverte de glace de méthane. La petite lune qui tourne autour d'Éris a été nommée Dysnomie.

La planète devenue naine

Pluton a été considérée comme une planète pendant plus de 75 ans. Mais en 2006, elle a été placée dans la nouvelle catégorie des planètes naines. Depuis une quinzaine d'années, un grand nombre d'astronomes la jugent trop différente des autres planètes. En effet, elle est plus petite et serait constituée de 80 % de roches et de 20 % de glace. Pluton est tellement éloignée que, dans son ciel noir, le Soleil semble à peine plus brillant qu'une étoile ! Encore méconnue, Pluton sera, pour la première fois, visitée en 2015 par la sonde américaine New Horizons.

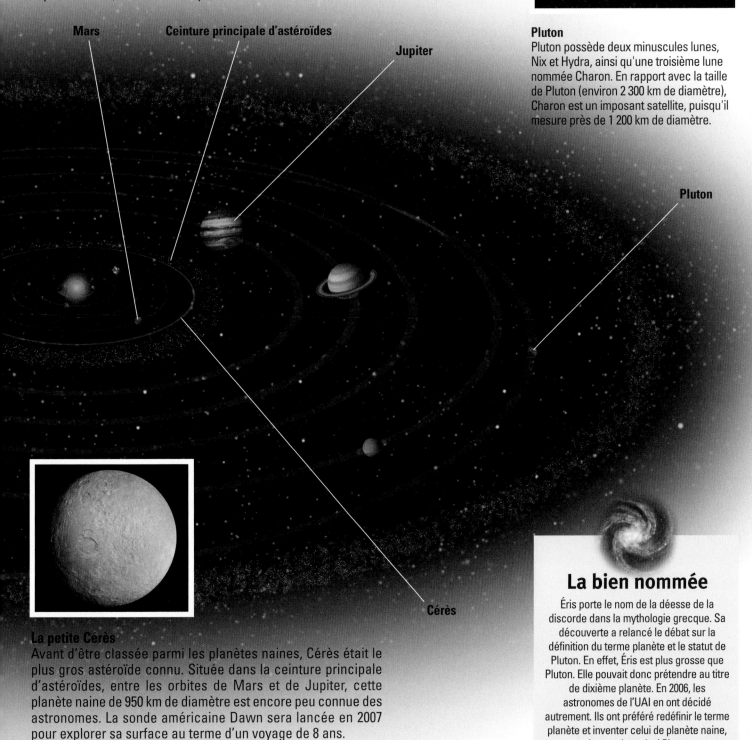

Mars

Ceinture principale d'astéroïdes

Jupiter

Pluton

Cérès

Pluton

Pluton possède deux minuscules lunes, Nix et Hydra, ainsi qu'une troisième lune nommée Charon. En rapport avec la taille de Pluton (environ 2 300 km de diamètre), Charon est un imposant satellite, puisqu'il mesure près de 1 200 km de diamètre.

La petite Cérès

Avant d'être classée parmi les planètes naines, Cérès était le plus gros astéroïde connu. Située dans la ceinture principale d'astéroïdes, entre les orbites de Mars et de Jupiter, cette planète naine de 950 km de diamètre est encore peu connue des astronomes. La sonde américaine Dawn sera lancée en 2007 pour explorer sa surface au terme d'un voyage de 8 ans.

La bien nommée

Éris porte le nom de la déesse de la discorde dans la mythologie grecque. Sa découverte a relancé le débat sur la définition du terme planète et le statut de Pluton. En effet, Éris est plus grosse que Pluton. Elle pouvait donc prétendre au titre de dixième planète. En 2006, les astronomes de l'UAI en ont décidé autrement. Ils ont préféré redéfinir le terme planète et inventer celui de planète naine, rétrogradant ainsi Pluton.

Notre satellite naturel

La Lune est l'unique satellite naturel de la Terre. Notre fidèle compagne offre un monde désolé sans air, ni bruit, ni signe de vie. À cause de sa petite taille, la Lune possède une force de gravité trop faible pour retenir des gaz et former une atmosphère. Sans cette enveloppe gazeuse, la Lune ne peut retenir la chaleur du Soleil pour se réchauffer la nuit ou se protéger des cuisants rayons solaires le jour. C'est pourquoi ses nuits sont glaciales et ses jours sont plus chauds que de l'eau bouillante. Les paysages de la Lune n'ont pratiquement pas changé depuis des millénaires. Les cratères, ces nombreux trous qui marquent sa surface, sont d'ailleurs les cicatrices des bombardements de météorites qui ont suivi sa naissance. Certains de ces cratères se sont remplis de lave provenant de fissures dans l'écorce lunaire et ont formé de vastes plaines. Autour de ces plaines s'élèvent des collines et des chaînes de montagnes.

D'OÙ VIENT LA LUNE ?

En analysant les échantillons de roches lunaires rapportés par les astronautes, les géologues ont réussi à reconstituer l'histoire de la Lune. Selon l'hypothèse largement acceptée de nos jours, notre satellite aurait été créé à la suite d'une violente collision survenue entre la jeune Terre et un astéroïde de la taille de Mars. L'impact aurait projeté dans l'espace une grande quantité de roches provenant de la Terre et de l'astre détruit. Sous la force d'attraction terrestre, les débris se seraient mis à tourner autour de notre planète et se seraient « recollés » pour former la Lune.

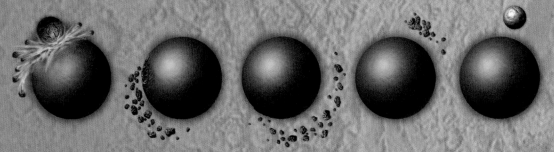

Objectif Lune

Le 21 juillet 1969, un homme posait le pied sur la Lune pour la première fois. Il s'agissait de l'astronaute américain Neil Armstrong, membre de la mission Apollo 11. Après cette nuit mémorable, cinq autres missions ont mis le cap sur notre satellite. En tout, une douzaine d'astronautes ont pris de nombreuses photos, procédé à diverses expériences scientifiques et ramassé près de 400 kg de roches lunaires. Les Américains comptent retourner sur la Lune d'ici 2015. En préparation de cette future mission humaine, ils enverront d'abord des sondes explorer la surface de la Lune. Ils prévoient construire une base lunaire permanente qui servira, entre autres, de tremplin pour envoyer des vaisseaux vers Mars et au-delà. À ce jour, la Lune est le seul corps céleste qui a été visité par des astronautes.

Dans le ciel de la Lune

Dans le ciel de la Lune, la Terre apparaît quatre fois plus grosse que la Lune dans le nôtre ! Elle est aussi 60 fois plus brillante ! L'absence d'une atmosphère lunaire a permis aux astronautes des missions Apollo d'observer notre belle planète bleue marbrée de blanc avec une rare clarté. Ils ont tous mentionné qu'un lever de Terre vu de la Lune était un spectacle émouvant d'une grande beauté !

L'astre de la nuit

Il y a très longtemps, les gens adoraient la Lune et la croyaient dotée de pouvoirs magiques. Ils pensaient, entre autres, que la lumière de la pleine lune pouvait transformer certaines personnes en affreux loups-garous ! Malgré tout, on profitait de sa lumière pour voyager durant les soirs de pleine lune. Notre satellite naturel est en effet l'astre le plus brillant du ciel, après le Soleil. Mais la Lune ne produit pas sa propre lumière. Elle brille plutôt en réfléchissant la lumière solaire, comme un miroir. Soir après soir, la Lune change de forme dans le ciel, passant graduellement du fin croissant au cercle plein. Sa face visible est un peu, pas du tout ou complètement éclairée par le Soleil tandis qu'elle tourne autour de la Terre. Ces différentes apparences, ou phases de la Lune, se succèdent au cours d'un cycle de 29,5 jours.

Voir activité p. 312

DANS L'OMBRE DE LA TERRE

L'éclipse de Lune est un phénomène observé depuis la nuit des temps. Toutefois, son principe a été expliqué pour la première fois par le philosophe grec Thalès, il y a environ 2 600 ans. Une éclipse lunaire se produit lorsque la Terre passe entre la Lune et le Soleil. La Lune est alors complètement plongée dans l'ombre de la Terre. Les éclipses de Lune sont plus fréquentes que les éclipses de Soleil. Contrairement à ces dernières, on peut les observer à l'œil nu sans danger.

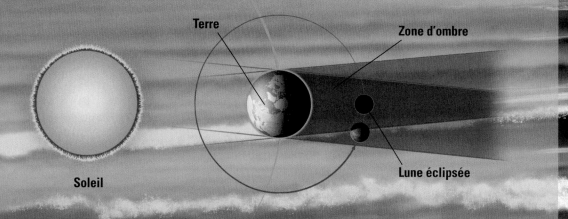

Terre

Zone d'ombre

Soleil

Lune éclipsée

Même si la gravité de la Lune est six fois plus faible que celle de la Terre, elle exerce une attraction suffisamment forte pour déformer les océans terrestres en attirant leur eau vers elle. Ce renflement produit une marée haute. Pendant ce temps, l'eau se retire des plages situées de chaque côté du renflement. C'est la marée basse. Les océans situés du côté opposé à la Lune subissent aussi un gonflement. Les marées se produisent ainsi deux fois par jour, soit lorsque l'océan fait face à la Lune et lorsqu'il lui est opposé. Quand le Soleil et la Lune sont alignés, les marées hautes atteignent leur maximum. Ces marées dites de vive-eau se produisent aux deux semaines, lors de la pleine lune et de la nouvelle lune.

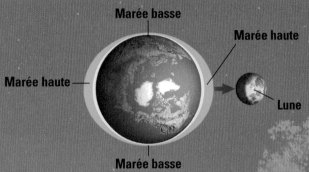

Marée basse

Marée haute

Marée haute

Lune

Marée basse

L'homme dans la Lune

Avec un peu d'imagination, on peut distinguer un visage quand on regarde la pleine lune à l'œil nu. Les taches sombres qui semblent former les yeux, la bouche et le nez de celui qu'on appelle « l'homme dans la Lune » sont de vastes plaines poussiéreuses. Comme les premiers astronomes pensaient qu'il s'agissait de mers, ils les ont baptisées Océan des Tempêtes, Mer de la Sérénité ou Lac des Songes. Le reste du visage est formé de collines et de chaînes de montagnes.

Des roches autour du Soleil

Contrairement aux planètes qui mesurent des milliers de kilomètres de diamètre, les astéroïdes ne font que quelques centimètres à quelques centaines de kilomètres de largeur. Les astéroïdes se sont formés à partir du matériel superflu n'ayant pas servi à la fabrication de notre étoile et de ses planètes. Ces petits astres constitués de roches, de glace et de métaux voyagent tout de même autour du Soleil de la même façon que leurs grosses voisines, les planètes. Le tout premier astéroïde a été découvert en 1801 par l'astronome italien Giuseppe Piazzi qui le baptisa Cérès. Depuis 2006, Cérès est aussi considérée comme une planète naine. Elle était le plus gros astéroïde jusqu'à ce que Quaoar la remplace en 2002. C'est maintenant 2005 FY$_9$ qui détient la palme du plus gros astéroïde avec son diamètre d'environ 1 800 kilomètres.

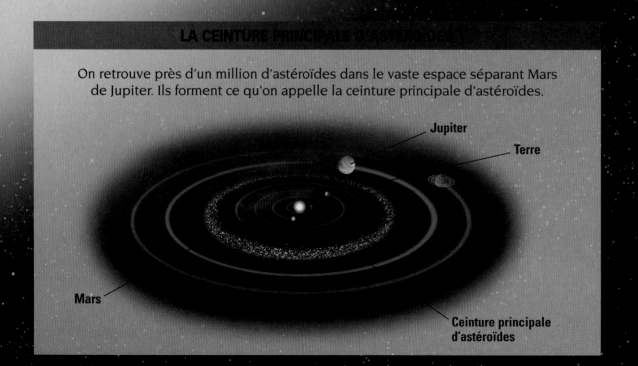

LA CEINTURE PRINCIPALE D'ASTÉROÏDES

On retrouve près d'un million d'astéroïdes dans le vaste espace séparant Mars de Jupiter. Ils forment ce qu'on appelle la ceinture principale d'astéroïdes.

Jupiter

Terre

Mars

Ceinture principale d'astéroïdes

Astéroïdes sous surveillance

En voyageant autour du Soleil, certains astéroïdes se retrouvent régulièrement sur la trajectoire de la Terre. Les scientifiques s'intéressent particulièrement à ces astéroïdes dits géocroiseurs puisqu'il n'est pas impossible qu'un d'entre eux entre un jour en collision avec notre planète. Ils les surveillent de près dans le cadre d'un programme d'observation télescopique appelé SpaceWatch. Dans le cas où un de ces astéroïdes viendrait à notre rencontre, les scientifiques espèrent le faire dévier de sa trajectoire ou encore le pulvériser. De plus, des sondes spatiales telles que NEAR (Near Earth Asteroid Rendezvous) nous permettent d'étudier de plus près les astéroïdes. Au cours de sa mission de 5 ans, de 1996 à 2001, NEAR nous a aussi fourni de belles images des astéroïdes Mathilde et Éros.

Baptiser les astéroïdes

Parmi les 40 000 astéroïdes officiellement baptisés à ce jour, on retrouve des noms de personnages tirés de la mythologie grecque, d'astronomes, de scientifiques et d'artistes célèbres. Les astéroïdes portent ainsi le nom de grands peintres comme Picasso, de personnages fabuleux comme Merlin l'enchanteur, de contes comme Pinocchio ou de romanciers comme Tolkien, l'auteur de la trilogie du Seigneur des Anneaux. Enfin, des noms de musiciens populaires comme Elvis Presley ont joint les rangs des grands compositeurs de musique classique tels que Bach et Beethoven.

Des visiteuses spectaculaires

Les peuples anciens craignaient les comètes, ces étranges boules de lumière qui semblaient surgir de nulle part. Ils les percevaient comme des signes de mauvais augure, annonçant tremblements de terre, famines, maladies, mort et destruction. Une comète qui traverse le ciel nocturne est un spectacle effectivement étonnant ! Ce n'est qu'en s'approchant du Soleil que cette boule de neige sale normalement peu visible devient lumineuse. La chaleur de notre étoile transforme alors en vapeur une partie de la glace qui la constitue, libérant ainsi des traînées de gaz et de poussières. Ces longues traînées réfléchissent la lumière du Soleil comme un miroir. C'est ce qui rend les comètes si brillantes. Certaines d'entre elles reviennent nous visiter à intervalles réguliers. On appelle ces visiteuses les comètes périodiques. La comète Hale-Bopp, par exemple, a brillé dans le ciel de la Terre pendant plusieurs semaines au printemps 1997. Elle reviendra dans environ 2 400 ans.

Queue de poussière

Coma
La coma se forme autour du petit noyau sous l'effet de la chaleur. Elle ressemble à une épaisse chevelure entourant un petit visage (le mot « comète » provient en fait du grec *komêtês* qui signifie « astre chevelu »). La coma serait composée en grande partie de vapeur d'eau et de gaz carbonique.

Noyau
Le noyau est composé de glace, de gaz et de poussière rocheuse. Il est enveloppé par la coma. Chaque fois qu'une comète passe près du Soleil, son noyau perd un peu de la glace, du gaz et de la poussière qui le composent. Après environ 500 voyages autour de notre étoile, la comète n'est plus qu'un bloc de roche semblable à un astéroïde.

Origine des comètes

Les astronomes croient que certaines comètes viennent du nuage d'Oort, une vaste région se trouvant à des milliards de kilomètres de l'orbite de Pluton. Ce lointain nuage entourant le Système solaire contiendrait des milliards de blocs de glace sale d'un diamètre moyen de 10 km. D'autres comètes proviennent plutôt de la ceinture de Kuiper, une région située au-delà de l'orbite de Neptune. Cet anneau contiendrait plus de 35 000 objets glacés d'un diamètre supérieur à 100 km. Il arrive qu'un bloc glacé appartenant à un de ces deux réservoirs soit délogé de son essaim et se mette à tourner autour du Soleil. On connaît maintenant la trajectoire d'au moins 900 comètes qui voyagent ainsi autour de notre étoile.

Queues

Même si on ne voit habituellement qu'une longue queue dans le ciel, les comètes en possèdent deux : une queue de gaz et une queue de poussière. Cette double queue scintillante est la partie la plus spectaculaire de la comète ! Sa forme varie beaucoup selon la nature des particules qui la composent et l'activité solaire. La queue ne pointe jamais vers le Soleil puisqu'en soufflant, le vent solaire l'étire vers l'arrière. Elle peut ainsi s'étendre sur des millions de kilomètres !

Des roches venues du ciel

Une étoile filante n'est pas une étoile qui file ! Il s'agit d'un météore, phénomène lumineux qui se produit lorsqu'une petite roche entre dans l'atmosphère terrestre. Des milliards de cailloux circulent ainsi dans l'espace. Ce sont de petits éclats d'astéroïdes ou des poussières de comètes. En se frottant contre l'air à plus de 100 000 kilomètres à l'heure, ces cailloux s'échauffent et s'enflamment ! Les plus gros d'entre eux s'écrasent parfois sur la Terre sans se consumer au complet. On les appelle alors des météorites. La plus grosse des 3 000 météorites retrouvées à ce jour est tombée en Namibie, en Afrique, il y a des milliers d'années. Elle mesure 2,5 mètres de long et pèse 55 tonnes, soit autant qu'une dizaine d'éléphants ! Toutes les météorites trouvées sont étudiées et précieusement conservées dans les musées et les universités. Avec les roches lunaires rapportées par les astronautes, elles sont les seuls matériaux extraterrestres dont nous disposons.

La fin des dinosaures

Les dinosaures ont disparu de la Terre il y a 65 millions d'années. Certains scientifiques croient que cette mystérieuse disparition serait due à l'impact d'une météorite tombée près de la péninsule du Yucatan, au Mexique. Cette immense roche venue du ciel se serait enflammée en traversant l'atmosphère et aurait provoqué d'énormes incendies en tombant sur terre. De la fumée et des nuages de cendres se seraient alors répandus sur plus de la moitié du globe. En plongeant de grandes régions dans l'obscurité, la collision aurait privé les plantes de la lumière du Soleil nécessaire à leur croissance. Ainsi privés de nourriture, de nombreux animaux, dont les dinosaures, seraient alors morts de faim.

Le cratère le mieux préservé

Le célèbre Meteor Crater a été créé par l'impact d'une météorite tombée dans le désert de l'Arizona, aux États-Unis, il y a environ 50 000 ans. En étudiant cette cicatrice mesurant 1,2 km de diamètre et 175 m de profondeur, les scientifiques ont déduit qu'une météorite de plus de 100 000 tonnes était responsable. Le Meteor Crater est le plus récent des cratères terrestres connus, et un des mieux préservés grâce à l'absence de pluie dans la région désertique où la météorite est tombée.

La Terre grossit !

Chaque année, au moins 40 000 tonnes de petites météorites tombent sur la Terre ! Comme ces poussières sont trop légères pour atteindre une grande vitesse, elles ne s'enflamment pas en entrant dans notre atmosphère. La Terre grossit ainsi de plus de 100 tonnes chaque jour grâce à la matière qu'elle « balaie » en voyageant dans l'espace !

L'exploration spatiale

Pour observer, analyser et comprendre les différents phénomènes se déroulant dans l'Univers, les astronomes se sont dotés d'instruments de plus en plus sophistiqués. Des astronautes à bord de vaisseaux spatiaux ont quitté la Terre pour explorer la Lune ou travailler dans l'espace. Les humains ont envoyé des sondes spatiales visiter des planètes trop éloignées ou trop hostiles où ils ne pouvaient eux-mêmes aller. L'exploration de l'Univers est une longue aventure pleine de rebondissements.

Voir de plus en plus loin

Pendant plus de 5 000 ans, les astronomes ont observé le ciel à l'œil nu. Ils ont réussi à identifier cinq planètes, des dizaines de constellations et des milliers d'étoiles. Avec l'invention du télescope, à la fin du 16e siècle, de nouvelles images agrandies du ciel ont permis à l'astronomie de franchir un pas de géant. De nos jours, des télescopes de plus en plus puissants nous permettent d'observer des objets célestes de plus en plus éloignés. En plus d'émettre de la lumière visible, les astres produisent aussi des rayonnements tels que les rayons X ou les ondes radio. Une nouvelle génération de télescopes sert à capter ces rayons invisibles. Les radiotélescopes, par exemple, captent au sol les ondes radio émises par des étoiles ou des galaxies lointaines grâce à de gigantesques antennes. D'autres engins, comme les satellites-observatoires, sont placés à plus de 500 kilomètres au-dessus de la Terre, afin de détecter certains rayonnements stoppés par l'atmosphère. Les observateurs, restés au sol, regardent sur leurs écrans les images captées. Les astronomes d'aujourd'hui passent plus de temps à étudier les images enregistrées dans leur ordinateur qu'à contempler le ciel…

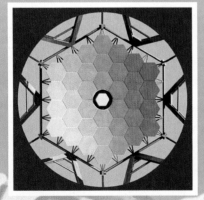

Les plus grands de tous !

Les télescopes les plus puissants sont regroupés dans des observatoires généralement situés au sommet d'une montagne, là où la visibilité est la meilleure. Sur le mont Mauna Kea, à Hawaii se trouvent ainsi plusieurs télescopes internationaux, dont les deux télescopes Keck. Situés à 4,1 km d'altitude, ces deux télescopes jumeaux sont les plus grands et les plus puissants du monde. Leur miroir principal mesure 10 m de diamètre, soit l'équivalent d'une dizaine de bicyclettes mises bout à bout ! Les deux miroirs géants ne sont pas d'une seule pièce mais sont composés de 36 morceaux distincts chacun. Les deux télescopes jumeaux peuvent travailler ensemble et séparément.

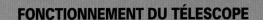

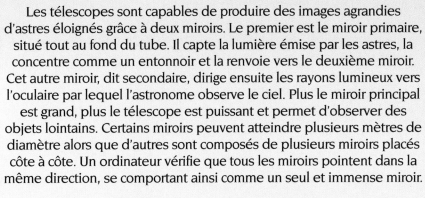

FONCTIONNEMENT DU TÉLESCOPE

Les télescopes sont capables de produire des images agrandies d'astres éloignés grâce à deux miroirs. Le premier est le miroir primaire, situé tout au fond du tube. Il capte la lumière émise par les astres, la concentre comme un entonnoir et la renvoie vers le deuxième miroir. Cet autre miroir, dit secondaire, dirige ensuite les rayons lumineux vers l'oculaire par lequel l'astronome observe le ciel. Plus le miroir principal est grand, plus le télescope est puissant et permet d'observer des objets lointains. Certains miroirs peuvent atteindre plusieurs mètres de diamètre alors que d'autres sont composés de plusieurs miroirs placés côte à côte. Un ordinateur vérifie que tous les miroirs pointent dans la même direction, se comportant ainsi comme un seul et immense miroir.

Oculaire

Lumière

Miroir primaire

Miroir secondaire

Tube du télescope

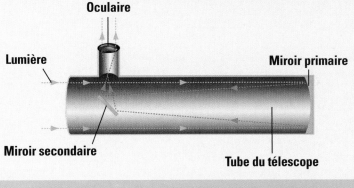

Des images floues !

En 1990, le télescope spatial Hubble est placé en orbite autour de la Terre. Le puissant instrument devait produire des images de l'espace plus claires que celles obtenues par les télescopes terrestres. Mais peu après son lancement, Hubble s'est mis à renvoyer des photos floues : son miroir principal était défectueux ! Depuis qu'un équipage de la navette Endeavor est allé lui poser des verres correcteurs, en 1993, le télescope spatial nous renvoie les images les plus impressionnantes jamais réalisées à ce jour !

À la conquête de l'espace

En 1961, le cosmonaute soviétique Iouri Gagarine fut le premier homme à s'aventurer dans l'espace. Huit ans plus tard, l'astronaute américain Neil Armstrong posait le pied sur la Lune. Ces deux événements mémorables qui ont marqué le début de la conquête spatiale ont pu avoir lieu grâce à l'invention de la fusée. En plus d'envoyer des hommes dans l'espace, certaines fusées ont permis d'envoyer des sondes spatiales pour de longs voyages interplanétaires et de placer des satellites autour de la Terre. Les sondes spatiales sont un peu comme des robots téléguidés qu'on envoie pour visiter des astres trop éloignés ou inhospitaliers pour les humains. Les satellites artificiels, quant à eux, sont placés en orbite autour de la Terre. Certains servent aux télécommunications et transmettent, par exemple, des émissions de télévision aux quatre coins de la planète, alors que d'autres étudient le Soleil ou permettent aux météorologistes de prévoir l'arrivée des ouragans.

Des robots explorateurs

Des sondes spatiales explorent le Système solaire depuis 1959. Elles ont visité toutes les planètes, mais pas encore la planète naine Pluton qui était considérée, avant 2006, comme une planète. Certaines de ces sondes voyagent d'une planète à l'autre, alors que d'autres se mettent en orbite autour d'une planète en particulier ou s'y posent. Ces explorateurs des temps modernes prennent des photographies, prélèvent des échantillons et effectuent toutes sortes de mesures. Les données recueillies parviennent ensuite aux scientifiques restés sur Terre sous forme d'ondes radio. Une fois leur mission terminée, les sondes inhabitées ne retournent habituellement pas sur Terre. Elles quittent parfois le Système solaire et poursuivent leur route en direction des étoiles ou elles s'écrasent sur le Soleil.

Voir activité p. 313

Une pleine piscine !

Au moment du décollage, une fusée consomme plus de 2 250 000 l de carburant en trois secondes seulement. Cette quantité de carburant pourrait remplir une piscine olympique !

DES FUSÉES DANS L'ESPACE

Pour s'arracher à l'attraction terrestre, il faut atteindre une vitesse de 11 km/s, ou 40 000 km/h. La fusée est un des rares véhicules capables de réussir cet exploit. En brûlant du carburant en un temps record, ses moteurs produisent une immense quantité de gaz chauds. Ces gaz s'engouffrent dans les tuyères et propulsent la fusée vers le ciel, dans la direction opposée. Le carburant de la fusée a besoin d'oxygène pour brûler. Comme il n'y a pas d'oxygène dans l'espace, la fusée doit emporter sa propre réserve. La plupart des fusées sont construites en sections détachables, chacune possédant un réservoir de carburant et un d'oxygène. Chaque étage peut ainsi se détacher au fur et à mesure que ses réservoirs sont vidés. La fusée, ainsi allégée, peut se déplacer à toute vitesse.

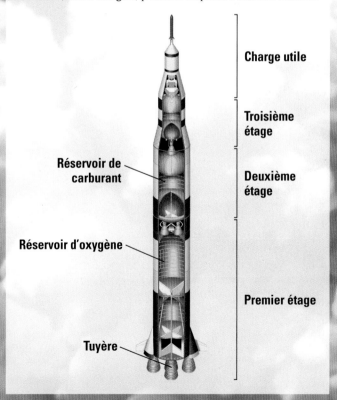

Charge utile

Troisième étage

Réservoir de carburant

Deuxième étage

Réservoir d'oxygène

Premier étage

Tuyère

67

Des humains dans l'espace

Depuis la première excursion spatiale d'un humain, en 1961, les missions habitées se sont multipliées et plus de 400 hommes et femmes sont allés dans l'espace. Les astronautes voyagent de plus en plus à bord de la navette spatiale. Contrairement aux fusées qui ne servent qu'une fois, la navette effectue des allers-retours entre la Terre et un satellite défectueux ou une station spatiale, par exemple. Une station spatiale est un laboratoire placé en orbite autour de la Terre dans lequel les astronautes peuvent vivre et travailler pendant plusieurs mois. Actuellement, une quinzaine de pays collaborent à la future station internationale, un laboratoire ultra-sophistiqué. Son ouverture, prévue pour 2006, a été repoussée à la suite de l'explosion de la navette Columbia en février 2003. Columbia était une des navettes chargées de transporter le matériel nécessaire à son assemblage. Les prochains vols spatiaux auront pour but d'assembler cette station spatiale internationale. Les États-Unis projettent aussi de retourner sur la Lune vers 2015 pour y installer une base permanente d'où ils pourront un jour s'envoler vers Mars et au-delà…

La vie d'astronaute

Les conditions qui règnent à bord d'un vaisseau spatial ne sont pas les mêmes que dans un avion. N'étant plus soumis à la force d'attraction de la Terre, les astronautes et les objets autour d'eux n'ont plus de poids et flottent ! Cette absence de pesanteur, ou apesanteur, oblige les astronautes à s'attacher avec des courroies. En plus de modifier leur façon de manger, de dormir ou d'aller aux toilettes, l'apesanteur modifie leur circulation sanguine et affaiblit leurs muscles. Ils doivent prendre le temps de bien manger et de faire de l'exercice pour rester en pleine forme. Lorsqu'ils quittent le vaisseau pour effectuer une réparation, par exemple, les astronautes revêtent un scaphandre spatial. En plus de leur fournir de l'oxygène pour respirer, cette combinaison les protège du froid et des rayons nocifs du Soleil.

Grandir dans l'espace !

À cause de l'apesanteur qui règne dans le vaisseau spatial, les vertèbres s'écartent, faisant s'allonger le dos. Les astronautes grandissent ainsi de 2 à 5 cm au cours de leur mission ! Ils retrouvent leur taille normale dès qu'ils retournent sur Terre.

LA NAVETTE SPATIALE

Dans les années 1960 et 1970, les astronautes américains revenaient sur Terre dans des capsules qui tombaient dans l'océan. Depuis l'arrivée de la première navette, en 1981, les astronautes n'ont plus besoin d'être repêchés en pleine mer. En effet, grâce à la navette qui atterrit comme un avion, leur retour se fait en douceur. Au moment du lancement, sa partie principale, l'orbiteur, est montée sur un immense réservoir contenant le carburant qui alimente ses moteurs. Derrière le compartiment où s'installe l'équipage de cinq à sept astronautes, se trouve une soute qui peut contenir, selon la mission, un satellite ou encore une sonde spatiale.

1. Décollage
Au moment du décollage, deux fusées à poudre fournissent l'essentiel de la poussée. Ces propulseurs aident la navette à décoller.

2. Les propulseurs se détachent
Deux minutes après le décollage, les propulseurs, vidés de leur carburant, sont parachutés dans l'océan où ils seront repêchés. Une fois remis en état, ils serviront pour une autre mission.

3. Le réservoir se détache
Après huit minutes de vol, l'immense réservoir extérieur vidé de son carburant est éjecté. Il retombe alors dans l'atmosphère où il s'enflamme. Ses cendres se dispersent ensuite dans l'océan.

4. En orbite
Dix minutes après le décollage, la navette est en orbite. Elle se déplace ainsi autour de la Terre à la vitesse de 28 000 km/h pendant une à deux semaines, selon la mission.

5. Rentrée dans l'atmosphère
Pour revenir sur notre planète, le pilote doit ralentir la navette. À ce moment-là, l'attraction de la Terre lui fait quitter son orbite. Elle plonge alors dans l'atmosphère à très grande vitesse et s'échauffe. La surface de la navette est protégée de la chaleur intense par plus de 30 000 tuiles de céramique.

6. Atterrissage
Les moteurs coupés, la navette plane avant de se poser en douceur sur une piste d'atterrissage comme un avion.

Sommes-nous seuls ?

La Terre est apparemment la seule planète connue qui abrite la vie. Puisqu'il existe probablement des milliards de systèmes solaires semblables au nôtre, il est raisonnable de penser qu'il puisse se trouver quelque part dans l'Univers une autre planète qui présente aussi des conditions favorables à la vie. Depuis le début des années 1960, de nombreux chercheurs tentent de découvrir des civilisations extraterrestres. En pointant de gigantesques radiotélescopes en direction d'étoiles lointaines, ils souhaitent capter des signaux radio émis par des êtres intelligents. Depuis quelques années, une nouvelle science — l'astrobiologie — tente de déterminer les conditions nécessaires à la vie. Depuis que des organismes microscopiques ont été découverts dans des milieux hostiles comme les vallées sèches et glacées de l'Antarctique, les chercheurs sont convaincus que la vie peut se développer dans des conditions extrêmement difficiles, ailleurs dans l'Univers. Seul l'avenir nous dira si la vie est un phénomène rare qui existe uniquement sur la planète Terre.

Messages interstellaires

Les astronomes envoient régulièrement des messages dans l'espace à l'intention d'éventuels extraterrestres. Ces messages sont acheminés sous forme d'ondes radio, ou gravés sur des disques et plaquettes placés à bord de sondes spatiales. Par exemple, les sondes Pioneer qui poursuivent actuellement leur route vers les étoiles transportent une plaquette représentant un homme et une femme, ainsi que notre position dans le Système solaire. Les sondes Voyager contiennent plutôt un disque de sons et d'images représentatives de la Terre, dont des chants d'oiseaux et des salutations exprimées en 55 langues ! Compte tenu de la vitesse de croisière de ces ambassadeurs, les différents messages devraient arriver à destination dans quelques centaines de milliers d'années !

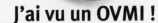

Conditions nécessaires à la vie

Notre planète est la seule du Système solaire qui possède les conditions favorables à la vie telle que nous la connaissons. Comme elle n'est ni trop proche, ni trop éloignée du Soleil, il règne à sa surface une température moyenne de 14 °C. Malgré la position idéale de la Terre, cette température ne serait pas possible sans la présence d'une atmosphère. En effet, cette enveloppe de gaz retient la chaleur du Soleil et permet à l'eau d'exister sous forme liquide, une condition essentielle à la vie. De plus, ses nuages redistribuent l'eau à la surface de la planète, sous forme de pluie ou de neige. Enfin, l'atmosphère offre un écran protecteur contre les météorites, le vent solaire et certains rayonnements nocifs du Soleil. Tous ces facteurs ont permis à la vie de s'épanouir sur la Terre sous une infinité de formes.

L'histoire de la Terre

Née d'un nuage tourbillonnant de poussière spatiale il y a environ 4,6 milliards d'années, la Terre n'a pas toujours ressemblé à la planète que nous connaissons aujourd'hui. Le paysage terrestre s'est constamment modifié tout au long de son histoire : des continents et des océans se sont transformés, des espèces animales et végétales sont apparues puis ont disparu et ont été remplacées par d'autres. Cette fascinante évolution nous est révélée par les roches sédimentaires et leurs fossiles, véritables archives de notre planète.

Il était une fois une planète

Il y a 5 milliards d'années, notre Système solaire n'était qu'un immense nuage de gaz et de poussière. Sous l'effet d'un choc gigantesque, peut-être l'explosion d'une étoile voisine, ce nuage s'est contracté et s'est mis à tourner sur lui-même comme un tourbillon. Son centre est alors devenu de plus en plus chaud, compact et lumineux. C'est ainsi que naquit une jeune étoile, notre Soleil. Peu à peu, les résidus de poussières qui continuaient à tourner autour du Soleil se sont agglutinés pour former une multitude de cailloux. À force de se percuter, ces fragments de roche se sont assemblés jusqu'à former, il y a 4,6 milliards d'années, la Terre et les sept autres planètes du Système solaire. La Terre primitive était alors loin de ressembler à celle que nous connaissons aujourd'hui.

De la lave aux océans

Durant des centaines de millions d'années après sa formation, la Terre primitive fut constamment bombardée par des météorites, ces roches venues de l'espace. La jeune planète ne possédait alors ni atmosphère, ni océans, ni continents.

1. La jeune Terre était complètement recouverte d'une épaisse couche de lave brûlante, de la roche liquide de plusieurs kilomètres d'épaisseur. Elle ne possédait pas de croûte solide.

2. Peu à peu, la couche de lave qui recouvrait la surface de la planète se refroidit et donna naissance aux premiers morceaux de croûte terrestre.

De grosses cicatrices

La surface de la jeune Terre, bombardée par des météorites, était criblée de cratères semblables à ceux de la Lune. Puis les collisions sont devenues de moins en moins fréquentes. L'action de l'eau et du vent, entre autres, a fini par effacer la plupart des cicatrices, mais les plus récentes subsistent toujours. Un cratère d'un diamètre de 200 km vieux de 65 millions d'années a été découvert au large du Mexique. Certains scientifiques croient que l'énorme météorite qui l'a creusé aurait contribué à la disparition des dinosaures !

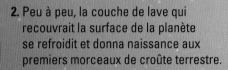

3. Avec le temps, une croûte primitive finit par recouvrir entièrement la planète. Les nombreux volcans qui marquaient alors sa surface crachaient dans le ciel d'énormes quantités de vapeur d'eau et de gaz toxiques formant une atmosphère irrespirable.

4. En refroidissant, la vapeur d'eau contenue dans l'atmosphère primitive se transforma en épais nuages. Puis, durant des milliers d'années, une pluie torrentielle s'abattit sur la Terre. Ce déluge est à l'origine du premier océan.

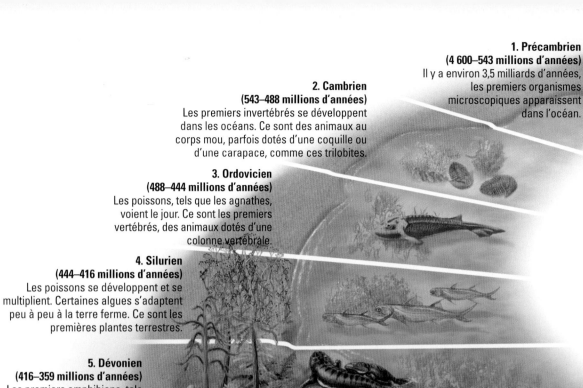

1. Précambrien
(4 600–543 millions d'années)
Il y a environ 3,5 milliards d'années,
les premiers organismes
microscopiques apparaissent
dans l'océan.

2. Cambrien
(543–488 millions d'années)
Les premiers invertébrés se développent
dans les océans. Ce sont des animaux au
corps mou, parfois dotés d'une coquille ou
d'une carapace, comme ces trilobites.

3. Ordovicien
(488–444 millions d'années)
Les poissons, tels que les agnathes,
voient le jour. Ce sont les premiers
vertébrés, des animaux dotés d'une
colonne vertébrale.

4. Silurien
(444–416 millions d'années)
Les poissons se développent et se
multiplient. Certaines algues s'adaptent
peu à peu à la terre ferme. Ce sont les
premières plantes terrestres.

5. Dévonien
(416–359 millions d'années)
Les premiers amphibiens, tels
que l'ichtyostéga, sortent de
l'eau. Les insectes apparaissent
également sur les continents,
alors recouverts de
grandes fougères.

6. Carbonifère
(359–299 millions d'années)
Les reptiles font leur apparition
dans d'immenses marécages et
des forêts de conifères. Certains
insectes, tels que la libellule,
développent des ailes.

7. Permien
(299–251 millions d'années)
Le climat s'assèche et les reptiles
se multiplient au détriment des
amphibiens. Le premier reptile
aquatique, le mésosaure, nage
dans les eaux peu profondes.

8. Trias
(251–200 millions d'années)
Les dinosaures font leur apparition. Les
mammifères voient également le jour, mais la
plupart ne sont pas plus gros que des souris.

Animaux fabuleux

Les Anciens ont imaginé de
nombreuses légendes mettant en
scène des créatures mythiques
comme les sirènes, les centaures
et les licornes. Leurs histoires
sont souvent inspirées des restes
d'animaux disparus depuis
longtemps. Par exemple, la légende
des dragons est probablement née
suite à la découverte d'os géants
de dinosaures !

Les grandes étapes de l'évolution
Les scientifiques ont divisé l'histoire de la Terre en grandes périodes marquées
par l'apparition ou la disparition d'animaux et de végétaux. Au cours du temps,
des êtres vivants très différents se sont succédés. Par exemple, le développement
d'une colonne vertébrale a permis à certains animaux de nager plus efficacement.
Ces premiers vertébrés qui n'ont pas tardé à envahir toutes les mers étaient les
poissons. Certains poissons ont peu à peu développé des poumons et des pattes
pour conquérir la terre ferme. Ils étaient les premiers amphibiens, capables de
vivre sur terre et dans l'eau. Voici les grandes périodes géologiques
correspondant aux grandes étapes de l'évolution de la vie.

L'explosion de la vie

Moins d'un milliard d'années après la formation de la Terre, les premières formes de vie firent leur apparition dans les mers chaudes de la jeune planète. Ces micro-organismes ressemblaient aux bactéries modernes. Peu à peu, les premières algues et les premiers animaux microscopiques envahirent les océans. En utilisant le gaz carbonique et l'énergie du Soleil pour fabriquer leur nourriture, les algues produisirent un gaz, l'oxygène, qui commença à s'accumuler dans l'atmosphère primitive. Une partie de cet oxygène se transforma en une couche de gaz, l'ozone, qui protège les êtres vivants contre les dangereuses radiations du Soleil. C'est la révolution biologique ! Les animaux et les plantes se complexifièrent, se diversifièrent, envahirent les océans et les continents, et modifièrent le visage de notre planète. Ainsi, l'histoire de la Terre et l'histoire de la vie sont étroitement liées…

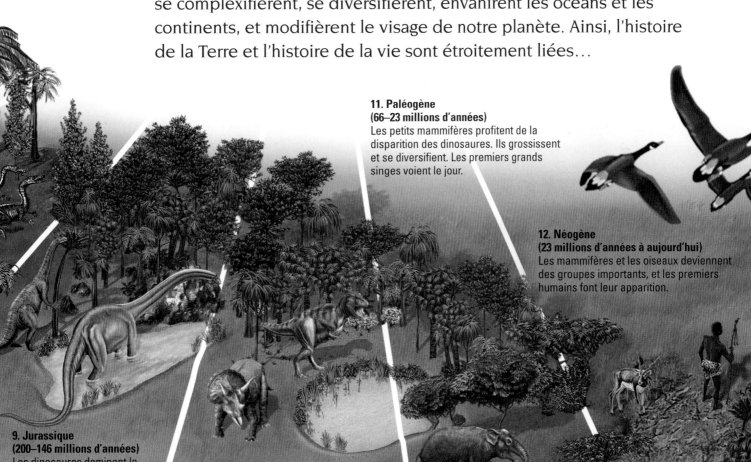

**11. Paléogène
(66–23 millions d'années)**
Les petits mammifères profitent de la disparition des dinosaures. Ils grossissent et se diversifient. Les premiers grands singes voient le jour.

**12. Néogène
(23 millions d'années à aujourd'hui)**
Les mammifères et les oiseaux deviennent des groupes importants, et les premiers humains font leur apparition.

**9. Jurassique
(200–146 millions d'années)**
Les dinosaures dominent le monde. Certains reptiles se transforment en oiseaux. Les premières plantes à fleurs apparaissent.

**10. Crétacé
(146–66 millions d'années)**
Les plantes à fleurs se diversifient. À la fin de cette période, les trois quarts des espèces disparaissent, dont les dinosaures, probablement suite à la chute d'une énorme météorite.

Les archives de la Terre

Pour remonter dans le temps et reconstituer l'histoire de la vie, les scientifiques étudient les fossiles, des indices laissés par des êtres vivants depuis longtemps disparus. Une empreinte de feuille, la trace d'un pas, un squelette de dinosaure ou un insecte piégé dans l'ambre (de la résine durcie de conifères) sont des exemples de fossiles. En plus d'apporter la preuve que la vie existe sur Terre depuis très longtemps, ces témoins du passé révèlent comment les diverses formes de vie ont évolué et se sont transformées avec le temps. Ils aident ainsi les paléontologues, des scientifiques spécialisés dans l'étude des fossiles, à reconstituer les grandes étapes de l'histoire de la vie et à mieux connaître les plantes, les animaux et même les paysages qui l'ont marquée.

Un fossile vivant !

La plupart des animaux préhistoriques sont aujourd'hui disparus et ne subsistent que sous forme de fossiles. Il existe pourtant quelques exceptions, dont la plus spectaculaire est le cœlacanthe, un poisson primitif apparu il y a 350 millions d'années. Les scientifiques le croyaient disparu depuis longtemps jusqu'à ce que, en 1938, ils le découvrent vivant au large de l'Afrique du Sud !

LA FORMATION D'UN FOSSILE

Les sédiments sont constitués de débris de toutes sortes qui se déposent continuellement au fond de l'eau. Avec le temps, plusieurs couches superposées de sédiments se forment, durcissent et se transforment en roche sédimentaire. Chaque couche peut contenir des fossiles appartenant à une époque précise. Voici, en trois étapes principales, la formation d'un fossile.

Voir activité p. 315

1. Un mollusque meurt au fond de l'eau. Son corps est vite décomposé mais sa coquille, plus dure, est conservée.

2. Peu à peu, les sédiments recouvrent la coquille et durcissent. La coquille est ainsi emprisonnée dans la roche sédimentaire.

3. Après des millions d'années, les mouvements de la croûte terrestre ou les fouilles des paléontologues ramènent parfois le fossile à la surface.

L'âge des fossiles

Pour déterminer l'âge des fossiles en l'absence de documents écrits, les scientifiques ont recours à certaines méthodes. La plus simple de ces méthodes de datation se fonde sur l'observation des différentes couches de sol. Au fil du temps, les sédiments plus anciens sont ensevelis sous d'autres, formant une accumulation de couches, appelées strates, caractéristiques d'une époque. En principe, la couche la plus récente se trouve sur le dessus. Ainsi, plus un fossile est enfoui profondément, plus il est âgé. Lorsque des accidents géologiques renversent les strates, on suppose que des couches contenant les mêmes fossiles sont de la même époque.

L'intérieur de la Terre

Il règne à l'intérieur de notre planète des conditions de pression et de température si extrêmes qu'elles sont difficiles à imaginer. C'est dans ce milieu encore mystérieux que la matière est transformée en une multitude de roches et de minéraux. Recyclées par la nature et soumises à de longs processus de transformation qui s'étendent sur des millions d'années, les roches changent constamment. En plus de donner couleur et texture aux paysages terrestres, les roches et les minéraux sont intimement liés à la vie quotidienne puisqu'ils entrent dans la composition de nombreux objets.

Au cœur de la Terre

Nous ne voyons de la Terre que la mince couche de roche qui la recouvre. Cette couche rocheuse, appelée croûte terrestre, constitue les continents et le fond des océans. Elle ne représente en fait qu'une toute petite portion du globe. Si on comparait notre planète à un œuf, l'épaisseur de la croûte correspondrait à celle de la coquille. On connaît les roches qui reposent à la surface de la planète et celles qui proviennent des volcans, mais personne n'a jamais réussi à voir ce qui se trouve sous l'écorce terrestre. Pourtant, les scientifiques savent maintenant de quoi se compose l'intérieur de la Terre. En étudiant la propagation des ondes qui accompagnent les tremblements de terre, ils ont remarqué que ces ondes ne se comportaient pas de la même façon selon les matériaux qu'elles traversaient.

La structure interne de la Terre
Les scientifiques ont réussi à déterminer la structure interne de la Terre. Ils ont découvert que notre planète était constituée de plusieurs couches distinctes.

Le noyau interne
Situé au centre de la Terre, le noyau interne, ou graine, mesure environ 2 400 km de diamètre. Il est constitué de fer et de nickel solides malgré la température très élevée (il y fait aussi chaud qu'à la surface du Soleil, soit plus de 6 000 °C).

Le noyau externe
Cette couche très chaude mesurant environ 2 300 km d'épaisseur est formée principalement de deux métaux liquides, le fer et le nickel. Les mouvements de cette couche métallique créent une énergie électrique responsable du champ magnétique qui entoure la Terre.

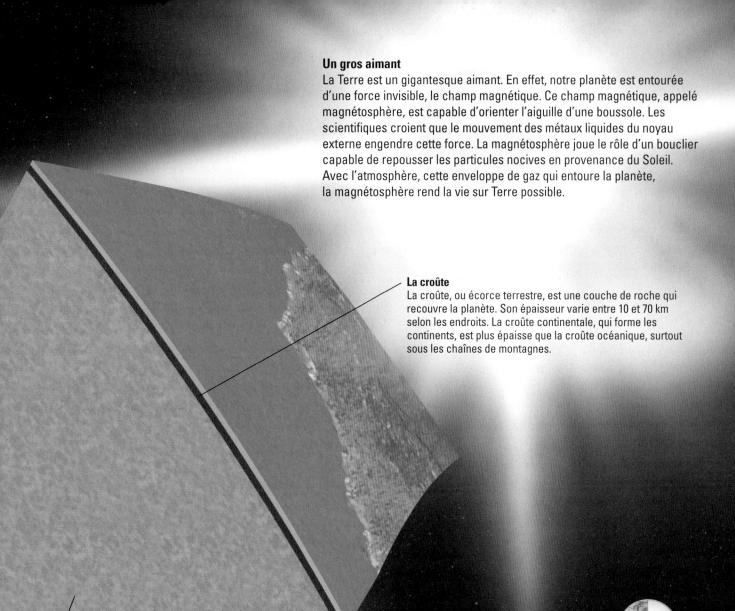

Un gros aimant

La Terre est un gigantesque aimant. En effet, notre planète est entourée d'une force invisible, le champ magnétique. Ce champ magnétique, appelé magnétosphère, est capable d'orienter l'aiguille d'une boussole. Les scientifiques croient que le mouvement des métaux liquides du noyau externe engendre cette force. La magnétosphère joue le rôle d'un bouclier capable de repousser les particules nocives en provenance du Soleil. Avec l'atmosphère, cette enveloppe de gaz qui entoure la planète, la magnétosphère rend la vie sur Terre possible.

La croûte

La croûte, ou écorce terrestre, est une couche de roche qui recouvre la planète. Son épaisseur varie entre 10 et 70 km selon les endroits. La croûte continentale, qui forme les continents, est plus épaisse que la croûte océanique, surtout sous les chaînes de montagnes.

Le manteau

Le manteau est une épaisse couche de roche visqueuse située directement sous la croûte. Il y fait si chaud (entre 1 200 °C et 3 000 °C) que la roche fond à certains endroits. L'immense chaleur du manteau est à l'origine des éruptions volcaniques, de certains tremblements de terre et de la lente dérive des continents. Avec son épaisseur d'environ 2 900 km, le manteau constitue la plus grosse portion de notre planète.

Voyage au centre de la Terre

Le trou le plus profond jamais creusé par l'humain est le forage de Kola, en Russie. Malgré ses quelque 12 km de profondeur, il ne représente qu'une simple égratignure à la surface de la Terre. Pour atteindre le centre de notre planète, situé à plus de 6 000 km de profondeur, il faudrait creuser jour et nuit pendant près de 12 ans à la vitesse fulgurante de 1 m/min. Même avec du courage et de la patience, la tâche demeure impossible vu la chaleur intense qui règne sous terre !

SOL

Sous nos pieds

Le sol sur lequel nous marchons grouille de vie ! Il héberge des plantes, des champignons, des petits animaux fouisseurs comme les taupes et les vers de terre ainsi qu'une multitude de créatures microscopiques. Avec les champignons, ces micro-organismes décomposent les plantes et les animaux morts et les transforment en humus, un engrais naturel qui enrichit le sol. Des phénomènes naturels comme l'écoulement de l'eau et le vent effritent les rochers environnants, ajoutant au sol des petits cailloux et des minéraux. Enfin, le sol contient de l'eau et de l'air, essentiels à la bonne santé des organismes qui y vivent. Sans la présence d'un sol souple, humide et nourrissant, les végétaux ne pourraient pas pousser. Et sans végétation, notre atmosphère serait irrespirable puisque ce sont les plantes vertes qui libèrent dans l'air l'oxygène que nous respirons ! Bref, les continents seraient presque sans vie s'ils n'étaient pas partiellement recouverts d'un sol !

La détérioration du sol

Il faut parfois plus d'un siècle aux facteurs naturels comme l'eau, le vent et l'activité des micro-organismes pour produire une couche de sol d'un seul centimètre d'épaisseur. Mais il suffit de quelques années de mauvaise utilisation par les humains pour qu'elle soit complètement détruite. De nombreux produits chimiques comme les pesticides et les déchets des industries nuisent aux organismes du sol. Le fait de cultiver la même plante année après année finit par épuiser le sol de ses minéraux essentiels. Couper tous les arbres d'une forêt est une autre pratique très dommageable pour le sol qui se voit privé des racines qui le retenaient. Devenu très fragile, le sol est alors facilement emporté par le vent ou la pluie. L'être humain a le pouvoir de préserver ou de détruire les sols de sa planète.

84

Petits laboureurs

Le ver de terre, ou lombric, contribue énormément à la bonne santé du sol. Il creuse une multitude de tunnels à la vitesse de 30 cm/min. En plus de disperser les éléments nutritifs dans le sol, ces tunnels permettent à l'eau et à l'air de bien circuler. De plus, le lombric avale chaque jour trois fois son poids en terre. Il la digère et la rejette ensuite sous forme de déjections nourrissantes pour les plantes. Ainsi, à certains endroits, la surface du sol est principalement constituée d'excréments de vers !

LES COUCHES DE SOL

Le sol varie beaucoup selon le climat, la forme du terrain et la végétation qui le recouvre. Autant le sol des forêts est généralement épais et riche en humus, autant celui des montagnes est mince. Malgré les différences observées d'un sol à l'autre, les spécialistes ont identifié plusieurs couches distinctes, appelées horizons, communes à chacun.

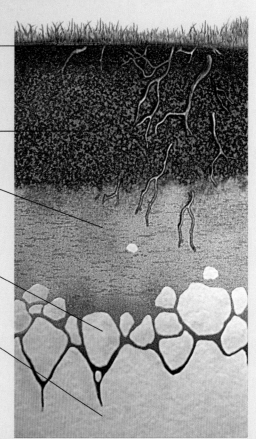

Horizon 0
La première couche de sol comprend beaucoup d'animaux et de racines de plantes. Elle est principalement formée d'humus, cette matière riche qui se reconnaît facilement à sa couleur noire.

Horizon A
La deuxième couche de sol se compose d'une terre sombre et fertile, riche en humus.

Horizon B
Plus pauvre en humus que les couches qui le recouvrent, cet horizon, aussi appelé sous-sol, est riche en petites particules minérales essentielles à la croissance des végétaux.

Horizon C
Dépourvue d'humus, cette couche de sol est constituée de roche grossièrement fragmentée provenant de la couche qui se trouve en dessous.

Horizon D
Cette couche, appelée roche mère, est la base rocheuse du sol. La roche mère est peu à peu concassée sous l'action de phénomènes naturels tels que l'écoulement de l'eau, le gel ou le passage de glaciers, ce qui libère des minéraux dans les autres couches.

Planète de roches

La croûte terrestre est entièrement formée de roches variées. Même si elles semblent solides et indestructibles, les roches changent constamment au fil du temps. Elles se forment, se déforment et se transforment sans cesse, s'enfonçant dans les profondeurs de la Terre et en ressortant à nouveau. Les roches sont ainsi recyclées par la nature et soumises à de lents processus de transformation, fort complexes, selon un cycle qui peut s'étaler sur des millions d'années ! Certaines roches, comme les toutes premières qui sont apparues sur la Terre, se forment à partir du magma, cette roche liquide et brûlante qui compose le manteau. D'autres se forment plutôt à partir de roches préexistantes.

Origine des roches

Plusieurs roches naissent dans les profondeurs de la Terre à partir de magma refroidi et durci. Ce sont les roches magmatiques, ou ignées. En surface, les roches sont lentement émiettées et transportées par le vent, la glace et l'eau. Les fragments rocheux se déposent en couches superposées au fond des cours d'eau, des lacs ou des océans où ils se combinent aux débris d'animaux et de végétaux. Avec le temps, ces débris s'agglutinent, durcissent et forment des roches sédimentaires. Il arrive que des roches magmatiques et sédimentaires s'enfoncent dans le sol où elles sont chauffées et déformées par le mouvement et le poids de la croûte. Elles sont ainsi complètement transformées en roches dites métamorphiques.

UNE DIVERSITÉ EXTRAORDINAIRE

Les roches sont des assemblages de minéraux, des substances non vivantes produites par la nature. Les roches les plus variées peuvent être regroupées en trois grandes catégories : magmatiques, sédimentaires et métamorphiques.

Granite

Le granite est une roche magmatique claire, extrêmement dure et résistante. Le granite rose est souvent utilisé dans la construction de monuments.

Calcaire

Le calcaire est une roche sédimentaire formée au fond de l'eau et constituée en grande partie de débris de coquillages. Pour cette raison, les calcaires renferment souvent des fossiles.

Marbre

Sous l'effet de la chaleur ou de la pression, le calcaire se transforme en marbre, une roche métamorphique de grande valeur, couverte de motifs sinueux de couleurs variées.

Basalte

Le basalte est une roche magmatique qui se forme lorsque le magma remonte vers la surface, sort par la bouche des volcans sous forme de lave et durcit rapidement au contact de l'air ou de l'eau.

Ardoise

L'ardoise est une roche métamorphique noire, grise ou verte. Comme elle se découpe facilement en feuilles, on l'utilise, entre autres, pour recouvrir des toits et pour fabriquer des tableaux d'écoliers.

Sel gemme

Le sel gemme est une roche sédimentaire blanche et friable qui se forme lorsque l'eau de mer s'évapore en laissant un dépôt de sel. On l'utilise parfois comme sel de table dans la cuisine.

Une roche qui flotte !

La pierre ponce est une roche claire et friable souvent utilisée pour adoucir la peau des pieds. C'est une roche magmatique criblée de petits trous provenant des gaz contenus dans la lave qui l'a formée. Avec sa texture spongieuse, la pierre ponce est si légère qu'elle peut flotter sur l'eau !

Petits joyaux

En remontant des profondeurs de la planète vers la surface, le magma refroidit. Des cristaux se forment alors dans cette roche liquide, un peu comme la pluie qui se change en cristaux de neige avec le froid. C'est ainsi que se forment la plupart des minéraux. Avec le temps, leur structure peut se transformer s'ils sont soumis à de fortes pressions ou de hautes températures, produisant ainsi de nouvelles espèces minérales. De nos jours, plus de 3 500 minéraux différents ont été découverts. La plupart d'entre eux se combinent pour former des roches. Certains minéraux, extrêmement beaux et rares, sont utilisés dans la création de bijoux. Ce sont les gemmes, une famille qui compte quelque 50 pierres semi-précieuses et 4 pierres précieuses : le diamant, le rubis, le saphir et l'émeraude.

Malachite

Quartz blanc

Feldspath

Émeraude

Graphite

Perle rare

Contrairement aux autres gemmes, la perle ne provient pas d'une roche, mais bien d'un animal ! En effet, ces petites billes dures et brillantes sont surtout produites par les huîtres perlières. Une perle se forme lorsqu'un corps étranger, comme un grain de sable, se faufile dans la coquille d'un mollusque. L'animal se défend alors en sécrétant une substance, appelée nacre, qui enrobe de plusieurs couches le corps irritant. Près de 1 huître sur 100 cache une perle !

Les minéraux au quotidien

Les minéraux des roches nous sont indispensables. Ils sont à la base d'un grand nombre d'objets et de matériaux qui nous entourent. Par exemple, la calcite présente dans la roche calcaire est utilisée pour fabriquer du ciment et l'asphalte des rues. Les minéraux qui composent l'argile sont employés pour produire de la céramique, des briques et de la poterie. On retrouve de la fluorite dans le dentifrice, du graphite dans les crayons à mine, du talc dans les cosmétiques et de la silice dans le verre, les miroirs et les puces d'ordinateurs. D'autres minéraux sont utilisés dans la confection de bijoux.

Pyrite

Agate

Jade

Calcite

Talc

Mica

Quartz rose

Fluorite

L'IDENTIFICATION DES MINÉRAUX

Les géologues sont les scientifiques qui étudient les matériaux constituant la Terre. Pour reconnaître et classifier les minéraux des roches, ils étudient plusieurs de leurs caractéristiques comme la dureté, la transparence, la forme et la structure, la couleur, le trait et l'éclat.

La dureté
Il est possible de reconnaître un minéral à sa dureté. Certains minéraux, comme le talc, sont tendres et peuvent être rayés par un ongle. D'autres minéraux, à l'inverse, sont extrêmement durs. C'est le cas du diamant qui ne peut être rayé que par un autre diamant !

La transparence
On peut reconnaître un minéral à sa transparence. Certains quartz, par exemple, sont complètement transparents. On peut, par conséquent, voir à travers. D'autres minéraux, comme le cuivre, sont opaques. Il est donc impossible de voir à travers.

La forme et la structure
Plusieurs minéraux sont reconnaissables à leur apparence extérieure ou à leur structure interne. Les cristaux d'argent ont une forme arborescente, c'est-à-dire qui ressemble à des branches. L'hématite, de son côté, est souvent formée de petites boules. Enfin, la pyrite possède une structure interne en forme de cube, alors que celle de l'émeraude est hexagonale.

La couleur
Certains minéraux sont identifiables au premier coup d'œil grâce à leur couleur. La malachite, par exemple, est toujours verte. Par contre, d'autres minéraux, comme le quartz, présentent une grande variété de teintes, entre autres le blanc et le rose.

La couleur du trait
Si la couleur d'un minéral n'est pas toujours un indice fiable, la couleur de son trait l'est beaucoup plus. Le trait est une ligne poudreuse laissée par un minéral frotté sur une plaque de porcelaine. Un minéral qui existe dans une grande variété de couleurs possède généralement une seule couleur de trait.

L'éclat
L'éclat est le scintillement et la réflexion de la lumière sur le minéral. Certains minéraux, comme l'or, ont un éclat brillant et métallique alors que d'autres, comme le quartz, ont un éclat vitreux. Enfin, d'autres, comme le jade, ont un éclat gras, comme s'ils étaient recouverts de graisse.

Trésors enfouis au creux des roches

Certains matériaux de la croûte terrestre sont extrêmement utiles aux humains qui n'hésitent pas à creuser à des centaines voire des milliers de mètres sous le sol pour les trouver. Ce sont les métaux, tels que l'or, le fer et l'aluminium, et les combustibles fossiles tels que le charbon, le pétrole et le gaz naturel. Alors que les combustibles constituent des sources d'énergie précieuses, les métaux fournissent des matériaux de grande valeur. Ces derniers sont souvent cachés à l'intérieur de roches, appelées minerais, où ils sont combinés à d'autres éléments. De nos jours, des méthodes d'extraction très avancées permettent d'obtenir une grande variété de métaux. Malheureusement, l'extraction des métaux et des combustibles fossiles du sous-sol de notre planète ne se fait pas sans bouleverser l'équilibre des habitats naturels.

La formation des combustibles fossiles
De très grandes quantités de plantes terrestres ou de petits organismes marins sont parfois ensevelis dans les sédiments. Avec le temps, ces organismes s'enfoncent dans les profondeurs de la croûte où ils sont chauffés par la chaleur de la Terre et compactés sous son poids. Au bout de millions d'années, ces restes de plantes et d'animaux morts se transforment en combustibles fossiles ! Les forêts ensevelies il y a des millions d'années deviennent du charbon, alors que le pétrole et le gaz naturel sont des restes d'organismes marins microscopiques. Ces combustibles extrêmement inflammables sont utilisés pour le chauffage, la production d'électricité et servent de carburant dans les véhicules motorisés comme les voitures.

DES MINÉRAUX UTILES

La plupart des métaux sont durs, brillants et solides. Ils sont aussi de bons conducteurs de chaleur et d'électricité. Les métaux sont souvent combinés sous forme d'alliages. Par exemple, en mélangeant le cuivre et l'étain on obtient le bronze, un alliage encore plus solide et résistant que les deux métaux pris séparément. Grâce à leurs nombreuses qualités, les métaux connaissent plusieurs applications.

Aluminium

À la fois léger et solide, l'aluminium sert, entre autres, à la fabrication d'avions, de voitures, d'emballages et de disques compacts. On l'extrait d'un minerai appelé bauxite.

Argent

L'argent est un métal malléable qui se travaille facilement. On s'en sert en photographie et pour créer des bijoux, des ornements, des pièces de monnaie et des équipements électriques.

Or

Malléable comme l'argent, l'or est utilisé dans la fabrication de bijoux et de pièces de contact d'appareils électriques. Comme il est rare, il possède une grande valeur.

Cuivre

Le cuivre est un excellent conducteur d'électricité. Il sert à la fabrication de casseroles, de tuyaux, d'instruments de musique et de fils électriques.

Fer

Solide et malléable, le fer est le métal le plus utilisé au monde. On en fait de l'acier, un alliage solide très prisé dans la fabrication des ponts. On extrait le fer de minerais comme l'hématite.

Mercure

Le mercure est le seul métal liquide à la température ambiante. Comme il augmente de volume avec la chaleur, on l'utilise parfois dans les thermomètres.

Fabriquer de l'or

Plusieurs alchimistes du Moyen Âge rêvaient de transformer un métal ordinaire comme le plomb en or ! Ils n'y sont, bien entendu, jamais parvenus… De nos jours, même s'il est théoriquement possible de fabriquer de l'or, aucun physicien n'a encore réussi ! Et même si on réussissait à produire de l'or synthétique, le procédé de fabrication coûterait plus cher que la valeur de l'or véritable !

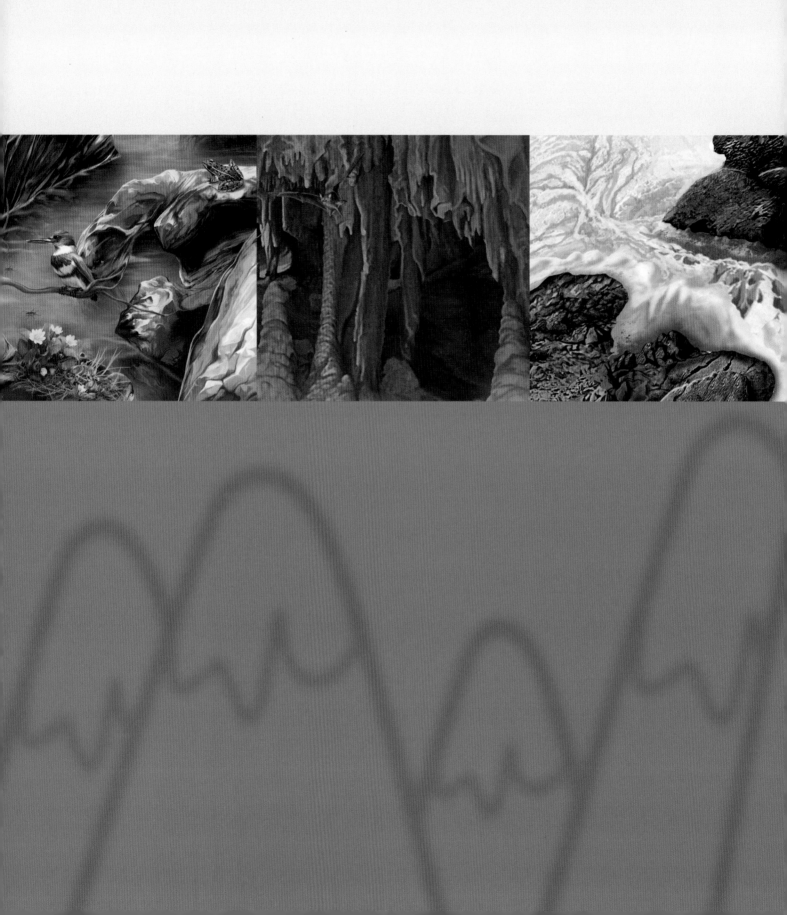

Des paysages à couper le souffle

Les paysages terrestres qui nous entourent se métamorphosent lentement. Au fil du temps, des montagnes naissent, des vallées se creusent, des pics montagneux s'arrondissent, des grottes se forment. Soumise au lent travail d'érosion de l'eau, du vent et du gel qui façonne des paysages d'une étonnante diversité, la surface de la Terre change constamment.

Les climats du monde

On appelle « climat » l'ensemble des conditions météorologiques qui caractérisent une région particulière. La température, le vent, l'humidité et les précipitations varient énormément d'un endroit à l'autre. En raison de la forme arrondie de la Terre, les différentes régions ne sont pas réchauffées également. Les zones situées de part et d'autre de l'équateur sont frappées directement par les rayons du Soleil et jouissent d'un climat chaud. Les régions situées près des pôles Nord et Sud reçoivent, elles, des rayons solaires moins directs de sorte que leur climat est froid. En déterminant le paysage, la flore et la faune d'un endroit donné, le climat influence les différents visages de notre planète. Malgré toutes les différences qu'on peut observer, de grandes régions partagent des climats très semblables. Ce sont les sept principales zones climatiques.

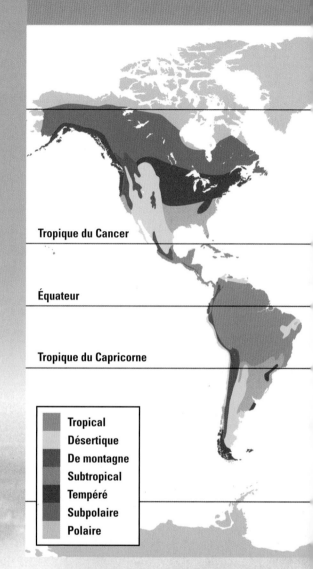

Tropique du Cancer

Équateur

Tropique du Capricorne

Tropical
Désertique
De montagne
Subtropical
Tempéré
Subpolaire
Polaire

Chaud et froid

Notre planète connaît des écarts de température de plus de 90 °C. L'endroit le plus chaud de la Terre est Dallol, en Éthiopie, avec une température moyenne annuelle de 34,4 °C. L'endroit généralement le plus froid se trouve en Antarctique, à Polus Nedostupnosti, aussi appelé Pôle de l'Inaccessible, avec une température moyenne annuelle de −57,8 °C. Mais c'est Vostok, en Antarctique, qui détient le record de froid. Le 21 juillet 1983, le mercure atteignait −89,2 °C !

Climat tropical

La zone tropicale est située de part et d'autre de l'équateur. Il y fait très chaud à cause de l'ensoleillement constant dont ces régions bénéficient toute l'année. La température et l'humidité élevées favorisent le développement d'une forêt dense. Plus on s'approche des tropiques, plus le climat est sec.

Climat polaire

Près des pôles, il fait extrêmement froid et l'air est tellement sec que les chutes de neige sont rares. Au cœur du Groenland et de l'Antarctique, le sol est gelé en permanence et recouvert d'une épaisse calotte glaciaire.

LES ZONES CLIMATIQUES

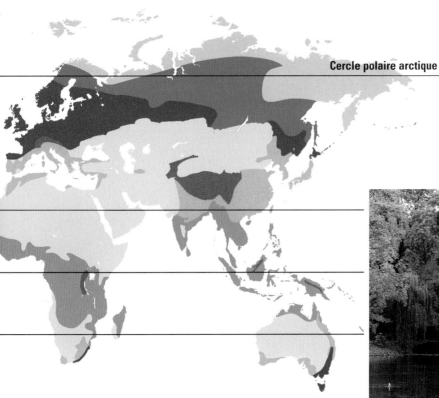

Cercle polaire arctique

Cercle polaire antarctique

Climat subpolaire

Le climat subpolaire présente de très longs hivers froids, marqués par des tempêtes accompagnées de vents froids et puissants. Les étés sont courts et plutôt frais. Les précipitations, peu abondantes, surviennent surtout durant cette saison.

Climat tempéré

Le climat de la zone tempérée se caractérise par un temps variable et quatre saisons distinctes.

Climat subtropical

Le climat subtropical se distingue par des hivers doux, des étés très chauds et des précipitations abondantes.

Climat de montagne

En région montagneuse, la température baisse et la végétation devient de plus en plus rare à mesure qu'on monte. Le climat dépend aussi du versant de la montagne. Dans les vallées alpines, le versant exposé au Soleil reçoit davantage de lumière et de chaleur que le versant opposé.

Climat désertique

Le climat désertique est caractérisé par de faibles précipitations, un sol presque dépourvu de végétation et de grands écarts de température entre le jour et la nuit.

Les sculpteurs de paysages

Les paysages qui nous entourent ne sont pas éternels. Des phénomènes spectaculaires, comme les éruptions volcaniques ou les inondations, les bouleversent parfois du jour au lendemain. L'érosion constitue l'un des principaux mécanismes de transformation du relief terrestre. Le terme « érosion » vient du latin *erosio* qui signifie « action de ronger ». Il s'agit d'un lent processus d'usure, de transformation et d'aplanissement des roches et du sol. C'est un cycle qui commence lorsque des particules rocheuses sont progressivement arrachées à la surface de la croûte terrestre et transportées plus loin où elles s'accumulent parfois sous la forme de sédiments. Différents facteurs, comme la pluie et le vent, finissent par éroder les roches les plus dures. Au fil du temps, ces phénomènes naturels usent petit à petit le relief de la Terre et transforment ainsi les paysages.

Différents types d'érosion

L'écoulement de l'eau, le vent et le gel sont les principaux phénomènes naturels responsables de l'érosion. Par des procédés chimiques (en attaquant les minéraux) ou mécaniques (en usant la roche elle-même), ces agents d'érosion modifient le paysage. D'autres facteurs, comme les animaux et les plantes, contribuent aussi à modeler le relief terrestre. Par exemple, les racines des arbres s'insinuent dans les petites fissures rocheuses et, en grossissant, brisent la roche. L'homme peut également déclencher d'importants phénomènes d'érosion, notamment en construisant des routes ou en rasant des forêts, laissant le sol dénudé exposé au vent et à la pluie.

Érosion par les vagues

En frappant les côtes jour après jour, les vagues sculptent les falaises. Rendue fragile par l'action de l'eau et des sels marins, la roche se modifie. Comme les vagues érodent peu à peu leurs rochers, il arrive que les falaises s'effondrent. Parfois, les vagues emportent le sable des plages et la côte peut ainsi reculer de 2 m par an !

Érosion par un cours d'eau

En montagne comme en terrain plat, les cours d'eau creusent le sol en arrachant des matériaux sur les berges et au fond de leur lit. C'est l'érosion fluviale. Les pierres détachées roulent les unes sur les autres et se fragmentent. En se dirigeant lentement vers la mer, les particules ont un effet abrasif sur les rives, c'est-à-dire qu'elles les usent par frottement. C'est ainsi que les cours d'eau contribuent à creuser progressivement les vallées au fond desquelles ils coulent.

Érosion par les glaciers

En se déplaçant, les glaciers rabotent les pentes des montagnes. C'est l'érosion glaciaire. Au cours de leur descente, ces masses de glace emportent des fragments de roches, des cailloux et du sable, creusant une vallée sur leur passage.

Il pleut de l'acide !

L'eau de pluie forme un acide naturel en se mélangeant au gaz carbonique contenu dans l'air. Lorsque l'eau de pluie tombe sur le calcaire, elle dissout la roche et peut ainsi créer de gigantesques grottes. Dans les régions polluées, d'autres acides produits par des gaz industriels s'ajoutent souvent aux acides naturels. Les pluies acides érodent aussi les pierres des monuments anciens, ainsi que le granite des gratte-ciel modernes !

Érosion par le gel

Le volume de l'eau, soit l'espace qu'elle occupe, augmente d'environ 10 % lorsqu'elle gèle. Si cette transformation a lieu dans l'étroite fissure d'une roche, celle-ci subit une pression énorme qui peut la faire littéralement éclater. Les alternances de gel et de dégel provoquent la dilatation et la contraction de l'eau contenue dans les roches qui finissent par se fendre. C'est la gélifraction.

Érosion par infiltration

Le ruissellement de l'eau déplace des particules du sol et creuse des ravins. En s'infiltrant dans la terre, l'eau peut creuser des grottes et des rivières souterraines.

Érosion par l'eau de pluie

L'eau de pluie est chargée du gaz carbonique de l'atmosphère et parfois de gaz industriels, comme le dioxyde de soufre produit par la combustion des combustibles fossiles. En s'infiltrant dans le sol, elle modifie la composition des divers minéraux qui y sont présents. En surface et le long des fissures, la pierre est rongée. C'est l'érosion pluviale.

Érosion par le vent

L'action du vent est de première importance dans les régions sèches. Les particules rocheuses, la terre ou les grains de sable exposés au vent sont graduellement emportés. Le vent sculpte les roches, érode peu à peu les reliefs et modèle le sable sous forme de dunes. Il est responsable des grands déserts de la planète. Mais pour que le vent puisse agir, il faut que le terrain soit nu, comme dans les déserts et les plaines où les arbres ne peuvent amortir son action.

Des paysages étonnants

Aussitôt qu'un nouveau relief est formé, les agents d'érosion commencent leur travail de transformation. Lentement mais sans relâche, ils sculptent la roche pendant des millions d'années et remodèlent le visage de la Terre. Les agents d'érosion participent à la création des paysages les plus étonnants : montagnes arrondies, arches naturelles ou canyons vertigineux. Chaque relief terrestre est doté d'une histoire géologique particulière. Avec le temps, le phénomène de l'érosion finit par aplanir les reliefs jusqu'au niveau des mers.

Le Grand Canyon

Le Grand Canyon est une suite de gorges rocheuses qui traverse l'État de l'Arizona, aux États-Unis, sur près de 450 km. Son histoire remonte à une époque où des phénomènes géologiques ont surélevé le site de plus de 1 000 m. Il y a six millions d'années, le fleuve Colorado, qui coulait à la surface de ce haut plateau, commença à creuser son lit pour poursuivre sa route vers la mer. C'est ainsi qu'il sculpta graduellement de magnifiques gorges qui atteignent aujourd'hui 1,5 km de profondeur, et de 1,5 à 29 km de largeur.

Des montagnes disparues

Les plus vieilles montagnes du monde sont apparues il y a plus d'un milliard d'années. Au moment de leur formation, elles étaient probablement aussi hautes que les chaînes de montagnes les plus élevées d'aujourd'hui. Mais depuis, ces montagnes ont complètement disparu ! Le vent, la pluie et le gel leur ont arraché progressivement de petits fragments de roches. Elles se sont alors peu à peu arrondies jusqu'à devenir complètement plates. C'est le sort réservé à toutes les montagnes de la planète.

Vitesse d'érosion

Plusieurs facteurs influencent la vitesse à laquelle une roche se modifie. Un paysage s'érodera plus rapidement s'il contient une roche facilement dissoute par l'eau de pluie, telle que le calcaire. L'érosion causée par l'eau de ruissellement sera également rapide si la roche présente des fissures ou des petits trous. Les roches qui laissent pénétrer l'eau sont très vulnérables à son action. La vitesse d'érosion dépend aussi du climat. Un climat chaud et humide favorise l'érosion chimique des roches puisque les réactions modifiant leur composition se produisent en présence d'eau. À cause de l'alternance des périodes de gel et de dégel, un climat froid et humide accélère l'érosion par le gel.

L'ÉVOLUTION D'UN PAYSAGE

L'évolution du relief passe par plusieurs stades successifs qui s'échelonnent sur des millions d'années. Il en est ainsi des paysages fluviaux, les paysages transformés par l'érosion due aux cours d'eau.

1. Lorsque le paysage est fortement accidenté avec des montagnes aux pentes escarpées, l'érosion est très rapide. Les rivières et les fleuves creusent de profondes vallées en V et emportent vers la mer de nombreux débris rocheux.

2. Avec le temps, le paysage s'aplanit : les sommets des montagnes s'arrondissent et leurs pentes s'adoucissent. Après plusieurs millions d'années d'érosion, le paysage s'est complètement aplati.

3. Divers phénomènes survenant sous l'écorce terrestre provoquent parfois une soudaine élévation de terrain. Dans ce cas, le relief redevient accidenté.

4. Le mouvement d'érosion peut alors recommencer : les cours d'eau creusent à nouveau des vallées de plus en plus profondes. En termes géologiques, on dit que le paysage est rajeuni.

Le voyage de l'eau

La planète Terre aurait pu s'appeler la planète « Eau » car plus des trois quarts de sa surface en sont recouverts ! La plus grande partie de l'eau de la Terre se trouve dans les océans, mais on en retrouve aussi dans les lacs, les rivières, les glaciers et à l'intérieur du sol. Enfin il s'en trouve dans l'air sous forme de vapeur invisible et de nuages. L'eau voyage sans relâche : réchauffée par le Soleil, elle s'évapore à la surface des cours d'eau, des mers et des lacs, c'est-à-dire qu'elle se transforme en vapeur et s'élève dans l'air. La vapeur refroidie se change alors en fines gouttelettes ou en minuscules cristaux de glace qui forment les nuages. L'eau retombe ensuite sur la Terre sous forme de précipitations. Elle tombe directement dans les cours d'eau ou pénètre dans le sol où elle s'écoule et finit par rejoindre la mer, d'où elle s'évapore à nouveau et recommence ainsi un nouveau cycle.

Des chutes vertigineuses

Le cours d'une rivière ou d'un fleuve est parfois accidenté. Des chutes spectaculaires peuvent se former à l'endroit où il rencontre une falaise ou une pente raide. Les chutes de Salto Ángel sur la rivière Churún, au Venezuela, sont les plus hautes du monde. Elles ont deux fois et demie la hauteur de l'Empire State Building, à New York, soit 979 m !

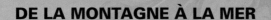

DE LA MONTAGNE À LA MER

Depuis leurs sources dans la montagne, les cours d'eau se rejoignent et forment des rivières de plus en plus grosses qui creusent le sol et la roche pour se frayer un chemin jusqu'à la mer.

1. Une partie de l'eau de pluie se faufile par des fissures ou de petits espaces compris entre les roches. L'eau descend en profondeur jusqu'à ce qu'elle rencontre une roche imperméable. Elle s'accumule alors pour former une réserve d'eau souterraine appelée nappe phréatique.

2. L'eau souterraine ressort parfois le long d'une pente ou par des fissures dans le sol sous forme de source. En montagne, la source dévale rapidement les pentes et se transforme en puissant torrent.

3. Au pied des montagnes, les ruisseaux et les torrents se rejoignent et forment une jeune rivière.

4. Les petites rivières se jettent dans des rivières plus grandes qui se réunissent à leur tour pour former des fleuves.

5. Plus le cours d'eau se rapproche de la mer, plus le terrain devient plat et son cours ralentit. Il se met parfois à serpenter en formant de grandes courbes appelées méandres.

6. À son embouchure, le fleuve dépose les sédiments qu'il transporte, ces débris formés de restes d'organismes et de fines particules de roches qu'il a arrachées aux rives sur son parcours. Les sédiments s'accumulent parfois à l'embouchure et créent plusieurs bras de terre qui forment un delta.

7. Le fleuve se déverse dans la mer.

8. L'évaporation de l'eau des océans forme à nouveau des nuages, et le cycle de l'eau peut recommencer.

Paysages lacustres

Les eaux qui s'écoulent à la surface de la Terre se dirigent généralement vers la mer, mais il arrive qu'un obstacle ou un creux les empêchent de poursuivre leur chemin. Il se forme alors un bassin où l'eau s'accumule pour former un lac. La plupart des lacs contiennent de l'eau douce pauvre en sels minéraux. Certains toutefois sont salés. En effet, des lacs situés près de l'océan possèdent une grande quantité de sel car de l'eau de mer y pénètre. D'autres, situés en plein désert, sont extrêmement salés car leurs eaux s'évaporent constamment sous l'action du Soleil, de sorte que la quantité de minéraux qu'elles contiennent augmente peu à peu. Les lacs peuvent recevoir les eaux d'une ou de plusieurs rivières, appelées rivières affluentes ; privé de ses affluents, un lac s'asséchera rapidement. L'eau du lac s'écoule ensuite par une ou plusieurs autres rivières, appelées émissaires, qui poursuivent leur chemin vers la mer.

Le lac Baïkal

Le lac Baïkal, en Russie, est le lac le plus ancien et le plus profond du monde. À certains endroits sa profondeur est de plus de 1 640 mètres. Alimenté par plus de 330 rivières, il est aussi un des plus grands. Ce lac tectonique, dont la formation remonte à 25 millions d'années, héberge près de 1 300 espèces animales. Plusieurs d'entre elles, comme le phoque de Sibérie, ne vivent nulle part ailleurs. À lui seul, le lac Baïkal contient 20 % de l'eau douce contenue dans les lacs et rivières de la planète !

L'ORIGINE DES LACS

On peut classer les lacs selon leur mode de formation. L'origine d'un lac est souvent liée à celle de la cuvette dans laquelle ses eaux s'accumulent.

Lac glaciaire
Un lac glaciaire se forme lorsque l'eau de pluie ou l'eau de fonte d'un glacier s'accumule dans une cavité creusée par ce même glacier. Les débris de roches charriés par les glaciers forment parfois des barrages qui peuvent retenir l'eau et créer un lac.

Lac tectonique
Un lac tectonique apparaît lorsque les mouvements de la croûte terrestre forment, avec le temps, des plis et des failles dans lesquels s'accumule l'eau de pluie et de ruissellement. Ces types de lacs, souvent longs et étroits, sont aussi les plus profonds.

Lac volcanique
Un lac volcanique se forme lorsqu'un cratère de volcan retient l'eau de pluie. Ce type de lac se reconnaît généralement à ses rives abruptes et à sa forme arrondie.

Bras mort
Des lacs apparaissent parfois aux abords des rivières et des fleuves, dans un méandre abandonné par son cours d'eau. Ils sont appelés bras morts.

Oasis
Une oasis apparaît dans le désert lorsque le vent ronge le sol au point d'exposer l'eau souterraine. Elle peut aussi se former lorsqu'une faille dans le sol désertique fait jaillir un cours d'eau souterrain.

Réservoir
Un réservoir est un lac artificiel dont les eaux sont souvent retenues par un barrage construit par les humains. Ce type de lac peut fournir une réserve d'eau pour arroser les terres agricoles ou pour produire de l'énergie hydroélectrique. Il peut aussi constituer une réserve d'eau potable.

Du lac au marais
À mesure qu'un lac vieillit, il se remplit peu à peu de sédiments constitués de restes d'organismes, de petites particules de roches et d'autres débris apportés par ses affluents. Il devient ainsi de moins en moins profond et son épais fond vaseux, riche en éléments nutritifs, stimule la croissance de la végétation aquatique. Envahi par les plantes, le lac finit par devenir un marais ou marécage, avant de disparaître complètement sous la végétation. Il peut ainsi être remplacé par de la terre ferme en quelques milliers d'années seulement. C'est pourquoi on dit parfois que la durée de vie d'un lac est très courte à l'échelle géologique.

Les sommets du monde

Arrondies ou surmontées de hauts pics, les montagnes sont les pièces maîtresses des paysages les plus saisissants de la planète. Elles constituent aussi les reliefs terrestres les plus élevés. Ces massifs aux pentes souvent raides se retrouvent généralement en bordure des continents et forment des chaînes qui peuvent s'étendre sur des milliers de kilomètres. Parmi les principales chaînes de montagnes qui marquent le relief de la Terre se trouvent les Rocheuses et les Andes, qui traversent l'Amérique du Nord et l'Amérique du Sud, ainsi que l'Atlas en Afrique, l'Himalaya en Asie et les Alpes en Europe. La plus longue chaîne de montagnes au monde s'étend au fond de l'océan sur plus de 65 000 km ! Aussi solides et imposantes qu'elles soient, les montagnes ne sont pas éternelles. Elles se forment et s'usent sans cesse.

De tous les âges

L'histoire de la Terre est marquée par trois grandes phases de formation des montagnes. La première s'est produite il y a plus de 400 millions d'années. Certaines chaînes de l'Est de l'Amérique du Nord en sont les vestiges. La deuxième remonte à environ 300 millions d'années. Elle a donné naissance aux Appalaches ainsi qu'à la plupart des massifs d'Europe et d'Asie centrale. Toutes ces montagnes sont qualifiées d'anciennes. On les reconnaît à leurs pentes douces et arrondies par l'érosion. Enfin, il y a à peine 50 millions d'années se sont formées les Alpes et la chaîne de l'Himalaya. Ces jeunes montagnes, encore en pleine croissance, se distinguent par leurs pentes abruptes et irrégulières.

LA FORMATION DES MONTAGNES

Les chaînes de montagnes se forment à la rencontre de deux plaques tectoniques, ces grands morceaux qui constituent le puzzle de la croûte terrestre. Ce processus est appelé orogenèse. On retrouve sur les continents deux principaux types de chaînes de montagnes. Le premier provient de la rencontre d'une plaque océanique et d'une plaque continentale, et le second naît de la collision de deux plaques continentales.

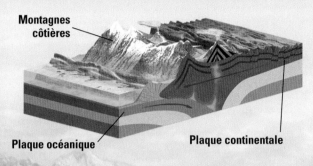

Montagnes côtières

Plaque océanique

Plaque continentale

Entre une plaque océanique et un continent

Lorsqu'une plaque océanique rencontre un continent, elle se glisse sous ce dernier. Les roches et les sédiments sont alors arrachés et déposés en bordure des continents, créant de nouveaux reliefs. À mesure que la plaque océanique s'enfonce, le volume des roches et sédiments accumulés augmente et forme des montagnes côtières. La Cordillère des Andes, qui borde sur 10 000 km la côte ouest de l'Amérique du Sud, est un bel exemple de ce genre de chaîne dite de subduction.

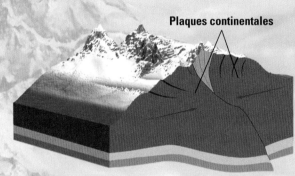

Plaques continentales

Entre deux plaques continentales

Certaines chaînes de montagnes se forment à la suite de la collision de deux plaques continentales. C'est le cas de la chaîne de montagnes de l'Himalaya qui est née de la collision de l'Inde et de l'Asie. Sous la pression, la croûte se plisse et est repoussée vers le haut, donnant naissance à une chaîne de collision.

Voir activité p. 315

De plus en plus hautes

La plus haute chaîne de montagnes au monde, l'Himalaya, est toujours en formation. Elle se soulève de quelques centimètres par année ! Comme l'érosion est plus lente que sa croissance, ses pics continuent de s'élever peu à peu.

Des galeries souterraines

Les grottes sont des cavités souterraines sculptées par divers agents naturels comme la pluie ou les vagues. On les retrouve à différents endroits comme le long des falaises qui surplombent la mer et dans certains glaciers. Mais ce sont surtout les sols riches en calcaire qui abritent les plus grands réseaux souterrains de grottes. Ces réseaux comportent souvent de longues galeries horizontales parcourues par des cours d'eau, ainsi que de profonds puits. Les cavités souterraines ne sont pas que des formations géologiques intéressantes. Elles fournissent aussi des abris à plusieurs animaux dont les chauves-souris. Beaucoup de grottes ont été découvertes à ce jour, mais un nombre encore plus grand reste à explorer, au grand bonheur des spéléologues, les spécialistes qui les étudient.

FORMATION D'UN RÉSEAU DE GROTTES

Plusieurs grottes prennent forme dans des sols riches en calcaire, une roche sédimentaire constituée principalement de carbonate de calcium ou calcite. Des dizaines de milliers d'années sont nécessaires pour que se forme une grotte de quelques mètres de largeur.

1. L'eau de pluie est naturellement acide car elle se mélange au gaz carbonique, un des gaz contenus dans l'air. En s'infiltrant dans le sol, l'eau dissout, ou désagrège, la roche calcaire sur son passage, ce qui a pour effet d'élargir lentement les fissures déjà présentes.

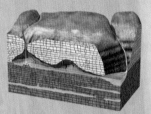

2. En s'écoulant lentement dans la roche, l'eau de pluie finit par rejoindre un cours d'eau souterrain. Poursuivant son chemin, celui-ci creuse des galeries qui s'agrandissent peu à peu.

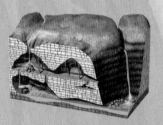

3. En continuant de creuser la roche, l'eau de pluie fait baisser progressivement le niveau du cours d'eau souterrain. Une deuxième galerie commence à se former alors que la première est complètement asséchée. Ainsi se forme un vaste réseau de galeries souterraines.

Stalactites et stalagmites

Dans certaines grottes, l'eau riche en calcite suinte des fissures de la voûte et dépose graduellement sur les parois les minéraux qu'elle contient. Avec le temps, l'accumulation de ces dépôts crée de très jolies sculptures naturelles, les stalagmites et les stalactites. Les colonnes de calcite qui se forment au plafond sont des stalactites. Celles qui s'élèvent du sol sont des stalagmites. Ces colonnes calcaires sont habituellement blanches comme la calcite. Elles peuvent aussi prendre d'autres teintes selon la composition du sol traversé par l'eau.

De très vastes réseaux

Les grottes s'organisent en réseaux souterrains qui peuvent s'étendre sur de très grandes distances. Le plus vaste ensemble du monde, le Mammoth Cave, se trouve aux États-Unis, dans l'État du Kentucky. Il contient plusieurs lacs et rivières souterrains. Il regroupe plus de 550 km de galeries dont 400 ont déjà été explorés.

Des fleuves de glace

Dans certaines régions froides de la planète, la neige ne fond pas : elle se tasse sous son poids, devient granuleuse et se transforme en glace au bout de plusieurs années. En descendant le long des pentes, la lourde glace forme des coulées qu'on appelle des glaciers. Le Groenland et l'Antarctique sont presque entièrement recouverts par de vastes calottes de glace. Ce sont des glaciers continentaux, aussi appelés inlandsis. Sur les plus hautes montagnes de la planète, on retrouve les glaciers alpins. Lors de la dernière période glaciaire, une période de froid qui a marqué l'histoire de la Terre, une couche de glace de plusieurs kilomètres d'épaisseur recouvrait presque 30 % de la surface du globe. Elle s'étendait sur près de la moitié de l'Europe et de l'Amérique du Nord. Avec le réchauffement graduel du climat, cette couche de glace a fondu. De nos jours, les calottes glaciaires et les glaciers ne recouvrent plus que 10 % des continents.

Des réserves d'eau douce

Près de 75 % de l'eau douce de notre planète se trouve emprisonnée dans la glace des calottes polaires, les calottes glaciaires que l'on retrouve au pôle Sud et au pôle Nord !

L'ÉROSION GLACIAIRE

Jour après jour, la neige qui tombe sur les glaciers des montagnes s'accumule et se transforme en glace. Le lourd glacier s'écoule le long du versant de la montagne où il envahit graduellement la vallée et transforme le paysage.

1. Au début, le paysage rocheux comprend une vallée en forme de V et des sommets aux formes arrondies. La neige s'accumule peu à peu, se compacte et se transforme en glace, donnant naissance à un glacier. La pression exercée par le poids du glacier fait fondre la glace qui se trouve à sa base. En glissant sur ce filet d'eau, il descend lentement la pente à la vitesse moyenne de 2 m/jour.

2. En descendant, le glacier envahit la vallée, arrachant sur son passage une grande quantité de roches et de débris qui rabotent les côtés et le fond de la vallée. Parvenu à une altitude où la température est plus chaude, le devant du glacier fond et libère les débris qui forment des dépôts appelés moraines. L'eau de fonte des glaciers s'accumule parfois en lacs, là où la moraine a formé des barrages.

3. En quelques milliers d'années, les glaciers, de plus en plus lourds, acquièrent une force d'érosion incroyable, ce qui leur permet de façonner le paysage. Le retrait du glacier laisse apparaître une vallée beaucoup plus large, en forme de U, et de nouveaux éléments de relief comme des montagnes aux sommets plus escarpés et un lac.

Des glaciers à la dérive

Lorsqu'un glacier atteint la mer, la force des vagues et des marées le brise en morceaux qui partent à la dérive. Ce sont les icebergs. Chaque année, le Groenland et l'Antarctique rejettent ainsi jusqu'à 150 000 icebergs à la mer. D'une superficie pouvant atteindre plusieurs centaines de kilomètres carrés, ces immenses blocs de glace ressemblent à de véritables îles de glace dont la plus grande partie se trouve sous l'eau. Les vents et les courants océaniques font dériver les icebergs vers le large. Des icebergs provenant de la région arctique ont été rencontrés aussi loin que dans les eaux des Bermudes ! Constamment soumis à l'action des vagues, du sel de mer et des rayons du Soleil, les icebergs finissent par fondre et disparaître.

Les colères de la Terre

En dérivant à la surface du globe comme des radeaux sur une mer agitée, les immenses plaques qui composent la croûte terrestre se heurtent les unes aux autres. C'est ainsi que se dressent peu à peu des montagnes et que s'ouvrent et se referment des océans. Les mouvements lents et continus des plaques sont aussi à l'origine des éruptions volcaniques et des tremblements de terre, les phénomènes les plus brutaux et les plus dévastateurs de la planète. À ces catastrophes naturelles s'ajoutent les inondations et les sécheresses qui apportent leur lot de calamités.

La valse des continents

La couche externe de la Terre est fragmentée en une douzaine de plaques principales qui portent chacune un continent ou une partie d'un océan, ou les deux. Ces plaques flottent sur le magma du manteau. Ce phénomène est à l'origine d'une théorie appelée tectonique des plaques. Selon cette théorie, les déplacements des plaques expliquent plusieurs reliefs de la surface terrestre. Ainsi, les océans sont créés lorsque deux plaques s'écartent l'une de l'autre et les chaînes de montagnes naissent de la collision entre deux plaques. La tectonique des plaques explique aussi la dérive des continents, une théorie proposée en 1912 par le scientifique allemand Alfred Wegener. Comme plusieurs observateurs avant lui, Wegener avait remarqué que les continents semblaient s'emboîter comme les pièces d'un puzzle. Il en déduisit qu'ils devaient provenir d'un seul continent morcelé dont les morceaux se seraient séparés avec le temps.

Un reptile comme preuve !

La présence de certaines roches et de certains fossiles de plantes et d'animaux sur différents continents a fourni des preuves concrètes de la dérive des continents. C'est le cas des fossiles du mésosaure qui ont été retrouvés en Amérique du Sud et en Afrique. Puisque le mésosaure était un petit reptile qui vivait dans l'eau douce, il est impossible qu'il ait pu traverser l'Atlantique ! L'existence de ces fossiles sur les deux continents maintenant éloignés confirmerait l'existence du supercontinent Pangée.

UNE PLANÈTE EN MORCEAUX

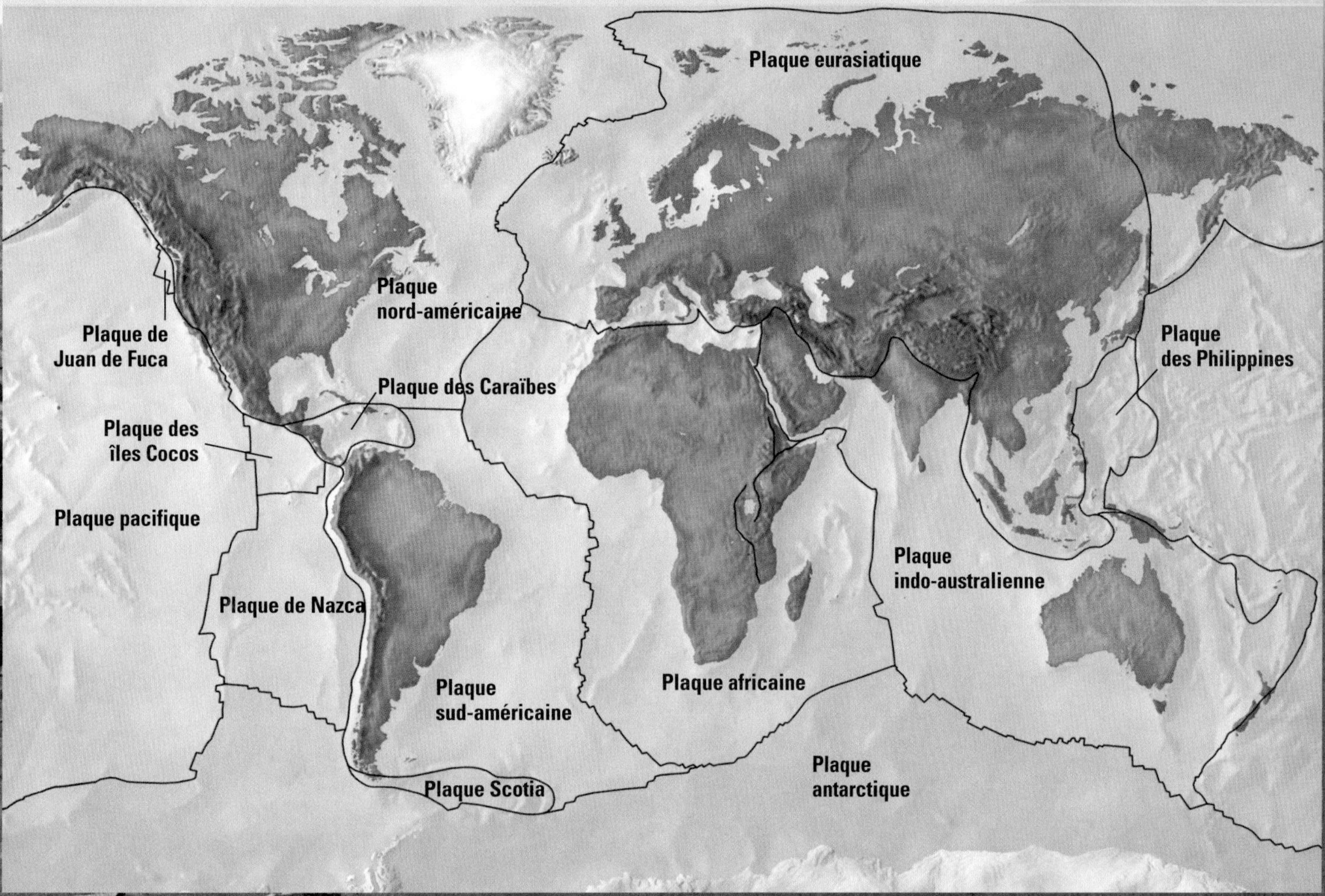

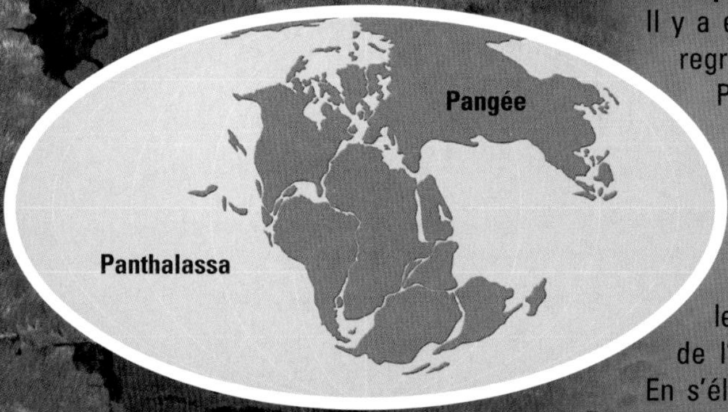

Plaque eurasiatique

Plaque nord-américaine

Plaque de Juan de Fuca

Plaque des Philippines

Plaque des Caraïbes

Plaque des îles Cocos

Plaque pacifique

Plaque indo-australienne

Plaque de Nazca

Plaque sud-américaine

Plaque africaine

Plaque Scotia

Plaque antarctique

Un supercontinent

Il y a environ 250 millions d'années, toutes les terres de la planète étaient regroupées en un seul continent, la Pangée, entouré de l'océan Panthalassa. Peu à peu, une nouvelle mer, appelée Téthys, sépara la Pangée en deux masses continentales : Laurasie, au nord, et Gondwana, au sud. Des millions d'années plus tard, l'océan Atlantique se forma. Il divisait alors le Gondwana en trois : Amérique du Sud, Afrique et une troisième masse regroupant l'Antarctique, l'Australie et l'Inde. Un peu plus tard, l'Atlantique divisa la Laurasie en deux : Amérique du Nord et Eurasie. Tous les continents étaient alors séparés sauf l'Australie qui se détacha plus tard de l'Antarctique. Aujourd'hui, les continents continuent de se déplacer. En s'élargissant peu à peu, l'océan Atlantique éloigne l'Europe et l'Afrique du continent américain d'environ 2 cm par année.

Pangée

Panthalassa

Des montagnes de feu

Il n'y a pas plus impressionnant que le spectacle d'un volcan en éruption !
Évidemment, ces montagnes de feu sont davantage associées à leur puissance de
destruction et aux catastrophes qu'elles engendrent qu'à leur côté spectaculaire.
La plupart des volcans naissent le long des fissures de la croûte terrestre. Ils sont
les témoins de l'activité bouillonnante qui existe à l'intérieur de notre planète.
On estime à 1 500 le nombre de volcans terrestres qui ont été actifs depuis
10 000 ans. Plusieurs volcans sont endormis, c'est-à-dire qu'ils n'ont pas été actifs
depuis longtemps mais pourraient se réveiller à tout moment. Plus de 50 volcans
actifs entrent en éruption chaque année sur les continents, projetant lave,
cendres, gaz et roches de toutes tailles. Les éruptions volcaniques peuvent
anéantir des forêts, détruire des cultures, ensevelir des villes et faire des
milliers de victimes… Un nombre encore plus élevé de volcans
entrent en éruption au fond des océans, mais la plupart de ces
éruptions passent inaperçues.

DEUX TYPES D'ÉRUPTION

L'éruption d'un volcan peut être comparée à l'ouverture d'une bouteille de boisson gazeuse qu'on aurait
secouée : ce sont les gaz, dissous dans le magma, qui déclenchent tout. Au cours de la remontée du magma,
les gaz se libèrent et poussent vers le haut, augmentant la pression dans la cheminée. Selon la consistance de
leur magma, les volcans n'ont pas tous le même type d'éruption.

Volcan explosif

Dans un volcan explosif, le
magma est épais et visqueux. Il
forme un bouchon qui retient les
gaz dans la cheminée du
volcan. Les gaz emprisonnés
s'accumulent, la pression
augmente et le bouchon finit par
sauter, projetant violemment les
roches, la lave, les cendres et les
gaz. Ce sont les éruptions
les plus dévastatrices.

Volcan effusif

Dans un volcan effusif, le
magma est très liquide, ce qui
permet aux gaz de s'échapper
facilement. La lave se répand
en coulée le long du volcan.
Avant de durcir, elle peut
parcourir une centaine de
kilomètres à une vitesse
pouvant atteindre 50 km/h.

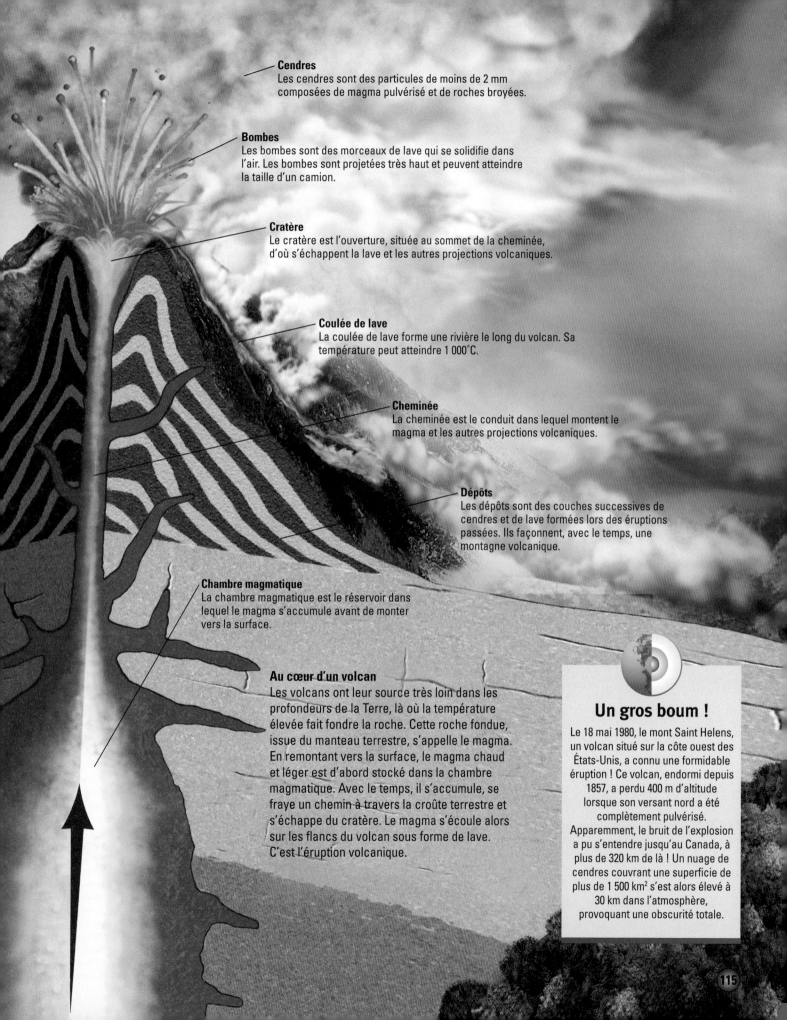

Cendres
Les cendres sont des particules de moins de 2 mm composées de magma pulvérisé et de roches broyées.

Bombes
Les bombes sont des morceaux de lave qui se solidifie dans l'air. Les bombes sont projetées très haut et peuvent atteindre la taille d'un camion.

Cratère
Le cratère est l'ouverture, située au sommet de la cheminée, d'où s'échappent la lave et les autres projections volcaniques.

Coulée de lave
La coulée de lave forme une rivière le long du volcan. Sa température peut atteindre 1 000°C.

Cheminée
La cheminée est le conduit dans lequel montent le magma et les autres projections volcaniques.

Dépôts
Les dépôts sont des couches successives de cendres et de lave formées lors des éruptions passées. Ils façonnent, avec le temps, une montagne volcanique.

Chambre magmatique
La chambre magmatique est le réservoir dans lequel le magma s'accumule avant de monter vers la surface.

Au cœur d'un volcan
Les volcans ont leur source loin dans les profondeurs de la Terre, là où la température élevée fait fondre la roche. Cette roche fondue, issue du manteau terrestre, s'appelle le magma. En remontant vers la surface, le magma chaud et léger est d'abord stocké dans la chambre magmatique. Avec le temps, il s'accumule, se fraye un chemin à travers la croûte terrestre et s'échappe du cratère. Le magma s'écoule alors sur les flancs du volcan sous forme de lave. C'est l'éruption volcanique.

Un gros boum !

Le 18 mai 1980, le mont Saint Helens, un volcan situé sur la côte ouest des États-Unis, a connu une formidable éruption ! Ce volcan, endormi depuis 1857, a perdu 400 m d'altitude lorsque son versant nord a été complètement pulvérisé. Apparemment, le bruit de l'explosion a pu s'entendre jusqu'au Canada, à plus de 320 km de là ! Un nuage de cendres couvrant une superficie de plus de 1 500 km² s'est alors élevé à 30 km dans l'atmosphère, provoquant une obscurité totale.

Le feu de la Terre

Un peu partout dans le monde, des volcans sont susceptibles de se réveiller et de provoquer de violentes éruptions, parfois même après des milliers d'années de sommeil. Si certaines éruptions volcaniques sont brèves, d'autres peuvent être particulièrement longues. Les volcans ne sont pas répartis au hasard sur la planète ; leur distribution correspond à des zones où l'écorce terrestre est fracturée ou à des endroits où le magma réussit à transpercer la croûte. La ceinture de feu, qui encercle l'océan Pacifique, compte à elle seule près de 80 % de tous les volcans du monde. Ces montagnes de feu sont les seules fenêtres ouvertes sur les matériaux qui composent l'intérieur de la planète. Grâce au travail de surveillance des volcanologues, des scientifiques spécialisés dans l'étude des volcans, il est de plus en plus souvent possible de prévoir les éruptions et de limiter le nombre de victimes en évacuant les populations à temps.

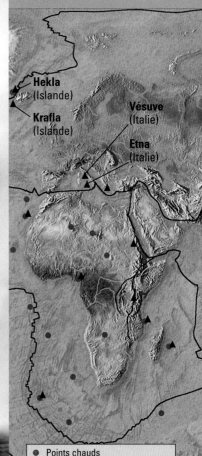

Hekla
(Islande)

Krafla
(Islande)

Vésuve
(Italie)

Etna
(Italie)

● Points chauds
▲ Principaux volcans actifs
Ceinture de feu
Limite des plaques tectoniques

La pointe du volcan

Le plus haut volcan du monde se trouve dans l'archipel d'Hawaii. Il s'agit du Mauna Kea, un volcan endormi qui atteint plus de 9 509 m de hauteur. Mais comme sa base se trouve à plus de 5 304 m de profondeur dans l'océan, on ne voit de la montagne que les 4 205 m qui dépassent le niveau de l'eau. Si le Mauna Kea était posé sur la terre, il aurait 661 m de plus que le mont Everest !

Fissure de Krafla (Islande)
L'Islande est une île située à la jonction de deux plaques tectoniques qui s'écartent l'une de l'autre. C'est une des régions les plus volcaniques du monde.

Pinatubo (Philippines)
La dernière éruption explosive du Pinatubo a littéralement fait éclater le volcan, projetant des cendres et des débris à des milliers de kilomètres.

LA CARTE DES VOLCANS

Makushin (É.-U.)

Katmai (É.-U.)

Mont Saint Helens (É.-U.)

Maly Semiyachik (Russie)

Fuji-Yama (Japon)

Pinatubo (Philippines)

Kilauea (É.-U.)

Montagne Pelée (Martinique)

Cotopaxi (Équateur)

Krakatoa (Indonésie)

Saint Helens (États-Unis)
Le mont Saint Helens est un volcan aux éruptions explosives. En 1980, son explosion a fait éclater une partie de la montagne.

Kilauea (États-Unis)
Situé sur un point chaud, le volcan du mont Kilauea à Hawaii est en éruption permanente depuis 1983. Il présente un type d'éruption effusive.

Maly Semiyachik (Kamtchatka, Russie)
L'éruption violente du Maly Semiyachik a provoqué l'effondrement de son sommet, entraînant la formation d'un cratère géant nommé caldeira. En se remplissant d'eau, la caldeira s'est transformée en lac volcanique.

Les points chauds
À certains endroits bien précis du globe, des poches de magma provenant des profondeurs du manteau terrestre montent très lentement vers la surface. Ce sont des points chauds. En transperçant l'écorce terrestre, le magma s'accumule et forme graduellement de petites montagnes volcaniques au milieu des plaques tectoniques. Le positionnement de ces volcans montre le déplacement des plaques qui flottent sur le manteau. Au fur et à mesure que les plaques se déplacent, le magma du point chaud traverse l'écorce à un nouvel endroit, créant un nouveau volcan, qui s'éteint peu à peu. Dans les océans, les points chauds créent des alignements caractéristiques d'îles volcaniques. C'est ainsi que se sont formées les îles de l'archipel d'Hawaii en plein océan Pacifique.

Quand la Terre crache de l'eau

L'eau de pluie s'infiltre dans le sol où elle se fraye un chemin en profondeur le long des fissures des roches. À certains endroits, elle est chauffée par le magma bouillonnant du manteau jusqu'à 200 °C. Ainsi chauffée, l'eau de pluie peut alors ressortir par une faille sous forme de geysers, de sources chaudes ou de mares de boue. De toutes ces manifestations propres aux régions volcaniques, les geysers sont les plus spectaculaires ! Provenant d'un mot islandais qui signifie « gerbe jaillissante », le mot « geyser » désigne un phénomène où l'on voit projetés dans les airs d'immenses jets de vapeur et d'eau très chaude. La plupart de ces « volcans d'eau » sont situés dans des régions où le magma est près de la surface terrestre. On les trouve notamment en Islande, en Nouvelle-Zélande et aux États-Unis, dans le célèbre parc Yellowstone qui en compte à lui seul plus de 10 000 !

Formation des geysers

L'eau s'infiltre dans le sol et s'accumule dans un réservoir tout près d'une poche de magma brûlant. Ainsi surchauffée, l'eau se transforme peu à peu en vapeur. La pression s'élève et propulse vers la surface un puissant jet de vapeur. Le jet disparaît lorsque la cavité ne contient plus suffisamment d'eau ou de vapeur. La durée du phénomène varie ainsi de quelques minutes à quelques heures. Avec le temps, le réservoir se remplit à nouveau d'eau et le processus se répète.

Réglé comme une horloge

Le Old Faithful (ou « Vieux Fidèle »), dans le parc Yellowstone, est le geyser le plus célèbre de la Terre. Beau temps, mauvais temps, il crache environ une fois par heure un jet d'eau brûlante d'une quarantaine de milliers de litres pendant à peu près quatre minutes. Ce spectacle naturel se répète fidèlement depuis plus de 200 ans !

Paysages volcaniques

En plus des geysers, l'activité volcanique engendre plusieurs phénomènes. Chauffés par le magma bouillonnant, l'eau et les gaz présents dans le sol composent des paysages surprenants où jaillissent de la boue, de l'eau et des fumées.

Mares de boue

Des gaz remontent à la surface et forment des mares de boue où des particules de roches volcaniques décomposées se mêlent à l'eau.

Sources chaudes

L'eau qui s'infiltre dans le sol près d'une zone volcanique est chauffée par les roches. Lorsqu'elle remonte à la surface, l'eau est très chaude. Plusieurs de ces sources sont reconnues pour leurs bienfaits dans le traitement de certaines maladies.

Fumerolles

Les fumerolles sont des gaz qui s'échappent par un orifice sur la pente des volcans. Ces jets de gaz sortent de la terre en une colonne de fumée et le soufre qu'ils contiennent dégage une odeur qui ressemble à celle des œufs pourris.

Geyser

Les jets de vapeur et d'eau qui jaillissent du sol atteignent parfois plus de 100 m de hauteur. Le plus haut geyser encore en activité se trouve dans le parc Yellowstone aux États-Unis : il s'agit du Steamboat, dont le jet atteint parfois 125 m de hauteur.

Vapeur

En chauffant, l'eau se transforme peu à peu en vapeur. La pression s'accroît et propulse vers la surface un puissant jet d'eau et de vapeur.

Réservoir

L'eau s'accumule dans des réservoirs souterrains. Cette eau emprisonnée est chauffée par une poche de magma située à proximité.

Quand la Terre tremble

Les séismes, communément appelés « tremblements de terre », se produisent lorsque la surface du globe est secouée par une décharge d'énergie issue des profondeurs de la planète. Chaque minute, la Terre tremble quelque part dans le monde… Parmi les nombreux séismes enregistrés chaque année par les sismologues, les experts qui les étudient, entre 5 000 et 50 000 sont ressentis par les populations. Certaines méthodes mesurent l'intensité des séismes en tenant compte de l'ampleur des dégâts matériels alors que d'autres, comme la célèbre échelle de Richter, mesurent plutôt la quantité d'énergie libérée. Lorsqu'ils se produisent en milieu urbain, les séismes causent de véritables désastres. Comme les sismologues ne sont pas encore en mesure de les prévoir avec précision, on peut seulement prévenir les dégâts en construisant, par exemple, des édifices avec des structures qui peuvent vibrer sans se casser.

Une région dévastée

L'histoire de la Chine est marquée par de nombreux séismes dévastateurs… Le pire d'entre eux a eu lieu dans la province montagneuse de Shanxi, au nord-ouest du pays, une nuit de février 1556. On estime qu'environ 830 000 personnes ont péri sous les décombres de leurs maisons alors qu'elles dormaient paisiblement !

COMMENT SE PRODUIT UN SÉISME

Les séismes se produisent habituellement le long des failles de l'écorce terrestre, au point de rencontre de deux plaques tectoniques. La zone souterraine où se produit la rupture est appelée hypocentre, ou foyer.

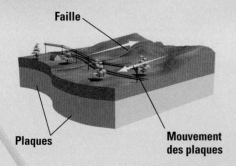

Faille

Plaques

Mouvement des plaques

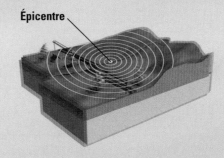

Épicentre

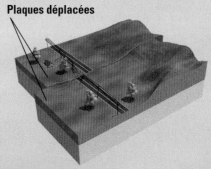

Plaques déplacées

1. Les plaques qui forment l'écorce terrestre se déplacent les unes par rapport aux autres d'environ 1 à 19 cm par année. Leur mouvement comprime et étire la roche, la soumettant ainsi à des tensions considérables. À cette étape, rien ne bouge. Les bords des plaques demeurent l'un contre l'autre pendant que la tension augmente.

2. Lorsque la tension devient trop grande, une soudaine rupture se produit sous terre, entre les deux plaques. Une immense quantité d'énergie est alors brutalement libérée, produisant une série de secousses de l'écorce terrestre. Ces secousses, appelées ondes sismiques, franchissent de grandes distances, provoquant des vibrations dans les roches jusqu'à la surface. La région située directement au-dessus du foyer est appelée épicentre.

3. C'est généralement dans l'épicentre que le séisme est le plus violent et que les dégâts sont les plus importants. Après le séisme, la région touchée n'est plus la même. Les deux plaques, toujours côte à côte, se sont plus ou moins déplacées. Peu à peu, les tensions recommencent à s'accumuler…

Voir activité p. 314

Un mur d'eau dévastateur

Un tsunami est une succession de vagues gigantesques produites par un accident géologique sous-marin comme un séisme ou une éruption volcanique. Parfois appelé à tort « raz-de-marée », ce phénomène n'a donc rien à voir avec les marées. Des vagues se déplaçant à la vitesse de 600 à 800 km/h naissent de l'onde de choc produite par l'accident géologique. Plus le tsunami approche des côtes, plus sa vitesse diminue mais plus la hauteur des vagues augmente ! En fin de parcours, de gigantesques vagues pouvant atteindre une hauteur de 30 m (l'équivalent d'un édifice de 10 étages) se déversent sur le rivage avec une force extraordinaire et dévastent tout sur leur passage. Ce phénomène naturel est parfois plus meurtrier que l'éruption volcanique ou le tremblement de terre qui l'a produit.

Quand le sol se dérobe

Dans les régions où les terrains sont en pente, il arrive qu'une partie du sol se déplace. De nombreux facteurs naturels peuvent déclencher ces « mouvements de terrain », comme le réchauffement de la température au printemps, les pluies torrentielles, les tremblements de terre et les éruptions volcaniques. En coupant des forêts entières à flanc de montagne ou en construisant de lourdes villes sur des sols peu stables, l'humain peut aussi provoquer des mouvements de terrain importants. Selon l'inclinaison des pentes, la nature des sols et l'élément déclencheur, ces phénomènes se manifestent sous différentes formes, comme les glissements de terrain, les coulées de boue, les chutes de pierres ou les avalanches de neige.

Les glissements de terrain

Lors d'un glissement de terrain, une portion complète d'un versant de montagne se trouve entraînée vers le bas sur une distance pouvant atteindre plusieurs kilomètres. Ces mouvements de terrrain se produisent souvent lorsque de fortes pluies tombent en région montagneuse. En imprégnant le sol d'un versant, l'eau s'infiltre en grande quantité entre les particules de terre et de roches, rendant le sol glissant et instable. Une masse de boue ou de roches se détache alors de la montagne et dévale la pente à toute vitesse. Les glissements de terrain provoquent des dégâts considérables : routes barrées, arbres déracinés et maisons détruites. Ceux qui sont déclenchés par les tremblements de terre sont les plus meurtriers.

Les avalanches

Les avalanches sont d'importantes masses de neige qui dévalent le flanc abrupt d'une montagne. En chemin, l'avalanche entraîne avec elle de la boue, de la végétation, des rochers et plus de neige, laissant parfois derrière elle un sillage de terrain dénudé. Les avalanches de neige humide se produisent surtout au printemps, lorsque l'adoucissement de la température fait fondre la neige. La neige accumulée glisse alors sur la fine pellicule d'eau formée et se détache de la paroi. Entraînée vers le bas par son propre poids ou par une vibration provoquée par le passage d'un skieur ou un bruit intense, l'avalanche dévale la pente à une vitesse pouvant dépasser les 340 km/h. Même si elles sont parmi les moins meurtrières des catastrophes naturelles, les avalanches font chaque année environ 500 victimes, dont de nombreux skieurs.

Les héros des neiges

Dans les montagnes enneigées, les avalanches sont toujours à craindre. C'est pourquoi des équipes composées de pisteurs, de secouristes, de chiens spécialement entraînés et de leurs maîtres se tiennent toujours prêtes à intervenir dans les stations de ski. Quand il s'agit de retrouver une personne ensevelie sous la neige, le chien se révèle indispensable grâce à son flair exceptionnel et, surtout, à sa grande rapidité. Un seul chien réussit à ratisser en deux heures une superficie égale à celle que couvrent 20 pisteurs en 20 heures !

Trop ou pas assez de pluie

Comme tous les organismes vivants, les êtres humains ont besoin d'eau pour survivre. Ils l'utilisent, entre autres, pour se laver, pour s'abreuver et pour arroser leurs cultures. Malheureusement, la disponibilité de l'eau dépend des précipitations et celles-ci ne sont pas réparties également sur la Terre. Certaines régions reçoivent très peu de pluie alors que d'autres en reçoivent énormément. Avec le temps, la plupart des populations se sont habituées à ces manques et à ces surplus. Le problème se pose en fait lorsque de brusques changements surviennent au moment où on s'y attend le moins. Une inondation se produit lorsque les cours d'eau ou la pluie envahissent des terrains habituellement découverts. Une sécheresse a lieu lorsqu'une longue période de temps anormalement sec épuise les ressources en eau. Ces catastrophes naturelles sont souvent aggravées par l'action des humains. Par exemple, en construisant des routes et des villes asphaltées, l'homme empêche l'eau de s'infiltrer dans le sol. En s'accumulant à la surface, l'eau finit par causer d'importants dégâts.

Les inondations

La crue d'un cours d'eau, des pluies prolongées, une mer déchaînée ou un barrage qui se rompt peuvent provoquer des inondations. Celles qui sont provoquées par un cours d'eau en crue sont les plus fréquentes. La crue est l'augmentation de la quantité d'eau qui s'écoule dans un fleuve ou une rivière à la suite de pluies abondantes ou de la fonte rapide des glaces. Les orages provoquent parfois des inondations inattendues, de même que les pluies diluviennes associées aux cyclones et aux ouragans. En plus de tout détruire sur leur passage, les inondations contaminent parfois les réserves souterraines d'eau potable à cause des déchets de toutes sortes qu'elles charrient. Non seulement l'eau souillée devient impropre à la consommation, mais elle favorise la propagation de maladies qui font à leur tour de nombreuses victimes.

32 000 km
de digues !

Les crues du Yangzi Jiang sont redoutables. En 1931, le fleuve chinois a débordé sur les terres environnantes après des semaines de pluie ininterrompue. L'inondation et la famine qui s'en est suivie ont provoqué la mort de plus de trois millions de personnes ! À la suite de cette catastrophe, les Chinois ont construit 32 000 km de digues le long du fleuve et de ses tributaires ! Malgré leur grande efficacité, ces barrières n'ont pas entièrement réussi à empêcher le fleuve de sortir de son lit de nouveau.

La sécheresse

De nombreux pays qui reçoivent très peu de précipitations comptent sur de petites averses pour arroser leurs cultures. Lorsqu'elle dure plusieurs années, l'absence de pluie peut provoquer de mauvaises récoltes et appauvrir le sol à jamais. Dans des régions où la survie des habitants dépend de l'agriculture, le manque de pluie peut être dramatique : la famine s'installe, entraînant la mort de nombreuses personnes. Au cours des 50 dernières années, les sécheresses les plus persistantes et les famines les plus fréquentes sont survenues en Afrique. La sécheresse qui a ravagé des pays comme le Tchad et l'Éthiopie entre 1968 et 1988 a causé la mort de milliers de personnes et forcé des millions d'autres à se déplacer vers des régions plus humides.

125

L'environnement

Tous les éléments indispensables à la vie, comme l'eau et l'oxygène, circulent à travers les différents milieux de la biosphère. La circulation cyclique de ces précieux éléments permet à la matière et à l'énergie de se transmettre d'un être vivant à l'autre, d'un écosystème à l'autre. Comme tous les organismes vivants, l'être humain fait partie des écosystèmes de la planète. Mais plus que tout autre organisme, il modifie les habitats et produit des déchets qui ne peuvent être décomposés ni recyclés par la nature.

La planète vivante

Les organismes vivants sont répartis dans une mince couche de terre, d'eau et d'air qu'on appelle la biosphère. Cette couche de vie a une épaisseur d'une vingtaine de kilomètres, du point le plus bas de la biosphère, situé sous le fond des océans, jusqu'au point le plus élevé, où s'effectuent les plus hauts vols d'oiseaux. La biosphère constitue un monde complexe où les plantes et les animaux vivent en étroite relation avec leur milieu en échangeant matière et énergie. Cette partie habitable de la Terre se divise en une dizaine de grandes régions naturelles soumises à des conditions climatiques semblables et dans lesquelles vivent des espèces particulières. Ces grandes unités écologiques sont des biomes. La toundra, la forêt boréale, la savane et le désert sont des exemples de biomes terrestres.

Les écosystèmes
Chaque biome terrestre regroupe plusieurs écosystèmes. Un écosystème est constitué de plantes, d'animaux et d'organismes microscopiques qui vivent en étroite relation dans un milieu donné. En plus de dépendre les uns des autres, ces organismes vivants sont intimement liés à leur habitat. Un écosystème peut être aussi petit qu'un bout de bois pourrissant ou aussi vaste qu'un océan. Grand ou petit, il ne fonctionne jamais en vase clos. En plus de recevoir constamment l'énergie du Soleil, il échange toutes sortes de substances avec les écosystèmes voisins. Son équilibre peut être menacé lorsqu'un seul de ses éléments est perturbé. Par exemple, les chenilles d'une forêt peuvent disparaître si les plantes dont elles se nourrissent sont détruites.

De l'énergie perdue !

Chaque maillon de la chaîne alimentaire ne reçoit que 10 % de l'énergie emmagasinée par le maillon précédent. Ainsi, dans une chaîne où des serpents se nourrissent de grenouilles qui s'alimentent à leur tour de sauterelles, il faut 1 000 kg de plantes vertes pour produire 100 kg de sauterelles. Ces 100 kg d'insectes ne donneront que 10 kg de grenouilles, lesquelles ne produiront que 1 kg de serpents. Autrement dit, 1 000 kg de plantes vertes sont nécessaires pour qu'un serpent grossisse d'un seul kilogramme !

LA CHAÎNE ALIMENTAIRE

Les animaux reçoivent leur énergie de la nourriture. Le régime alimentaire varie énormément d'une espèce à l'autre. Plusieurs animaux comme le cerf et le lièvre mangent des plantes. Ce sont des herbivores. D'autres, comme le lion ou le loup, préfèrent la viande. Ce sont des carnivores. Dans un écosystème, tous les organismes dépendent les uns des autres pour se nourrir. On peut considérer ces relations alimentaires comme une série de maillons dont l'ensemble forme une chaîne. Dans la plupart des environnements, les plantes constituent le premier maillon de cette chaîne alimentaire, car elles sont capables de fabriquer leur propre nourriture. La plupart des animaux en dépendent directement ou indirectement. Ainsi, même les carnivores qui se nourrissent d'herbivores dépendent des plantes dont se nourrissent leurs proies.

Herbivore
Les herbivores se nourrissent de végétaux. Leur survie dépend de la nourriture qu'ils puisent dans leur milieu. Les herbivores sont des consommateurs.

Carnivore
La chair des autres animaux constitue la nourriture principale des carnivores. Tout comme les herbivores, ces animaux sont des consommateurs.

Superprédateur
On appelle superprédateur un animal carnivore qui n'est la proie d'aucune autre espèce.

Plante
Les plantes utilisent l'énergie du Soleil pour fabriquer leur propre nourriture à partir de l'eau, du gaz carbonique de l'air et d'éléments nutritifs du sol. Ce sont des producteurs.

Décomposeur
Lorsqu'une plante ou un animal meurt, la matière qui le constitue est décomposée en petites particules par les décomposeurs (bactéries, champignons microscopiques, certains petits animaux). Une grande partie de ces particules est transformée en éléments minéraux, qui sont ensuite utilisés par les végétaux pour se développer.

La planète se réchauffe

Les années 1990 ont été les plus chaudes enregistrées depuis des siècles. Des études indiquent que le mercure pourrait encore grimper de 1,4 à 5,8 °C en moyenne d'ici 100 ans. On sait que certains gaz contenus dans l'atmosphère, comme le gaz carbonique expiré par les êtres vivants, sont capables de piéger la chaleur du Soleil. Ce phénomène naturel, qu'on nomme « effet de serre », contribue à entretenir sur la Terre une température propice à la vie. Certaines activités humaines, comme les industries ou l'usage des véhicules motorisés, produisent aussi des gaz à effet de serre. Relâchés dans l'atmosphère, ces gaz de plus en plus abondants renforcent l'effet de serre naturel, ce qui fait augmenter la température à la surface de la planète. Même si on ignore les conséquences exactes de ce réchauffement global, on sait que les climats de plusieurs régions vont changer, entraînant des modifications d'habitat pour de nombreux êtres vivants, dont les humains.

Conséquences probables du réchauffement

L'équilibre qui existe entre les différents climats de la Terre est si fragile qu'une très faible variation de température pourrait avoir des conséquences considérables. La fonte probable des calottes glaciaires de l'Antarctique et du Groenland pourrait faire monter de façon désastreuse le niveau des mers, submergeant les côtes de plusieurs pays. En libérant de grandes quantités d'eau douce froide au nord de l'océan Atlantique, la fonte de la calotte glaciaire du Groenland pourrait perturber le climat en Europe. Un accroissement de sécheresse pourrait survenir dans les régions déjà arides de l'Afrique et provoquer de graves famines et l'exode de populations entières vers les grandes villes déjà surpeuplées des côtes.

L'ACCROISSEMENT DE L'EFFET DE SERRE

Depuis un siècle et demi, plusieurs activités humaines participent à l'augmentation des gaz à effet de serre dans l'atmosphère. L'agriculture intensive, par exemple, emploie des fertilisants qui libèrent de l'oxyde nitreux, un gaz à effet de serre. Les élevages répandus de ruminants, tels que les bœufs, produisent aussi des quantités de plus en plus importantes d'un autre de ces gaz, le méthane. Les systèmes de climatisation et les réfrigérateurs utilisent des chlorofluorocarbones, communément appelés CFC, qui sont relâchés dans l'environnement lorsque les appareils brisés sont jetés dans les dépotoirs. Enfin, les incendies et les véhicules à moteur émettent du gaz carbonique, tout comme les usines qui brûlent des combustibles fossiles, comme le charbon et le mazout.

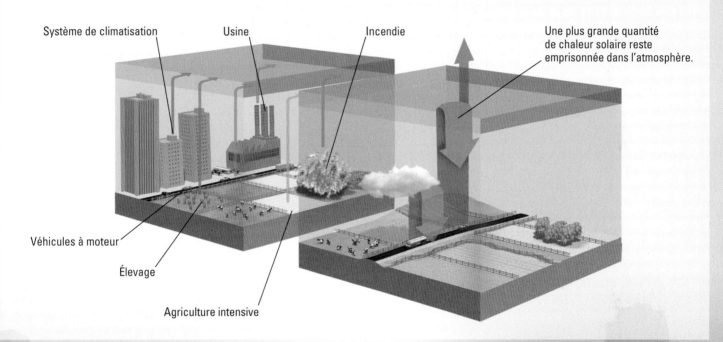

Système de climatisation

Usine

Incendie

Une plus grande quantité de chaleur solaire reste emprisonnée dans l'atmosphère.

Véhicules à moteur

Élevage

Agriculture intensive

Des villes submergées

Le niveau des mers pourrait s'élever d'environ 1 m d'ici la fin du 21e siècle. Plusieurs milliers d'îles habitées, notamment dans les Caraïbes, l'océan Indien et l'océan Pacifique, pourraient être en partie submergées. De nombreuses régions côtières en Floride, aux Pays-Bas, en Chine et dans les deltas des grands fleuves, seraient également menacées par l'avancée de la mer. Des grandes villes comme New York, Bombay ou Amsterdam pourraient être partiellement submergées.

Les forêts en danger

Depuis longtemps, les humains coupent les arbres pour agrandir les villes, les cultures et les élevages. Encore aujourd'hui, nous continuons d'abattre les arbres en grand nombre pour le chauffage, les constructions et le papier. Pourtant, les immenses forêts sont indispensables à l'équilibre de la vie sur la Terre. En plus de fournir en grande partie l'oxygène que nous respirons et de procurer un habitat naturel à de nombreuses espèces animales et végétales, les forêts protègent les sols. Lorsque les arbres sont abattus en trop grande quantité, le processus de l'érosion se met en marche, contribuant à la désertification de certaines régions sèches du globe.

COMMENT ON CRÉE DES DÉSERTS

La désertification est une des conséquences graves de la déforestation et de l'agriculture intensives. Dans les zones arides, où les températures sont élevées et les précipitations rares, les sols privés de végétation s'appauvrissent rapidement. La sécheresse et les activités humaines ont transformé certaines régions autrefois fertiles en déserts. Le désert du Sahara, qui était encore cultivé il y a de cela 3 000 ans, est un excellent exemple.

1. Dans les régions semi-arides, où il pleut rarement, la végétation sauvage protège le sol contre l'érosion. Les plantes empêchent aussi le sol de s'assécher.

2. La mise en culture et le déboisement de ces zones sauvages rendent les sols plus fragiles et exposés à la pluie et aux vents.

3. Lorsque les champs sont cultivés intensivement, leur terre finit par s'appauvrir. On convertit alors ces cultures en zones de pâturage pour les animaux.

La sauvegarde des forêts

De plus en plus de pays réalisent qu'il est important de sauvegarder les forêts. Il existe de nombreuses techniques de coupe qui permettent de préserver l'équilibre naturel de ces habitats. Plutôt que de raser des forêts complètes, on peut notamment procéder à l'abattage sélectif des arbres, en ne prélevant que quelques individus à la fois, et remplacer les arbres coupés par de jeunes plants. La proportion de forêts que l'on exploite ainsi de façon raisonnable est malheureusement très faible parce que c'est moins rentable à court terme. La déforestation à grande échelle se poursuit donc partout dans le monde. Une bonne façon de contribuer à la préservation de ces précieux habitats est de créer des réserves naturelles et de cesser de gaspiller nos ressources. La gestion responsable des forêts est rentable à long terme parce qu'elle permet de nous assurer qu'il y aura toujours des arbres et des provisions de bois pour le futur.

120 000 km² par année

Chaque année, environ 120 000 km² de forêts tropicales sont rasés, soit l'équivalent d'un terrain de football américain qui disparaît chaque seconde ! Même si elles ne couvrent que 6 % de la surface de la Terre, ces forêts luxuriantes contiennent potentiellement plus de la moitié de toutes les espèces animales et végétales que l'on retrouve dans le monde ! Puisque de nouveaux médicaments proviennent souvent de plantes tropicales et que plusieurs espèces restent à découvrir, il est indispensable de sauvegarder ces forêts.

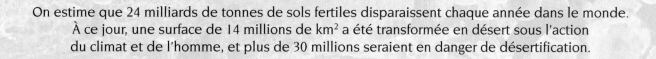

On estime que 24 milliards de tonnes de sols fertiles disparaissent chaque année dans le monde. À ce jour, une surface de 14 millions de km² a été transformée en désert sous l'action du climat et de l'homme, et plus de 30 millions seraient en danger de désertification.

4. Lorsque la terre est devenue stérile, c'est-à-dire que plus rien n'y pousse, elle est abandonnée par les fermiers.

5. En broutant les dernières petites pousses de plantes, les animaux achèvent la destruction du sol.

6. Totalement asséchée et privée de végétation, la région atteint le dernier stade de désertification. La forêt originale est devenue un désert.

L'équilibre rompu

Les humains sont les êtres vivants qui ont le plus d'impact sur leur environnement. Ils modifient leur habitat pour répondre à leurs besoins davantage que toute autre espèce. Lorsque les ressources deviennent limitées pour une population croissante, les humains agrandissent les villes et les champs cultivés, rompant ainsi l'équilibre naturel du milieu. Plusieurs activités humaines reliées aux industries, aux transports et à l'agriculture engendrent différents types de pollution. Qu'ils soient rejetés dans l'eau, dans l'air ou dans le sol, les polluants ne tardent pas à se disperser dans l'écosystème. La santé et la survie de tous les êtres vivants dépendent non seulement de la bonne volonté des individus, mais de celle des gouvernements du monde, qui devront travailler main dans la main pour lutter contre les causes de la pollution et préserver l'avenir de notre planète.

La pollution de l'eau
Les réserves d'eau de la planète sont de plus en plus polluées par des déchets provenant notamment de l'agriculture, des industries et des égouts. Puisque l'eau circule sans cesse dans l'environnement, elle transporte les polluants qu'elle contient d'une région à l'autre. Par exemple, un pesticide vaporisé au-dessus d'un champ rejoindra vite les réserves d'eau souterraines, se retrouvera éventuellement dans un cours d'eau et finira dans l'océan. Non seulement ces substances toxiques peuvent nuire aux animaux et aux plantes aquatiques, elles peuvent également affecter les chaînes alimentaires, faisant disparaître certaines espèces animales et végétales. Elles contaminent également les humains qui boivent l'eau ou consomment les poissons. Malgré les interdictions, plusieurs pays continuent d'envoyer leurs déchets dans les océans, en plus des six millions de tonnes de pétrole répandues chaque année accidentellement.

La pollution de l'air

Depuis 200 ans, plusieurs activités humaines rejettent dans l'atmosphère des substances polluantes dommageables pour la santé. Les moteurs des voitures et les grandes centrales énergétiques brûlent des combustibles fossiles, tels que le pétrole et le charbon, et laissent s'échapper dans l'air des gaz et des fumées toxiques. Certains polluants participent à la destruction de la couche d'ozone, cette enveloppe gazeuse qui nous protège contre les dangereux rayons ultraviolets du Soleil. D'autres contribuent plutôt au réchauffement global en augmentant l'effet de serre naturel de la planète. D'autres, encore, sont impliqués dans la formation de pluies acides, un phénomène ayant des conséquences désastreuses pour les habitants des lacs et des forêts. La pollution de l'air ne se limite pas aux régions industrielles. La direction et la force des vents peuvent disperser les polluants vers d'autres pays, parfois très loin de la source de pollution.

La pollution des sols

Chaque année, des millions de tonnes de déchets industriels, d'ordures ménagères, d'engrais et de pesticides sont rejetées dans la nature. Plusieurs de ces substances ne sont pas biodégradables, c'est-à-dire qu'elles ne peuvent être décomposées par les micro-organismes du sol. Des matières comme le métal des boîtes de conserve, le verre et la plupart des plastiques s'accumulent ainsi dans l'environnement. Il est donc important de les recycler et de les réutiliser au lieu de les jeter. Par ailleurs, la plupart des polluants non biodégradables du sol proviennent des industries qui rejettent des milliers de substances différentes ! Plusieurs de ces produits hautement toxiques s'infiltrent dans les sols et finissent par rejoindre des cours d'eau qu'ils contaminent. Malgré les efforts que l'on faits pour réglementer l'élimination des déchets et les pratiques agricoles, la contamination des sols ne cesse de s'accroître partout dans le monde.

Des déchets qui n'en sont pas

Dans les pays industrialisés, une famille moyenne produit près de deux tonnes d'ordures par an. Plus de la moitié de ces déchets sont constitués de papiers d'emballage, de métaux, de verre et de plastique qui pourraient être recyclés ou réutilisés. Aussi, près du quart des ordures ménagères sont des déchets de cuisine, comme des épluchures de légumes, qu'on pourrait transformer en compost, un engrais naturel utilisé pour enrichir la terre des jardins et des champs cultivés.

135

L'ABC du temps

En raison de la position qu'elle occupe par rapport au Soleil, notre planète est la grande responsable des climats et des saisons qui règnent à sa surface. Mais il y a plus... L'atmosphère terrestre, précieuse enveloppe protectrice, est le théâtre des phénomènes météorologiques qui font la pluie... et le beau temps ! Température, vent, humidité et nuages sont autant d'ingrédients qui entrent dans la préparation de notre météo quotidienne.

Une place au soleil

Sans le Soleil qui l'éclaire et la réchauffe, la Terre serait une roche froide, obscure et sans vie… Située à 150 millions de kilomètres du Soleil, notre planète se trouve entre une Vénus brûlante et une Mars glaciale ! La position qu'elle occupe est idéale. Avec une température moyenne de 15 °C, la Terre est le seul astre connu du système solaire qui puisse abriter la vie. Notre planète est une gigantesque sphère légèrement aplatie. En raison de sa forme particulière, toutes ses régions ne sont pas réchauffées aussi intensément par le Soleil. Les pays situés de part et d'autre de la zone équatoriale sont frappés de plein fouet par les rayons du Soleil et jouissent d'un climat chaud. Inversement, les pôles Nord et Sud, de même que les contrées situées près de ces régions polaires, reçoivent des rayons solaires moins directs. Ils bénéficient donc pour leur part d'un climat plus froid.

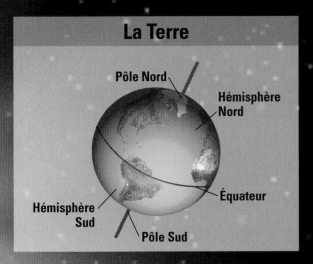

La Terre

Pôle Nord

Hémisphère Nord

Équateur

Hémisphère Sud

Pôle Sud

Supercarburant !

Le Soleil est une énorme centrale d'énergie. Il produit plus de chaleur et de lumière en une seule seconde que toute l'énergie produite artificiellement par les humains depuis le début des temps !

Le cycle des saisons

La Terre tourne autour du Soleil dans une course qui dure un an. Pendant son voyage, notre planète n'est pas droite, mais légèrement inclinée. Résultat : le Soleil éclaire et réchauffe plus intensément l'hémisphère Nord ou l'hémisphère Sud, selon la période de l'année. Ce phénomène est à l'origine des saisons. En juillet, l'hémisphère Nord est incliné vers le Soleil : les Nord-Américains profitent de l'été, tandis que les Australiens, dans l'hémisphère Sud, sont en plein hiver ! La situation s'inverse six mois plus tard…

Aux équinoxes de l'automne et du printemps, la nuit et le jour sont d'une durée égale. L'hémisphère Nord reçoit la même quantité de rayonnement solaire que l'hémisphère Sud.

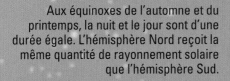

Équinoxe du printemps
(20 ou 21 mars dans l'hémisphère Nord)

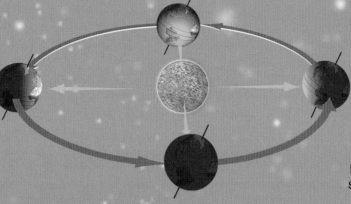

Dans l'hémisphère Nord, le 21 juin correspond généralement au **solstice d'été**. C'est le jour le plus long de l'année, avec le plus d'heures d'ensoleillement.

Le 21 ou le 22 décembre correspond au **solstice d'hiver** dans l'hémisphère Nord. L'ensoleillement est à son minimum, c'est la nuit la plus longue de l'année.

Équinoxe d'automne
(22 ou 23 septembre dans l'hémisphère Nord)

Atmosphère

Un bouclier à toute épreuve

L'air qui nous entoure est rempli de gaz invisibles. Ensemble, ils forment autour de la Terre une enveloppe protectrice que l'on appelle l'atmosphère. L'atmosphère est essentielle à la vie. Elle contient l'oxygène qui nous permet de respirer, mais comporte aussi d'autres gaz indispensables aux animaux et aux plantes, tels l'azote, le dioxyde de carbone, la vapeur d'eau et l'ozone. Comme un bouclier, l'atmosphère aide à bloquer les rayons nocifs du soleil. De plus, elle brûle et détruit les météorites qui se dirigent dangereusement vers la Terre. Enfin, l'atmosphère protège notre planète contre les grands écarts de température. Sans elle, les jours seraient terriblement chauds et les nuits glaciales !

80 km

MÉSOSPHÈRE
(50 à 80 km)
La mésosphère est la couche la plus froide de l'atmosphère. La température peut y descendre au-dessous de -100 °C. Les molécules d'air commencent à se faire rares. Sans bonbonne d'air, on étouffe en quelques minutes…

50 km

TROPOSPHÈRE
(jusqu'à 15 km d'altitude)
C'est dans la troposphère que se produisent la grande majorité des phénomènes météorologiques, comme les nuages, la pluie et les tempêtes.
À mesure qu'on monte dans la troposphère, le nombre de molécules d'air et la température diminuent. Ainsi, au sommet des plus hautes montagnes, non seulement il fait très froid, mais il est difficile de respirer, car l'air y est plus rare.

Ballon-sonde

Couche d'ozone

Avion supersonique

15 km

Avion **Mont Everest** **Nuages**

Satellite

EXOSPHÈRE
(à partir de 500 km)
L'exosphère est une couche presque vide. À cette hauteur, une molécule d'air pourrait faire le tour complet de la Terre avant d'en rencontrer une autre !

Navette spatiale

Météorite (étoile filante)

THERMOSPHÈRE
(80 à 500 km)
La thermosphère est la couche la plus chaude de l'atmosphère. Parce qu'elle absorbe la majorité des rayons du soleil, sa température peut dépasser 1000 °C ! Certains météorites qui se dirigent vers la Terre sont brûlés dans la thermosphère. Ils illuminent alors le ciel nocturne. Ces météorites de feu sont appelés « étoiles filantes » bien qu'ils n'aient absolument rien à voir avec les vraies étoiles !

Léger comme l'air ?

Même si nous avons l'impression qu'il ne pèse absolument rien, l'air a un poids : c'est la pression atmosphérique. L'être humain supporte sur ses épaules plusieurs centaines de kilogrammes d'air (environ une tonne), soit l'équivalent du poids d'une voiture ! Si nous ne nous sentons pas écrasés par cette pression, c'est que notre corps s'est merveilleusement adapté…

Voir activité p. 318

Aurore polaire (aurore boréale ou australe)
Les aurores polaires sont des phénomènes spectaculaires de lumières miroitantes et colorées. Elles apparaissent fréquemment dans le ciel des régions polaires.

STRATOSPHÈRE
(15 à 50 km)
À mesure qu'on monte dans la stratosphère, la température augmente. C'est en raison de la présence de l'ozone, un gaz qui produit de la chaleur lorsqu'il absorbe les rayons ultraviolets du soleil.

Le trou dans la couche d'ozone

La Terre est entourée d'une couche d'ozone. L'ozone est un gaz qui absorbe la plupart des rayons nocifs du soleil, responsables de certains cancers. Il y a 20 ans, des scientifiques ont constaté que la couche d'ozone au-dessus de l'Antarctique s'amincissait. C'est ce qu'on appelle le « trou » dans la couche d'ozone. La destruction du « bouclier » d'ozone a été causée en grande partie par les chlorofluoro-carbones ou CFC, des produits qui étaient employés notamment dans les réfrigérateurs et les bombes aérosol. Bien que la production de CFC ait beaucoup diminué, la couche d'ozone s'atténue toujours, car les CFC présents dans l'atmosphère restent actifs durant des dizaines d'années.

V'là l'bon vent !

Il agite les drapeaux, fait danser nos cheveux et pousse les voiliers. Pour comprendre d'où vient le vent, il suffit de savoir que l'air chaud est plus léger que l'air froid. Telle une grande roue de fête foraine, le vent chaud s'élève, cédant sa place à de l'air plus froid. Cet air froid, situé près du sol, en se réchauffant graduellement s'élèvera à son tour, pendant que l'air chaud au-dessus, en se refroidissant, deviendra plus lourd et descendra. C'est cet important brassage de l'air qui est à l'origine du vent. Les grands vents qui voyagent à la surface de notre planète sont appelés vents dominants. Ces vents sont constants : ils soufflent généralement avec la même force et ne changent jamais de direction. Ils sont le résultat des grands échanges d'air chaud et d'air froid qui s'opèrent entre les régions chaudes et les régions froides de notre planète.

Coup de chaleur !

Le chinook est un vent local chaud et sec qui souffle des montagnes Rocheuses vers les plaines d'Amérique du Nord. L'air chaud qu'il transporte est responsable des hausses brusques de température. Le 22 janvier 1943, après le passage du chinook sur les montagnes Noires (Black Hills) dans le Dakota du Sud, le mercure est passé de -20 °C à 7 °C en seulement 2 minutes !

Les vents locaux

Contrairement aux vents dominants, les vents locaux soufflent sur de petites régions et changent régulièrement de direction. Le vent qui souffle sur les régions côtières en est un bon exemple. Le jour, sous l'action du soleil, la terre se réchauffe plus vite que l'eau. L'air chaud au-dessus des terres s'élève. Ce faisant, il est immédiatement remplacé par de l'air plus frais provenant de la mer. Ce mouvement d'air crée la brise de mer.

La nuit, le temps est plus frais et l'inverse se produit. La terre perd sa chaleur plus vite que l'eau. L'air plus chaud, qui se trouve au-dessus de l'eau, s'élève et est remplacé par de l'air froid provenant de la terre. Le vent change donc de direction et crée la brise de terre.

Air chaud

Air froid

Brise de mer

Air chaud

Air froid

Brise de terre

Eau et météo

L'eau se trouve partout : dans les océans, les lacs, les rivières, et même sous la terre. Elle est aussi abondante dans l'atmosphère, où elle existe sous la forme d'un gaz invisible appelé « vapeur d'eau ». Les nuages, pour leur part, ne font pas exception : ils contiennent des tonnes du précieux liquide, entreposé sous forme de milliards de gouttelettes et de cristaux de glace. Gigantesques réservoirs d'eau, les nuages sont responsables du temps quotidien. Chaque jour, et en divers points de la Terre, l'eau qu'ils contiennent quitte l'atmosphère et retombe sur notre planète, empruntant toutes sortes de visages. Ce sont les précipitations. Si elles ravissent et émerveillent souvent, ces précipitations peuvent parfois créer des dégâts considérables, allant même jusqu'à bouleverser nos habitudes de vie.

Comment se forme un nuage ?

Grâce à la chaleur du soleil, l'eau des cours d'eau, des lacs, des mers et des océans se transforme en vapeur d'eau et monte dans l'atmosphère. En hauteur, l'air est plus froid. La vapeur d'eau se change alors en minuscules gouttelettes qui forment les nuages… Les gouttelettes d'eau s'assemblent et grossissent. Lorsqu'elles sont trop lourdes pour flotter dans le nuage, elles tombent sur la terre, généralement sous forme de pluie.

Voir activité p. 321

Il pleut à verse !

L'endroit le plus pluvieux du monde se trouve au mont Waialeale, à Hawaii. Chaque année, il y tombe en moyenne près de 12 mètres d'eau, soit la hauteur d'un immeuble de 4 étages !

Les formes de précipitations

Les précipitations dépendent du type de nuage, mais aussi des couches d'air
que la goutte ou le cristal traverse avant d'atteindre le sol.
Voici certaines formes de précipitations :

Bruine
Diamètre inférieur
à 0,5 mm

Les nuages qui produisent la bruine
touchent presque le sol. Les minuscules
gouttes d'eau qu'ils laissent tomber ne
créent pratiquement pas d'accumulation
au sol.

Pluie
Diamètre moyen
de 2 mm

La pluie provient habituellement des
nimbostratus, des nuages épais et
gris qui recouvrent tout le ciel.
Une pluie modérée laisse jusqu'à
7,5 mm d'accumulation d'eau au sol
en une heure.

Pluie forte
Diamètre maximum
de 5 mm

La pluie forte provient souvent
d'un énorme nuage noir appelé
cumulonimbus. Une pluie forte laisse
plus de 7,5 mm d'accumulation d'eau
au sol en une heure.

Pluie verglaçante
Son diamètre varie

La pluie verglaçante se forme lorsque
des cristaux de glace rencontrent
une épaisse couche d'air chaud et
fondent. En tombant sur le sol glacé,
ils gèlent instantanément pour
former le verglas.

Grésil
Diamètre inférieur
à 5 mm

Pour qu'il y ait grésil, les gouttelettes
de pluie doivent traverser une mince
couche d'air chaud suivie d'une
couche d'air froid. En traversant l'air
froid, leur enveloppe extérieure gèle.
Ces petits grains forment le grésil.

Neige
Diamètre entre
5 et 25 mm

En hiver, si les cristaux de glace ne
rencontrent pas d'air chaud, ils ne
fondent pas et tombent sur terre
sous forme de neige.

Voir activités p. 320-321

Merveilleux bouquet de nuages…

Celui-ci ressemble à un cygne, celui-là à un mouton et un autre fait penser à une appétissante barbe à papa ! Si certains nous apparaissent mignons et légers, d'autres nous semblent énormes et écrasants. À eux seuls, les nuages ont le pouvoir de rendre le ciel joyeux ou triste. S'ils prennent toutes sortes de formes et de grosseurs, ce n'est pas par hasard. Chaque nuage est associé à une condition météorologique. Les reconnaître permet de comprendre le temps qu'il fait et parfois même de prévoir le temps qu'il fera.

Cirrus
Les cirrus sont des nuages fins et délicats. Ils font penser à de minces cheveux blancs qui volent au vent. Associés au beau temps, ils apparaissent les premiers dans le ciel, avant les cirrostratus et les cirrocumulus.

Altocumulus
Les altocumulus ressemblent à de petits rouleaux gris ou blancs, placés en rangées parallèles. Ils ne produisent généralement pas de précipitations, sauf quand ils sont associés aux altostratus.

Cirrostratus
Les cirrostratus forment un voile blanc transparent qui couvre en partie ou totalement le ciel. Ils dessinent souvent un halo autour du Soleil. Leur arrivée annonce des précipitations dans une douzaine d'heures.

Nimbostratus
Les nimbostratus forment une épaisse couche de nuages gris foncé qui recouvre le ciel et cache complètement le soleil. Leur base est souvent constituée de nuages d'aspect déchiqueté. Les nimbostratus apportent de la pluie ou de la neige qui dure des heures et parfois même une journée entière.

Stratocumulus
Les stratocumulus sont de gros rouleaux gris ou blancs. Malgré leur allure menaçante, ces nuages donnent rarement des précipitations et, quand elles se produisent, c'est seulement sous forme de bruine. Lorsqu'ils sont dispersés, ils laissent entrevoir le bleu du ciel. Ils se transforment souvent en nimbostratus lorsque la base, généralement ondulée, devient uniforme.

Stratus
Les stratus sont des nuages très bas, plutôt gris, dont la base est uniforme. Associés à un temps triste, ils forment parfois un brouillard au-dessus du sol. Les stratus peuvent être accompagnés de bruine, de faible pluie, de cristaux de glace ou de grains de neige.

TROIS ÉTAGES DE NUAGES

Les nuages les plus hauts dans le ciel (au-dessus de 6 km d'altitude) regroupent les cirrus, les cirrostratus et les cirrocumulus. Les altostratus et les altocumulus sont des nuages de hauteur moyenne (2 à 6 km). Les nuages les plus bas (en dessous de 2 km) comprennent les stratus, les nimbostratus, les stratocumulus, les cumulus et les cumulonimbus. Le sommet de certains de ces nuages, comme les nimbostratus, les cumulus et les cumulonimbus, peut s'étendre sur les étages supérieurs.

Cumulonimbus

Les cumulonimbus s'élèvent très haut dans le ciel. Avec leur base noire inquiétante, ce sont de véritables usines à tempête. Ils sont responsables des orages, des fortes averses de pluie ou de neige, de la grêle, des vents violents et même des tornades.

Cirrocumulus

Les cirrocumulus ressemblent à de petites boules de coton blanc serrées les unes contre les autres. Ils donnent au ciel un visage ridé. Ils se présentent souvent avec les cirrostratus. Ensemble, ils annoncent généralement des précipitations pour le lendemain.

Altostratus

Les altostratus forment un voile plus grisâtre et plus épais que les cirrostratus. Couvrant totalement ou partiellement le ciel, ils peuvent laisser entrevoir le soleil. En leur présence, on peut s'attendre à des averses sous peu.

Cumulus

Les cumulus sont de jolis nuages blancs qui ressemblent à du coton. Dispersés dans le ciel bleu, ce sont des nuages de beau temps. Néanmoins, s'ils grandissent par le haut, ils peuvent devenir des cumulonimbus et apporter des précipitations qui dureront une heure ou deux.

Une montagne russe dans un nuage...

En 1959, lors d'une tempête, un pilote d'avion en détresse dut sauter en parachute à travers un cumulonimbus. Les forts vents ascendants et descendants du nuage l'ont alors ballotté de haut en bas pendant une heure avant qu'il puisse enfin sortir du nuage et atterrir !

6 km

2 km

Des hauts et des bas

Le Soleil est le moteur de la température sur notre planète. Selon notre distance de l'équateur et selon les saisons, nous recevons plus ou moins de sa chaleur. Mais d'autres facteurs influencent la température à la surface de la Terre. En montagne, par exemple, l'air est généralement plus frais qu'au niveau de la mer. Aussi, les régions côtières possèdent généralement un climat doux toute l'année. De leur côté, les contrées situées à l'intérieur des continents connaissent des variations de température bien marquées entre l'été et l'hiver. Le vent et l'humidité influencent grandement notre perception de la température, sans toutefois affecter le thermomètre. Généralement, plus le vent est fort, plus la température semble se rafraîchir. L'humidité, de son côté, paraît réchauffer ou refroidir le temps, selon les saisons… Ainsi, une augmentation de l'humidité de l'air nous fait suffoquer l'été, mais frissonner l'hiver !

Et la nuit tomba...

Normalement, la température augmente le jour, lorsque les rayons du soleil réchauffent la terre, et baisse la nuit, en l'absence de lumière solaire. Il arrive parfois que cette chute de température soit « saisissante »… Dans la nuit du 23 au 24 janvier 1916, au Montana (É.-U.), la température a subi une dégringolade record de 56 °C, passant de 7 °C à -49 °C !

Les trois échelles de température

Le thermomètre tel qu'on le connaît a été inventé au début des années 1700 par Daniel G. Fahrenheit, qui a d'ailleurs donné son nom à son système de mesure. Le degré zéro Fahrenheit correspondait à la température la plus froide enregistrée à l'époque. Aujourd'hui, ce système est encore utilisé, principalement aux États-Unis.

Toutefois, la plupart des pays ont adopté les degrés Celsius, échelle créée par Anders Celsius en 1742. Dans ce système de mesure, le degré 0 équivaut au point de congélation de l'eau et le degré 100 à son point d'ébullition. Les scientifiques préfèrent la méthode de William Thomson Kelvin. Selon eux, le zéro de Kelvin (-273 °C/-459 °F), appelé zéro absolu, est la température la plus froide qu'il soit possible d'atteindre.

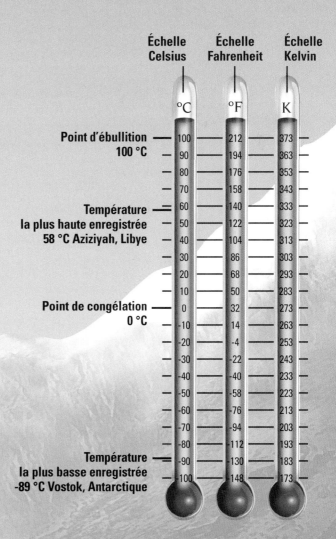

	Échelle Celsius	Échelle Fahrenheit	Échelle Kelvin
	°C	°F	K
Point d'ébullition 100 °C	100	212	373
	90	194	363
	80	176	353
	70	158	343
Température la plus haute enregistrée 58 °C Aziziyah, Libye	60	140	333
	50	122	323
	40	104	313
	30	86	303
	20	68	293
	10	50	283
Point de congélation 0 °C	0	32	273
	-10	14	263
	-20	-4	253
	-30	-22	243
	-40	-40	233
	-50	-58	223
	-60	-76	213
	-70	-94	203
	-80	-112	193
Température la plus basse enregistrée -89 °C Vostok, Antarctique	-90	-130	183
	-100	-148	173

Quand le temps se déchaîne

Le vent, déchaîné, s'enroule en un tourbillon dévastateur qui détruit tout sur son passage... La pluie, torrentielle, fait sortir la rivière de son lit et inonde des paysages. Une avalanche de grêlons destructeurs s'abat sur la campagne, détruisant des récoltes complètes... Les manifestations météorologiques extraordinaires bouleversent profondément nos vies, sèment le désordre et paralysent parfois des populations entières.

Des tourbillons destructeurs

Elles fracassent les vitres, déracinent les arbres, arrachent les toits des maisons, font s'envoler les voitures, les trains et même les animaux et les êtres humains. Les tornades sont les phénomènes météorologiques les plus violents de la Terre. Avec leur énorme entonnoir nuageux sorti tout droit d'un cumulonimbus, les tornades aspirent tout sur leur passage ! Leurs vents d'une violence inouïe tourbillonnent dans un vacarme semblable au rugissement d'un avion à réaction… Accompagnées d'orages violents, de pluie et souvent de grêle, les tornades peuvent balayer des centaines de kilomètres en quelques minutes à peine… et causer des dommages irréparables.

Cumulonimbus
Toutes les tornades naissent d'un nuage d'orage, le cumulonimbus.

Buisson
Le buisson est la partie du tuba qui touche le sol. Il est formé du nuage de poussières et de débris transportés par la tornade.

Tuba
Le tuba constitue l'entonnoir de la tornade. Il agit comme un aspirateur géant.

Comment naissent les tornades ?

Heureusement, les cumulonimbus ne produisent pas tous des tornades ! Il faut que des conditions bien précises soient réunies pour que naissent ces violentes tempêtes.

Cumulonimbus   **Air froid**

Air chaud   **Tornade**

1. Un vent froid rapide et de haute altitude croise un vent chaud et lent situé près du sol. Les deux vents s'« enroulent » l'un autour de l'autre et forment un rouleau d'air géant dans le cumulonimbus.

2. L'air chaud qui provient du sol monte vers le nuage et pousse sur le rouleau d'air qui bascule à la verticale.

3. L'entonnoir qui se forme à la base du nuage crée une succion qui aspire rapidement l'air chaud en provenance du sol. L'entonnoir de vents tourbillonnants s'allonge de plus en plus, touche le sol et devient une tornade.

Quand le vent tourne…

Les tornades sont difficiles à prévoir et impossible à arrêter. Comme l'alerte est généralement donnée quelques minutes seulement avant leur passage, mieux vaut savoir comment réagir ! Le sous-sol d'une maison, une petite salle de bain ou une garde-robe constituent des cachettes sécuritaires. À l'extérieur, un fossé ou une simple dépression du sol offriront d'excellents abris. Avec près de 1 000 tornades par année, les États-Unis sont les plus touchés par ces catastrophes naturelles. Les grandes plaines américaines, comprenant le Texas, l'Oklahoma, le Kansas et le Nebraska, réunissent les conditions idéales à la formation des tornades puisque les courants d'air chaud et humide provenant du golfe du Mexique y rencontrent l'air froid en provenance du Canada.

L'échelle de Fujita

Toutes les tornades n'ont pas la même puissance. Certaines se contentent de tordre des antennes de télévision, tandis que d'autres font s'effondrer les édifices ! On les classifie d'après l'ampleur des dommages qu'elles causent. Cette classification est appelée l'échelle de Fujita, du nom d'un expert en tornades, Théodore Fujita.

F-0 64 à 116 km/h

Antennes de télévision tordues, cheminées et panneaux de signalisation endommagés, branches d'arbres cassées.

F-1 117 à 180 km/h

Tuiles de maisons soulevées, vitres fracassées, maisons mobiles renversées, petits arbres déracinés.

F-2 181 à 252 km/h

Maisons mobiles démolies, gros arbres déracinés, automobiles déplacées, bâtiments de bois détruits.

F-3 253 à 330 km/h

Toits et certains murs de maisons écroulés, gros véhicules renversés.

F-4 331 à 417 km/h

Maisons rasées, automobiles, camions et wagons de trains soulevés, objets d'une centaine de kilogrammes emportés dans les airs.

F-5 418 à 509 km/h

Maisons arrachées de leurs fondations et déplacées sur de grandes distances, bâtiments en béton armé endommagés, automobiles projetées dans les airs.

Un sommeil de plomb

En 1981, une tornade souleva un bébé de sa poussette et le fit planer à 15 m au-dessus du sol. La tornade le déposa ensuite, tout en douceur, 90 m plus loin, sans même le réveiller.

Mystérieux voile

Les bancs de brume et de brouillard qui naissent à la surface de la Terre nous offrent des paysages d'une beauté saisissante. Mais ces voiles blancs qui confèrent aux décors des allures irréelles sont, en réalité, des nuages... qui frôlent le sol ou l'eau ! Comme les nuages, la brume et le brouillard sont composés de minuscules gouttes d'eau flottant dans l'air. Sur les mers, les lacs et les cours d'eau, les grands bancs de brouillard représentent un danger réel pour les marins et les plaisanciers. Sur terre, ils masquent les routes et les ponts, perturbant sérieusement la circulation automobile…

Condensation

L'air contient de l'eau sous la forme d'un gaz invisible, appelé vapeur d'eau. La quantité de vapeur d'eau dans l'air change avec la température. L'air chaud peut contenir plus de vapeur d'eau que l'air froid. Lorsque l'air refroidit et ne peut contenir plus de vapeur d'eau qu'il n'en a déjà, on dit qu'il a atteint le point de rosée. La vapeur d'eau contenue dans l'air se transforme alors en gouttelettes d'eau visibles qui deviennent la rosée, la brume ou le brouillard. Ce phénomène s'appelle la condensation.

Brume

Brouillard

Nuages de brume et de brouillard

Les bancs de brume et de brouillard naissent de la condensation de la vapeur d'eau dans l'air. Le nuage créé par le brouillard réduit la visibilité à moins de 1 km, et parfois même à quelques mètres seulement. Lorsque les gouttelettes qui le composent sont plus dispersées, le brouillard prend le nom de brume. La visibilité est alors comprise entre 1 et 5 km.

Un brouillard à couper au couteau...

Les régions situées en bordure des océans sont parmi les plus touchées par la brume et le brouillard. Avec une moyenne de 206 jours de brouillard par année, Argentia, à Terre-Neuve (Canada), est l'un des endroits les plus brumeux du monde !

Rosée

La rosée se forme lorsque l'air situé tout près du sol se refroidit jusqu'au point de rosée et se condense. Ce phénomène se produit généralement à la fin d'une nuit claire et calme. Au contact de l'herbe froide ou d'autres objets qui se trouvent sur le sol, la vapeur d'eau se condense et se dépose sous forme de jolies perles liquides qui scintillent au soleil.

157

Déluges désastreux

Une pluie diluvienne s'abat sur le village. Un véritable torrent s'écoule à la surface du sol et se jette dans la rivière qui se gonfle d'eau. Bientôt, celle-ci déborde. L'inondation sème le désordre. Ici et là, des meubles et des débris de toutes sortes flottent, emportés à la dérive. Des automobilistes, surpris par la crue des eaux, sont prisonniers de leur voiture. Les maisons se remplissent de boue. L'eau potable devient tellement sale qu'elle ne peut plus être utilisée… Non seulement les inondations causent d'importants dommages matériels, mais elles entraînent de nombreuses pertes de vie, plus importantes encore que celles causées par les ouragans, les tornades ou la foudre.

Le sol s'effondre !

Souvent, les pluies torrentielles qui tombent à flanc de montagne provoquent des glissements de terrain. Sous l'effet de l'eau qui s'infiltre dans le sol, une masse de boue et de roches se détache de la montagne et dévale la pente à toute allure. Résultat : des routes barrées, des arbres déracinés et plusieurs maisons détruites.

Digue

Une digue est une barrière construite le long d'un cours d'eau. Son rôle est de freiner les débordements d'eau pour protéger les terrains environnants.

Voiture à la dérive !

Un peu moins d'un mètre d'eau suffit pour que les voitures se mettent à flotter. Lorsque le courant est fort, c'est la catastrophe ! Il peut entraîner de gros objets, comme les voitures, sur de très grandes distances !

Spectacles « sons et lumières »

Le ciel est noir comme de l'encre… Des éclairs éblouissants déchirent le ciel, qui semble s'ouvrir dans un rugissement menaçant… Bien qu'il soit terrifiant, l'orage est l'un des phénomènes naturels les plus courants. En effet, la terre est frappée par l'éclair une centaine de fois par seconde ! Les orages prennent naissance dans les gigantesques cumulonimbus qu'on retrouve dans le ciel au cours des chaudes journées d'été. Le spectacle qu'ils nous offrent est un événement électrique d'une puissance sans égale. L'énergie générée par un orage peut mettre le feu aux maisons, faire naître des incendies de forêt, provoquer des pannes d'électricité et endommager les avions. Voyageant à travers les fils électriques, les éclairs peuvent également endommager les ordinateurs. Les régions tropicales, très humides, sont les plus souvent touchées par les orages. En 1916, la ville de Bogor, en Indonésie, a connu 322 jours d'orage, soit l'équivalent de six jours par semaine !

Électrisant !

Un seul éclair peut produire assez de courant pour faire fonctionner 8 000 grille-pain simultanément !

Qu'est-ce que le tonnerre ?
Sous l'effet de l'intense chaleur dégagée par l'éclair (jusqu'à 30 000 °C), l'air « explose » littéralement. Ce mouvement brusque de l'air autour de l'éclair produit un son : c'est le tonnerre.

Comment se forme l'éclair ?

Les puissants courants d'air des cumulonimbus produisent un remue-ménage dans le nuage. Les gouttelettes et les cristaux de glace qui s'y trouvent se frottent et s'entrechoquent, créant ainsi de minuscules particules électriques. Il existe deux types de particules électriques : certaines sont chargées positivement et d'autres négativement. Les particules de charges opposées s'attirent. C'est l'attraction entre ces particules qui est à l'origine de l'éclair. L'illustration suivante montre le mouvement d'un éclair entre un nuage et le sol.

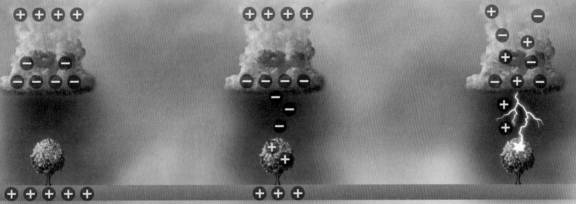

1. Dans le cumulonimbus, les charges positives sont regroupées au sommet du nuage et les négatives, à sa base. Des charges positives se rassemblent au sol, sous le nuage.

2. Les charges négatives à la base du nuage sont attirées par les charges positives du sol. En se déplaçant les unes vers les autres, elles créent une étincelle invisible.

3. La rencontre des deux étincelles invisibles forme une sorte de canal qui facilite la remontée des particules positives du sol vers le nuage. Cette remontée provoque l'apparition de l'éclair.

Tous aux abris !
Lorsqu'un orage éclate, il vaut mieux se réfugier rapidement à l'intérieur d'une maison ou d'une voiture aux fenêtres fermées. Les gens qui se trouvent à l'extérieur pendant un orage courent un grand risque, car la puissance des décharges électriques est telle qu'elle peut blesser sérieusement et parfois même tuer sur le coup ! Néanmoins, aussi surprenant que cela puisse paraître, quatre personnes sur cinq survivent au choc de l'éclair !

Tempêtes de neige

Villes ensevelies

Alors que quelques milliards d'êtres humains ne verront jamais la neige, certaines villes de l'hémisphère Nord comme Montréal, Chicago ou Sapporo en reçoivent des millions de tonnes chacune tous les hivers ! Lorsqu'une grande quantité de neige tombe en peu de temps, c'est la tempête ! Les tempêtes de neige peuvent provoquer la fermeture des routes et des aéroports, rendant les déplacements difficiles. Le poids des accumulations peut endommager les toits des maisons, les arbres et les lignes électriques. Les grandes tempêtes de neige se produisent lorsque le bon type de nuage se forme, ce qui nécessite une température hivernale près du point de congélation, combinée à du vent et à une humidité de l'air élevée. Lorsqu'une tempête de neige continue pendant au moins trois heures, avec des vents soufflant à 56 km/h ou plus et une visibilité réduite à 400 mètres ou moins, la tempête de neige prend le nom de blizzard.

Une avalanche venue du ciel

C'est au mont Shasta, en Californie (É.-U.), qu'il tomba la plus grande quantité de neige en une seule tempête. Entre le 13 et le 19 février 1959, la région reçut 4,80 m de neige, soit l'équivalent de la hauteur moyenne d'une maison à un étage !

La température et la forme des flocons

Point de congélation
L'eau gèle à 0 °C

0 °C

Plaquette mince

-3 °C

Aiguille

-6 °C

Colonne

-10 °C

Plaquette découpée

-12 °C

Étoile

-16 °C

Plaquette découpée

-22 °C

Colonne

Joyaux de glace

Il n'y a pas deux flocons de neige parfaitement identiques. Et pour cause : un seul flocon est composé de milliers de cristaux de glace qui s'assemblent d'une façon unique. Les flocons peuvent avoir deux formes de base : en étoile ou en aiguille. C'est la température et l'humidité de l'air qui déterminent quelle forme ces joyaux de glace adopteront. Cependant, tous les cristaux ont un point commun : ils ont 6 côtés. Cette structure en hexagone reflète la façon dont les molécules d'eau s'assemblent lorsqu'elles gèlent.

Un paysage de glace

La vie semble s'arrêter, immobilisée sous un scintillant manteau de glace de plusieurs centimètres d'épaisseur. Malgré sa beauté, la pluie verglaçante est dangereuse. Les rues et les trottoirs deviennent aussi lisses et glissants que des patinoires. Lorsqu'elles durent plusieurs jours, les tempêtes de verglas sont sans doute les événements météorologiques les plus dévastateurs de l'hiver ! Les lignes de transport d'électricité cèdent, laissant plusieurs foyers sans lumière et sans chauffage… Dans la forêt, le poids de la glace casse les branches de milliers d'arbres. Aussi, certains animaux sauvages peuvent mourir de faim, car les plantes dont ils se nourrissent sont emprisonnées dans la glace.

La grande tempête de 1998

En janvier 1998, une tempête de verglas a durement touché l'est du Canada et la Nouvelle-Angleterre (É.-U.). En six jours à peine, il est tombé presque 10 cm de pluie verglaçante ! Bilan : plusieurs pylônes et poteaux électriques ont cédé, plongeant 4 millions de personnes dans le noir et le froid. Dans certaines régions, la panne a duré 5 semaines !

Comment se forme la pluie verglaçante ?

La formation de la pluie verglaçante, aussi appelée verglas, exige des conditions particulières. La couche d'air située juste au-dessus du sol doit être froide, c'est-à-dire inférieure au point de congélation (0 °C). Cette couche d'air doit être surmontée d'une masse d'air chaud (au-dessus de 0 °C), immédiatement suivie d'une autre couche d'air froid. Voici donc ce qui se passe.

Air froid ——

Air chaud ——

Air froid ——

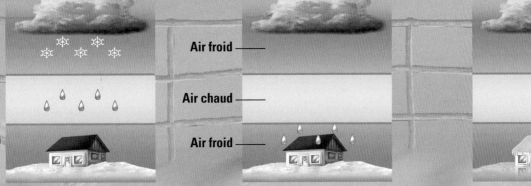

1. La neige qui tombe des nuages traverse une masse d'air chaud et se transforme en pluie.

2. En traversant la couche d'air froid près du sol, les gouttes de pluie se refroidissent mais ne gèlent pas, même si elles sont plus froides que le point de congélation. On dit alors qu'elles sont surfondues.

3. Les gouttes de pluie entrent en contact avec le sol ou tout autre objet dont la température est inférieure à 0 °C. Elles gèlent alors presque instantanément et forment le verglas.

Grêle

Quand le ciel nous tombe sur la tête

Elle cabosse les voitures et les toits des maisons, fait voler les vitres en éclats et détruit des récoltes entières… Avec ses billes de glace qui mitraillent le sol à plus de 100 km/h, la grêle est sans doute le type de précipitation le plus destructeur qui soit ! Il grêle rarement dans les pays chauds, car les grêlons y fondent avant d'atteindre le sol. En revanche, le phénomène est fréquent dans les régions tempérées, surtout durant le printemps et l'été. La grêle sévit alors par temps orageux et très humide, lorsque les courants d'air sont suffisamment forts pour supporter les grêlons qui se forment dans les nuages. Le centre de l'Amérique du Nord est particulièrement touché par les tempêtes de grêle. Au Colorado, en 1984, une tempête a laissé les habitants de Denver avec des grêlons… jusqu'aux genoux !

Une pluie de projectiles

En général, un grêlon a la taille d'un pois, mais certains sont gros comme des pamplemousses. À cette taille, ils se transforment en véritables boulets et peuvent blesser les humains et les animaux. Le plus gros grêlon recensé aux États-Unis avait la taille d'un melon !

Comment se forment les grêlons ?

La grêle se forme dans les nuages cumulonimbus, à partir de gouttelettes d'eau glacée, transportées au sommet des nuages par de forts courants d'air. L'illustration suivante montre la formation d'un grêlon.

1. Transportée par les courants d'air descendants (dirigés vers le bas), une goutte d'eau glacée descend dans la partie basse et plus chaude du nuage. Là, elle se couvre d'une couche de glace transparente, provenant des gouttelettes d'eau environnantes : le grêlon prend forme.

2. Soulevé par les courants ascendants (dirigés vers le haut), l'embryon de grêlon remonte vers le sommet du nuage. Là-haut, l'air glacé fait congeler instantanément les gouttelettes d'eau qui se collent au grêlon. Il s'entoure alors d'une couche de glace opaque qui le fait grossir.

3. Après plusieurs aller-retour entre le haut et le bas du nuage, le grêlon se retrouve constitué de plusieurs couches de glace. Quand il devient trop lourd pour être supporté par les courants d'air, le grêlon tombe au sol.

Enrobés comme un oignon !
Les grêlons voyagent entre 5 et 10 minutes à l'intérieur d'un cumulonimbus avant de tomber au sol. Ils peuvent compter jusqu'à 25 couches de glace.

D'un extrême à l'autre

Le climat de la Terre est loin d'être partout le même ! La température, les vents et les précipitations de pluie ou de neige varient d'une région à l'autre. Avec une chaleur torride qui peut atteindre plus de 50 °C et des vents d'air chaud et sec, les 48 millions de kilomètres carrés de déserts chauds de la planète offrent des conditions très hostiles à la vie. Les pôles Nord et Sud de la Terre, pour leur part, sont très faiblement réchauffés par les rayons du soleil. Le climat y est extrêmement froid et sec. Les blizzards les plus puissants de la planète y soufflent, balayant parfois le sol à plus de 300 km/h.

Peuples des déserts
Les habitants des déserts vivent souvent regroupés autour des oasis. Hommes, femmes et enfants portent habituellement de longues robes amples qui les protègent des rayons cuisants du soleil et permettent à la sueur de s'évaporer facilement. Grâce à leur teint foncé, ces peuples jouissent d'une bonne protection contre le soleil : la mélanine noire, un pigment présent en grande quantité dans leur peau, aide à filtrer les rayons ultraviolets nocifs.

Peuples du froid

Très peu d'êtres humains habitent les déserts froids de la planète. Toutefois, quelques courageux, comme les Inuits de l'Arctique, y ont élu domicile à l'année. Pour survivre dans ces régions inhospitalières, les représentants de ce peuple du Nord se vêtent de fourrures épaisses. Leur corps est aussi conçu de manière à résister au froid : leur silhouette courte et trapue offre un moins grand contact avec l'air de l'Arctique. Le corps garde ainsi un maximum de chaleur !

Voir activité p. 317

La pluie : une denrée rare

Alors que la forêt tropicale humide d'Amérique du Sud reçoit jusqu'à 3 m de pluie par année, certains déserts peuvent demeurer complètement secs pendant des années ! En 1971, le désert d'Atacama, au Chili, a reçu sa première pluie en 400 ans ! C'est l'endroit le plus sec du monde !

Des climats records

Le site de Vostok, situé en plein cœur de la calotte glaciaire antarctique, est l'endroit le plus froid de la Terre ; le 21 juillet 1983, on y a enregistré une température de -89 °C !

La ville d'Aziziyah, en Libye, détient le record de température maximale de la planète ; le 13 septembre 1922, il y a fait près de 58 °C !

Un long voyage

La Chine est l'un des pays les plus durement touchés par les tempêtes de poussière. Transportés sur de longues distances, non seulement à l'intérieur de la Chine mais à travers d'autres pays, les nuages de poussière peuvent parcourir près de la moitié du globe et parvenir aussi loin qu'en Amérique.

Comment se forme un nuage de sable ou de poussière ?
À cause de l'ardeur du soleil, le sol devient brûlant. L'air situé juste au-dessus du sol se réchauffe à son tour, puis s'élève. Ce mouvement crée parfois de puissants courants d'air capables de soulever de grandes quantités de sable ou de poussière. Résultat : un nuage de particules se forme près du sol. Graduellement, le nuage grossit et s'épaissit, réduisant considérablement la visibilité.

Autant en emporte le vent

Des vents violents balaient le sol et emportent les grains de sable qui s'élèvent jusqu'à 3 000 mètres dans le ciel. Cet immense nuage peut voyager durant des jours, sur des milliers de kilomètres, traversant même parfois les océans ! Les tempêtes de sable se produisent habituellement dans les déserts. Mais elles peuvent aussi survenir dans des régions où le sol a été rendu poussiéreux en raison d'une grande sécheresse, combinée à une utilisation abusive de la terre pour l'élevage et l'agriculture. Elles sont alors appelées tempêtes de poussière. Le nuage de tempête rend le ciel si obscur que l'on doit parfois tenir une lampe directement devant son visage pour y voir clair ! Les fines particules s'infiltrent partout : dans les maisons, les vêtements et même dans la nourriture. Transportées par de forts vents, elles fouettent la peau, pénètrent dans les yeux, le nez et la bouche, causant parfois des torts irréparables aux poumons !

Une « tornade » de poussière
Des tourbillons de poussière se forment souvent dans les régions arides comme l'Australie, le Moyen-Orient et le sud-ouest des États-Unis. Bien qu'ils ressemblent à des tornades miniatures, leurs effets sont beaucoup moins dévastateurs. Ces tourbillons ne durent généralement que quelques minutes et dépassent rarement 300 m de hauteur.

Flammes dévorantes…

Chaque année, des centaines de millions d'hectares de forêts dans le monde s'envolent en fumée. L'Australie, la Californie et la Côte d'Azur sont les régions les plus affectées par les incendies de forêts, en raison de leur climat chaud, sec et venteux, et de leur végétation qui brûle facilement. La majorité des incendies de forêts, de savane et de brousse naissent malheureusement en raison de la négligence humaine. Toutefois, il arrive que ces catastrophes surviennent naturellement. Les principales causes naturelles des incendies de forêts sont les orages. Les étincelles créées par les éclairs suffisent parfois pour mettre le feu à la végétation. Les conditions météo présentes au moment des incendies sont extrêmement importantes pour la suite des événements. Si les vents, la sécheresse et la chaleur persistent, les dégâts prendront de l'ampleur. Au contraire, la pluie aidera à maîtriser le brasier.

Jeter de l'huile sur le feu…

Les eucalyptus, arbres typiques de l'Australie, renferment beaucoup d'huile. Dès qu'ils s'enflamment, ces arbres explosent, ce qui active l'incendie. S'il vente, le feu peut « dévorer » une superficie de 4 km^2 en 30 minutes à peine ! C'est l'équivalent de près de 800 terrains de football !

Refroidissement ou réchauffement ?
Les incendies de forêts affectent le climat. Ils libèrent des gaz et de petites particules qui resteront longtemps en suspension dans l'atmosphère. Ces particules augmentent la pollution de l'air et bloquent les rayons du soleil, entraînant un léger refroidissement du temps dans la région touchée. En contrepartie, les incendies dégagent une énorme quantité de dioxyde de carbone. Appelé « gaz à effet de serre », le dioxyde de carbone emprisonne la chaleur dans l'atmosphère et contribue ainsi au réchauffement du climat de l'ensemble de notre planète.

Les incendies peuvent transformer les forêts en vastes déserts... Aussi surprenant que cela puisse paraître, ces catastrophes peuvent être bénéfiques pour la nature. Les feux éliminent des arbres trop vieux ou malades tout en permettant à une nouvelle végétation en bonne santé de pousser !

Monstres de l'océan

Les habitants de l'Amérique du Nord et des Caraïbes les appellent « ouragans ». Ceux du sud-est de l'Asie les nomment « typhons ». En Australie, ils sont appelés « willy-willies » et dans l'océan Indien, on parle plutôt de « cyclones »… Peu importe le nom qu'on leur donne, ces énormes tempêtes sont le cauchemar des habitants des régions tropicales. Les ouragans surplombent des régions immenses, frappant parfois des zones côtières. Avec leurs nuages enroulés en un gigantesque tourbillon, ils transportent avec eux de fortes pluies et des vents violents. Durant 7 à 9 jours, ces géants des tropiques parcourent des milliers de kilomètres, menaçant les bateaux et les habitants du littoral.

Œil de l'ouragan
L'œil est la zone calme de l'ouragan. Les vents y sont faibles, le ciel est souvent dégagé et les précipitations presque nulles. Le diamètre de l'œil peut varier beaucoup, mais il mesure en moyenne 30 km.

Betsy, Carlos ou Danielle ?
Depuis 1979, les météorologistes de l'Organisation météorologique mondiale nomment les ouragans. Chaque année, ils dressent une liste de noms, par ordre alphabétique, alternant entre masculin et féminin dans les langues anglaise, espagnole et française. Les ouragans, lorsqu'ils se présentent, sont baptisés les uns à la suite des autres, selon les noms prévus dans la liste officielle. Le nom de la première tempête de l'année commencera par la lettre « A », celui de la deuxième tempête, par un « B », et ainsi de suite…

Formidable machine à vapeur !

En se condensant, la vapeur d'eau libère énormément d'énergie. En une seule journée, un ouragan dégage une quantité d'énergie suffisante pour combler les besoins en électricité des États-Unis pendant 6 mois !

La formation d'un ouragan

Sous l'action du soleil, de l'air chaud et humide s'élève au-dessus de la mer. À mesure qu'il monte, cet air chaud crée des nuages de tempête. Une sorte de cheminée se forme alors au centre du plus gros nuage de tempête : l'air est aspiré par le bas de la cheminée et monte en spirale. Parvenu au sommet, l'air se condense pour produire d'autres nuages qui s'enroulent en tourbillon. Ce mouvement de l'air vers le haut crée un effet d'« aspirateur » près du centre de l'ouragan. Tant qu'elle sera alimentée par la chaleur de l'océan, la cheminée de l'ouragan continuera d'aspirer l'air.

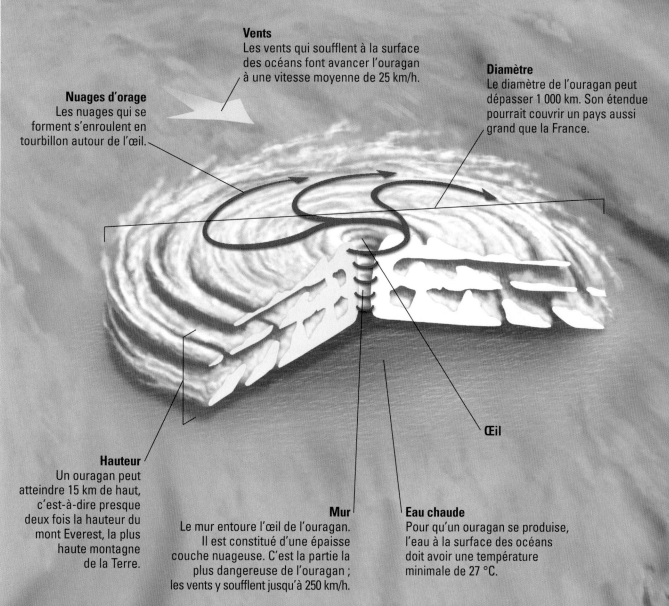

Vents
Les vents qui soufflent à la surface des océans font avancer l'ouragan à une vitesse moyenne de 25 km/h.

Diamètre
Le diamètre de l'ouragan peut dépasser 1 000 km. Son étendue pourrait couvrir un pays aussi grand que la France.

Nuages d'orage
Les nuages qui se forment s'enroulent en tourbillon autour de l'œil.

Œil

Hauteur
Un ouragan peut atteindre 15 km de haut, c'est-à-dire presque deux fois la hauteur du mont Everest, la plus haute montagne de la Terre.

Mur
Le mur entoure l'œil de l'ouragan. Il est constitué d'une épaisse couche nuageuse. C'est la partie la plus dangereuse de l'ouragan ; les vents y soufflent jusqu'à 250 km/h.

Eau chaude
Pour qu'un ouragan se produise, l'eau à la surface des océans doit avoir une température minimale de 27 °C.

Des effets destructeurs

Il est impossible de prévoir plusieurs jours à l'avance la trajectoire précise d'un ouragan : celui-ci peut changer brusquement de direction, revenir sur ses pas ou même mourir, s'il voyage au-dessus de courants d'eau plus froide. Toutefois, si ces monstres de vent et de pluie atteignent les côtes d'un continent ou d'une île, leurs effets sont alors terribles… Leurs pluies abondantes font déborder les rivières et causent des glissements de terrain. Leurs vents déracinent les arbres, arrachent les toits et soulèvent des vagues gigantesques qui se fracassent sur le rivage dans un vacarme qui s'entend à des kilomètres à la ronde… Heureusement, les ouragans meurent rapidement lorsqu'ils franchissent la terre ferme. Privés de l'eau chaude de l'océan, leurs vents diminuent, même si la pluie peut continuer de tomber pendant plusieurs jours.

Utiles, les ouragans ?

Les ouragans sont si destructeurs qu'il est difficile de croire qu'ils puissent être utiles à notre planète… mais c'est pourtant le cas ! En plus d'absorber le surplus de chaleur des mers tropicales, les ouragans fournissent de la pluie aux pays chauds et fortement affectés par la sécheresse.

L'échelle de Saffir-Simpson

Depuis les années 1970, le Centre national des ouragans, aux États-Unis, classe les ouragans selon diverses caractéristiques, incluant la vitesse des vents et la hauteur de la marée. Cette échelle permet aux scientifiques d'évaluer les dangers d'une tempête et de prévoir l'ampleur des dégâts.

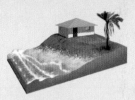    

1 **Vitesse des vents**
118 à 152 km/h

Hauteur de la marée*
1,2 à 1,7 m

Arbres et arbustes abîmés, maisons mobiles, quais et amarres des petites embarcations endommagés.

2 **Vitesse des vents**
153 à 176 km/h

Hauteur de la marée*
1,8 à 2,6 m

Petits arbres déracinés, maisons mobiles sérieusement endommagées, certains toits abîmés.

3 **Vitesse des vents**
177 à 208 km/h

Hauteur de la marée*
2,7 à 3,8 m

Feuillage arraché des arbres, gros arbres déracinés, maisons mobiles détruites, quelques toits, fenêtres et portes de maisons endommagés.

4 **Vitesse des vents**
209 à 248 km/h

Hauteur de la marée*
3,9 à 5,5 m

Panneaux de signalisation jetés par terre, toits, fenêtres et portes de maisons sérieusement endommagés.

5 **Vitesse des vents**
Plus de 248 km/h

Hauteur de la marée*
Plus de 5,5 m

Certains édifices détruits, nombreux toits de maisons effondrés.

* Au-dessus de la normale

Qu'est-ce qu'une marée de tempête ?
L'eau des océans est fortement attirée par l'effet « aspirateur » de l'ouragan. Ce phénomène provoque la formation d'une petite « montagne d'eau », sous l'ouragan. Lorsqu'elle franchit la terre ferme, cette masse d'eau se déverse sur la côte et inonde de vastes étendues. En 1970, au Bangladesh, une marée de tempête a soulevé la mer de 12 m, soit l'équivalent d'un immeuble de 4 étages ! Résultat : 300 000 personnes périrent !

Une planète sous haute influence

Des montagnes qui façonnent son visage aux courants océaniques qui sillonnent ses mers, notre planète elle-même influence le climat en diverses régions du globe. Des phénomènes rares, telles les grandes éruptions volcaniques, et d'autres, encore plus rares, telle la collision de la Terre avec un astre venu de l'espace, peuvent bouleverser profondément le climat terrestre.

Explosions spectaculaires

Une soixantaine de volcans s'activent chaque année sur la Terre. Certains d'entre eux projettent dans l'atmosphère une quantité phénoménale de gaz, de cendres et de poussières. Poussées par les vents, ces particules peuvent circuler autour de la Terre pendant des mois… et même des années. Les résidus volcaniques forment une sorte de « bouclier » qui empêche une partie des rayons du soleil de parvenir jusqu'à la surface de notre planète. Il peut arriver que la température se refroidisse légèrement, partout à la surface du globe. Un autre phénomène — mais d'une ampleur beaucoup plus importante — peut aussi faire chuter les températures sur le plan mondial. Il s'agit de la collision d'une comète avec la Terre. Il y a 65 millions d'années, une collision gigantesque avec une comète a provoqué la formation d'énormes nuages de poussières qui ont obscurci le ciel et entraîné un refroidissement dramatique du climat. Aujourd'hui, les astronomes surveillent les comètes qui pourraient se diriger vers nous et la plupart d'entre eux pensent qu'une autre collision de ce genre est peu probable.

La fin des dinosaures

Les scientifiques croient que la comète qui heurta la Terre il y a 65 millions d'années serait responsable de la disparition de plusieurs espèces d'animaux, dont les dinosaures. Le gigantesque nuage de poussières qui recouvrit alors notre planète bloqua les rayons du soleil pendant plusieurs mois… Sans la chaleur et la lumière du soleil, plusieurs plantes périrent. Privés de leur nourriture, les dinosaures mangeurs de plantes disparurent, provoquant la famine chez les dinosaures mangeurs de viande.

« L'année sans été »

C'est en 1815 qu'est survenue la plus grande éruption volcanique connue : celle du volcan Tambora, en Indonésie, dans le Pacifique Sud. L'année suivante, des régions aussi éloignées que l'Europe et l'Amérique du Nord ont enregistré des températures beaucoup plus froides que la normale. L'an 1816 a été surnommé, pour cette raison, « l'année sans été ». Ce refroidissement du climat a affecté les récoltes et entraîné la famine dans certains pays.

Entre mer et terre

L'eau couvre les deux tiers de la surface de la Terre… tandis que sur les continents, les montagnes et les vallées composent le paysage depuis des millions d'années… Ces éléments agissent aussi sur le climat, en différentes régions du globe. D'énormes masses d'eau chaude ou froide, appelées courants marins, circulent dans les océans et influencent la météo des régions avoisinantes. Ainsi, le Gulf Stream, un courant chaud coulant au large de l'Angleterre, réchauffe ce pays qui connaît des hivers particulièrement doux. Les montagnes, de leur côté, ont un effet déterminant sur le temps local. Elles influencent la quantité de pluie ou de neige que reçoivent les régions environnantes.

Comment les montagnes influencent-elles les précipitations ?

Lorsque de l'air humide bute contre une montagne, il est forcé de s'élever. En s'élevant, l'air se refroidit et se condense pour former des nuages près du sommet de la montagne. Ce phénomène est responsable des chutes importantes de pluie ou de neige sur le versant et le sommet où se forment les nuages (versant au vent), pendant que l'autre versant (versant sous le vent) reçoit très peu de précipitations.

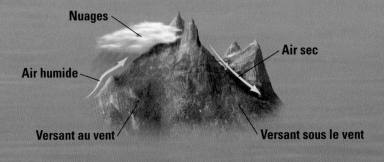

Nuages

Air sec

Air humide

Versant au vent

Versant sous le vent

Qu'est-ce que El Niño?

El Niño est un courant marin chaud qui longe les côtes du Chili et du Pérou tous les quatre à sept ans environ. Ce phénomène encore inexpliqué se produit habituellement au mois de décembre. L'important réchauffement des eaux bordant le continent sud-américain provoque la mort de nombreuses espèces marines et nuit sérieusement à l'industrie de la pêche. El Niño entraîne aussi des conséquences parfois graves sur l'ensemble de la planète, provoquant de fortes pluies et des ouragans. Ses effets déclenchent même des inondations en Floride et en Louisiane, des tempêtes de neige au Moyen-Orient et des sécheresses en Australie et en Indonésie ! Après un ou deux ans, El Niño laisse parfois place à un phénomène qui se dirige dans le sens opposé, La Niña, avant le retour à une situation normale.

Une montagne, deux climats

La vallée située sur le côté ouest de la chaîne de montagnes Olympic, dans l'État de Washington (É.-U.), reçoit environ 380 cm de précipitations chaque année. De l'autre côté de la chaîne, à quelque 100 km de distance, il en tombe moins de 43 cm !

Pollution

Nuages étouffants

En ville, l'asphalte et le béton des édifices et des routes retiennent la chaleur du soleil. Les cheminées des usines et les véhicules à moteur crachent des gaz qui emprisonnent la chaleur près de la Terre. Le phénomène du réchauffement global est d'autant plus inquiétant qu'il progresse sans arrêt depuis 100 ans… Une augmentation de la température de la Terre d'à peine quelques degrés pourrait notamment provoquer, à long terme, la fonte des glaces polaires, une élévation du niveau d'eau des océans et, par conséquent, des inondations sur les îles et les régions côtières.

Aux grands maux, les grands remèdes
Chaque citoyen doit faire sa part en économisant l'énergie, en évitant le gaspillage et en utilisant des moyens de transport moins polluants comme la bicyclette, l'automobile électrique ou le covoiturage. Bien que la qualité de l'air se soit améliorée depuis une trentaine d'années, il reste encore beaucoup de travail à accomplir…

« Purée de pois » londonienne

Les grandes villes comme Los Angeles et Mexico sont souvent envahies par du smog, un brouillard dû à la pollution. En 1952, la ville de Londres, en Angleterre, fut enveloppée par un smog si épais que les piétons devaient retrouver leur chemin à tâtons, en touchant les édifices.

La Terre : une serre géante

Le gaz carbonique, la vapeur d'eau, l'ozone, le dioxyde de soufre, le méthane, les CFC (chlorofluorocarbones) et l'oxyde nitreux forment une ceinture de gaz autour de la Terre. Ensemble, ils sont responsables d'un phénomène appelé « effet de serre ». Sans cet effet de serre naturel, la température de notre planète serait beaucoup plus froide qu'elle ne l'est !

Les rayons du soleil frappent la Terre et la réchauffent.

Les gaz à effet de serre captent la chaleur renvoyée par la Terre et l'emprisonnent près de sa surface. C'est l'effet de serre.

La Terre renvoie une partie de cette chaleur dans l'atmosphère.

Les activités humaines comme l'agriculture et la coupe des forêts, en plus de la pollution, produisent un surplus de gaz à effet de serre. Les météorologues craignent que cette augmentation amplifie l'effet de serre naturel de la Terre et augmente le réchauffement planétaire. Ce dérèglement pourrait provoquer, selon les régions, des inondations, des sécheresses et des ouragans.

Prévoir… pour le meilleur et pour le pire

Chaque jour, des spécialistes de la météo font le portrait du temps. Aidés d'instruments et de technologies des plus perfectionnés, ils dressent des cartes qui évoluent sans cesse au gré du vent. Beau temps, mauvais temps, ils surveillent le ciel et établissent des prévisions pour les heures, les jours qui viennent. Leurs prévisions n'influencent pas seulement nos activités quotidiennes : elles sauvent aussi des vies !

Les experts du temps

Chaque matin, on se demande quel temps la journée nous réserve. En consultant les bulletins météorologiques à la radio, à la télévision ou sur Internet, on détermine s'il vaut mieux aller à la plage… ou au cinéma. Les prévisions météorologiques sont très importantes pour les cultivateurs, les navigateurs, les pilotes d'avion et tous les autres dont les activités sont directement influencées par le temps. Les grands experts des prévisions météorologiques sont les météorologues. En plus de nous informer du temps à venir, ces spécialistes de la météo sont de véritables protecteurs des citoyens. Grâce à leurs connaissances des phénomènes atmosphériques, ils peuvent alerter la population de l'approche d'un phénomène dévastateur comme un ouragan ou une tornade.

**Le météorologue,
un scientifique aux multiples talents**
Plusieurs météorologues possèdent une formation universitaire en chimie, en physique ou en mathématiques. Certains d'entre eux doivent en plus être d'habiles communicateurs, pour pouvoir expliquer des données complexes au grand public.

Super ordinateurs
Les ordinateurs du météorologue sont si puissants qu'ils arrivent à produire des cartes météorologiques à peine quelques instants après avoir reçu les informations en provenance des divers appareils de mesure météorologique.

Le meilleur ami du météorologue

Autrefois, les cartes météo étaient dessinées à la main. L'avènement des ordinateurs, dans les années 1950, a révolutionné la météorologie. De nos jours, les ordinateurs les plus performants exécutent près de 100 milliards d'opérations mathématiques par seconde et produisent des cartes en quelques dizaines de secondes !

Prévoir le temps

Établir une prévision météorologique pour une zone particulière est une opération complexe, nécessitant de grandes quantités de données. Plusieurs fois par jour, les météorologues reçoivent des rapports provenant des stations météorologiques terrestres, mais aussi des centaines de bateaux, bouées, ballons-sondes, radars et satellites. Toutes ces données reliées à l'humidité, à la température, aux précipitations, aux vents, aux types de nuages, à la pression et à la couverture nuageuse sont centralisées, puis traitées par de puissants ordinateurs. À l'aide des données reçues, les ordinateurs produisent des cartes regroupant un grand nombre de renseignements. Bien qu'ils soient d'une puissance inouïe, les ordinateurs ne seraient d'aucune utilité sans le jugement et les connaissances des météorologues. En effet, seuls ces experts peuvent prévoir le temps qu'il fera dans une ville ou une région donnée. Car, contrairement à la plupart des machines actuelles, les météorologues tiennent compte d'éléments locaux qui influencent le temps, telle la présence de collines ou de lacs.

Des météorologues à pattes...

Selon la croyance populaire, si les chiens et les chats dorment tranquilles, il y aura du beau temps. Par contre, si les vaches sont couchées, les grenouilles coassent hors de l'étang et les oiseaux volent bas, il pleuvra. Bien que la nature nous aide parfois à prédire le temps, il faut prendre les signes qu'elle nous donne avec prudence ! Après tout, même les animaux peuvent se tromper !

Les secrets des cartes météo

Tous les jours, des cartes météorologiques comme celle-ci apparaissent à la télévision, dans les journaux et sur Internet. En connaissant la signification des différents symboles utilisés sur les cartes, on arrive à mieux comprendre les prévisions météo.

Fronts
Un front est la frontière entre une masse d'air chaud et une masse d'air froid. L'arrivée d'un front annonce donc un changement dans le temps. Sur les cartes météo, les fronts sont représentés par des courbes ornées de triangles (pour un front froid) ou de demi-cercles (pour un front chaud). Les triangles et demi-cercles sont orientés dans la direction du déplacement du front. Un front chaud fait augmenter la température et apporte souvent de la pluie ou de la neige continue. En revanche, un front froid provoque une baisse de température, généralement accompagnée d'averses, d'orages et parfois même de grêle.

Zone de haute pression
Une zone de haute pression (ou anticyclone) est signalée par la lettre A. Elle indique une région où la pression atmosphérique est élevée. Une haute pression atmosphérique est souvent à l'origine du beau temps.

Isobares
Les isobares sont des courbes qui relient les points de la carte où la pression atmosphérique est la même.

Zone de basse pression
Une zone de basse pression (ou dépression ou cyclone) est représentée par la lettre D. Elle indique une région où la pression atmosphérique est basse. Une faible pression atmosphérique est souvent à l'origine du mauvais temps.

Zones de précipitations
Les zones de précipitations (pluie ou neige) sont représentées par des taches jaunes.

Des outils pour mesurer le temps

Chaque jour, des milliers de météorologues, répartis dans plus de 170 pays, recueillent diverses données telles que la direction et la vitesse du vent, la température et l'humidité de l'air, la pression atmosphérique, la durée de l'ensoleillement et les précipitations de pluie ou de neige. Pour ce faire, les spécialistes du temps disposent d'une vaste panoplie d'instruments de mesure. Les instruments du météorologue sont souvent réunis en un lieu commun, nommé station météorologique. Plusieurs fois par jour, des relevés sont effectués par les équipements de quelque 12 000 stations météorologiques partout dans le monde.

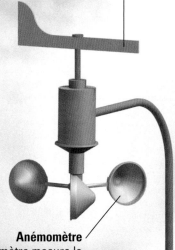

Girouette
La girouette indique la direction du vent. Cette indication permet de prévoir, entre autres, le déplacement des nuages de tempêtes.

Anémomètre
L'anémomètre mesure la vitesse du vent. Plus le vent souffle fort, plus ses coupelles tournent vite.

Héliographe
L'héliographe est une sphère de verre qui capte les rayons du soleil et concentre leur chaleur sur du papier, comme le fait une loupe. Résultat : une brûlure sur le papier dont la longueur indique la durée de l'ensoleillement.

Nivomètre
Le nivomètre sert à recueillir la neige. Grâce au nivomètre, les météorologues peuvent déterminer la quantité de neige tombée en un endroit.

Pluviomètre
Le pluviomètre est un récipient marqué de petites graduations. Il sert à mesurer la quantité de pluie tombée en un endroit.

Hygrographe

L'hygrographe mesure et enregistre l'humidité de l'air, c'est-à-dire la quantité de vapeur d'eau contenue dans l'air. Certains hygrographes utilisent des cheveux humains pour déceler les variations d'humidité. Les cheveux s'allongent par temps humide et raccourcissent par temps sec.

Claires-voies

Station météo automatique

Certains endroits de la terre sont difficilement accessibles aux météorologues. Sur les océans, les informations météorologiques sont recueillies par des navires et par des stations météo arrimées à des bouées. Dans les déserts, les montagnes et les régions polaires, de petites stations météo fonctionnent sans la présence d'humains. Les données qu'elles recueillent sont transmises par satellite vers les grandes stations météorologiques.

Baromètre

Le baromètre mesure la pression de l'air. Les variations de la pression atmosphérique indiquent des changements de temps. Si la pression descend rapidement, c'est un signe de mauvais temps. Une élévation de pression annonce plutôt du beau temps.

Voir activité p. 316

Abri Stevenson

L'abri Stevenson est une boîte peinte en blanc installée à un peu plus de 1 m au-dessus du sol. Pour éviter que les mesures ne soient faussées, cet abri est muni de claires-voies, des fentes qui font penser aux portes persiennes. Elles permettent à l'air de circuler tout en empêchant le soleil d'atteindre directement les appareils. On y retrouve des instruments pour mesurer la température, l'humidité et la pression de l'air.

Vieux comme le monde...

Les anémomètres et les pluviomètres sont les plus anciens instruments de mesure météorologique inventés par l'homme. Ils sont utilisés depuis plus de 2 000 ans !

Thermomètre

Le thermomètre permet de mesurer la température de l'air grâce à un liquide — généralement du mercure ou de l'alcool — contenu dans un tube de verre. Si l'air se réchauffe, le liquide prend plus d'espace et monte dans le tube. Au contraire, si l'air se refroidit, le liquide se contracte et descend.

La technologie au service de la météo

La technologie moderne a complètement révolutionné la météorologie des 50 dernières années. Au sol, de puissants radars scrutent le ciel à la recherche d'indices météo. Dans le ciel, voyageant à plus de 30 kilomètres au-dessus de nos têtes, les ballons-sondes récoltent des données sur les différentes couches d'air et de nuages. Bien au-delà de notre atmosphère, des satellites flottent dans l'espace, d'où ils observent notre planète. Ces nouvelles observations sont devenues essentielles pour les météorologues d'aujourd'hui. Elles leur permettent de suivre l'évolution quotidienne de la météo, de prévoir le déplacement des grandes tempêtes et d'étudier l'évolution du climat de la Terre au long des années.

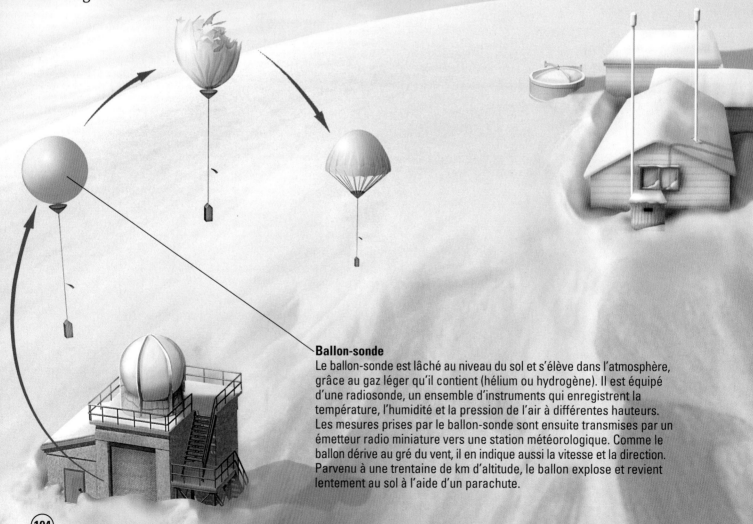

Ballon-sonde

Le ballon-sonde est lâché au niveau du sol et s'élève dans l'atmosphère, grâce au gaz léger qu'il contient (hélium ou hydrogène). Il est équipé d'une radiosonde, un ensemble d'instruments qui enregistrent la température, l'humidité et la pression de l'air à différentes hauteurs. Les mesures prises par le ballon-sonde sont ensuite transmises par un émetteur radio miniature vers une station météorologique. Comme le ballon dérive au gré du vent, il en indique aussi la vitesse et la direction. Parvenu à une trentaine de km d'altitude, le ballon explose et revient lentement au sol à l'aide d'un parachute.

Mât météorologique
Le mât météorologique se compose d'instruments météorologiques placés à différentes hauteurs.

Satellite géostationnaire

Satellite à orbite polaire

Les satellites

Les satellites météo captent des données qui sont ensuite transformées en images par des ordinateurs. Les journaux et la télévision présentent souvent des images satellites sur lesquelles on voit des masses nuageuses. En comparant des images satellites prises à différents moments, les météorologues suivent le déplacement des nuages, évaluent la vitesse des vents et prévoient les précipitations. Il existe deux types de satellites : géostationnaire et à orbite polaire. Les satellites géostationnaires ceinturent l'équateur et observent toujours la même portion de la planète. Ils peuvent recueillir instantanément des informations atmosphériques de tous les coins du globe, à l'exception des pôles. Les satellites à orbite polaire font le tour de la Terre en passant par le pôle Nord et le pôle Sud. Comme ils orbitent à basse altitude, ils peuvent scruter le sol, l'océan et l'atmosphère avec une grande précision.

Radars

Placés au sol, les radars permettent de prévoir le type et la quantité de précipitations attendues. Ils émettent des ondes radio qui sont réfléchies différemment selon qu'elles rencontrent des gouttes de pluie, des flocons de neige ou des grêlons. Grâce aux radars, on détermine aussi la vitesse et la direction du vent, des données fort utiles pour suivre les orages et les tornades.

L'atmosphère sous haute surveillance

Autour de la planète, plus de 1 000 ballons-sondes sont lâchés dans l'atmosphère deux fois par jour. D'autre part, les satellites effectuent quotidiennement quelque 150 000 observations…

Portrait d'océans

Chaque océan, chaque mer de notre planète possède un visage et un caractère uniques. Si l'océan Pacifique semble perpétuellement agité, l'océan Atlantique, de son côté, est occupé par un important trafic maritime. L'océan Indien se fait chauffer sous le soleil des Tropiques, tandis que les océans polaires restent de glace... Certaines mers et certains océans s'étendent à perte de vue, alors que d'autres se laissent embrasser étroitement par les terres...

Une Terre d'eau

L'océan est essentiel à notre survie. Dans ses eaux flotte une quantité astronomique de plantes minuscules qui produisent de l'oxygène, ce gaz précieux que respirent tous les êtres vivants. Mais il y a plus… L'océan règle le climat de notre planète. Ses grands courants chauds et froids réchauffent ou rafraîchissent des régions entières. Chaque jour, une énorme quantité d'eau s'évapore de sa surface et retombe en précipitations de pluie ou de neige sur différentes parties du globe. De plus, tel un gigantesque réservoir de chaleur, l'océan emmagasine le trop-plein de rayons solaires. Sans lui, les tropiques seraient brûlants ! Caché dans les profondeurs de l'océan, un univers fascinant échappe à nos yeux… Des montagnes se dressent ici et là, des failles creusent de profondes vallées, des volcans explosent et une variété impressionnante d'animaux de toutes sortes s'agitent. S'élevant du fond marin jusqu'à la surface, des îles et des continents découpent le gigantesque océan planétaire, créant ainsi cinq océans distincts et des dizaines de mers.

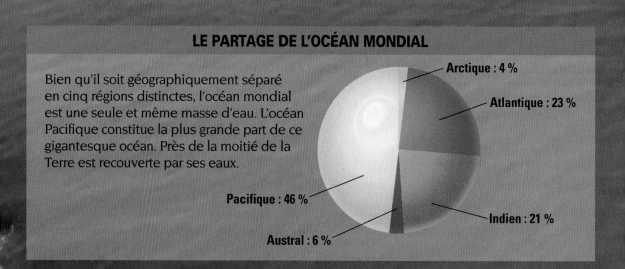

LE PARTAGE DE L'OCÉAN MONDIAL

Bien qu'il soit géographiquement séparé en cinq régions distinctes, l'océan mondial est une seule et même masse d'eau. L'océan Pacifique constitue la plus grande part de ce gigantesque océan. Près de la moitié de la Terre est recouverte par ses eaux.

Arctique : 4 %

Atlantique : 23 %

Pacifique : 46 %

Indien : 21 %

Austral : 6 %

Des montagnes qui n'en finissent plus

Le record de la plus longue chaîne de montagnes du monde appartient à la dorsale médio-océanique. Cette chaîne de montagnes sous-marine traverse presque tous les océans du globe. S'étendant sur 64 372 km, elle est quatre fois plus longue que les Andes, les Rocheuses et l'Himalaya réunis !

Mer ou océan ?
Une mer est une parcelle d'océan, partiellement ou complètement entourée de terres. Certaines mers sont reliées à l'océan par de courts passages nommés détroits.

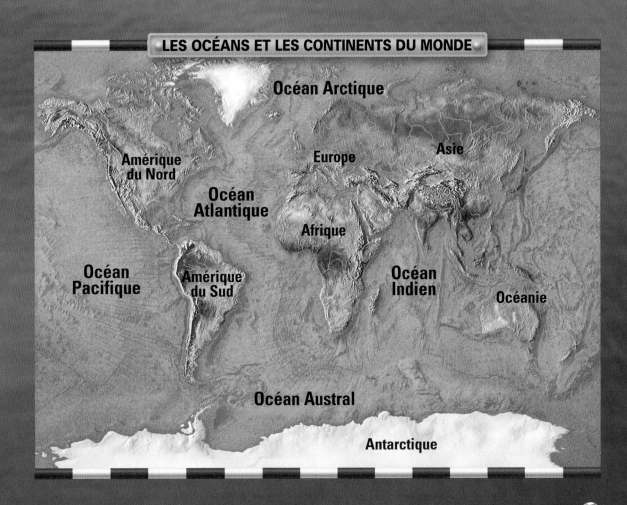

LES OCÉANS ET LES CONTINENTS DU MONDE

Océan Arctique

Europe

Asie

Amérique du Nord

Océan Atlantique

Afrique

Océan Pacifique

Amérique du Sud

Océan Indien

Océanie

Océan Austral

Antarctique

Un océan mal nommé

Lorsque le navigateur portugais Magellan traversa le vaste océan situé entre l'Asie, l'Amérique et l'Océanie en 1520, il le trouva si calme qu'il le baptisa « Pacifique », ce qui signifie paisible, ou tranquille. Pourtant, avec ses 300 volcans actifs, ses redoutables tempêtes tropicales, ses puissants tremblements de terre et les plus hautes vagues du monde, le Pacifique est, sans contredit, le plus violent de tous les océans ! À environ 4 000 mètres (en moyenne) au-dessous du niveau de la mer, son plancher océanique présente une surface accidentée, sillonnée de fosses extrêmement profondes et de longues chaînes montagneuses. Les plus hautes d'entre elles pointent leur sommet à la surface et forment une multitude d'îles et d'îlots. L'océan Pacifique est de loin le plus grand des océans. Il contient la moitié de toute l'eau de la planète et couvre près d'un tiers de sa surface. La diversité des courants et des climats du Pacifique favorise la présence d'une faune marine d'une richesse époustouflante, de l'immense baleine bleue des eaux froides du Pacifique Nord jusqu'aux coraux colorés des eaux tropicales australiennes.

Une colonisation audacieuse

Malgré leur isolement, les îles du Pacifique ont été rapidement colonisées par diverses formes de vie. Les graines des plantes sont arrivées de loin, sous les pattes des oiseaux, emportées par le vent ou poussées par les courants marins. Certains reptiles ont dérivé en mer sur des débris flottants. Les insectes ont été transportés sur de longues distances par les tempêtes tropicales. Les premiers humains ont émigré, croit-on, d'Asie du Sud-Est en voyageant sur d'ingénieux voiliers de bois. Ces audacieux navigateurs observaient la forme des vagues ou le vol des oiseaux pour se guider d'une île à l'autre.

Iguane marin, îles Galápagos

Asie

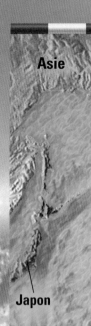

Japon

Le volcan Kilauea à Hawaii
Les îles d'Hawaii forment le 50ᵉ État américain. Constitué de 132 îles, ce paradis du surf et de la plongée sous-marine est un véritable bijou pour les volcanologues. Dans la partie sud de l'archipel, le volcan Kilauea peut être observé sans danger, même s'il est parmi les plus actifs du monde. La lave s'écoule sans arrêt du Kilauea depuis 1983 !

Amérique du Nord

La plus haute montagne du monde
Le plus gros volcan de la terre est le Mauna Kea, situé sur la plus grande île d'Hawaii. Son sommet atteint 4 205 m d'altitude. Mais si l'on y ajoute ses 5 000 m cachés sous l'eau, ce géant mesure au total près de 9 200 m. Il l'emporte donc sur l'Everest par 355 m !

Hawaii

Les tortues géantes des îles Galápagos
Composées de 13 îles et de 17 îlots, les îles Galápagos abritent une faune et une flore uniques au monde. Les iguanes marins, seuls lézards aquatiques connus, habitent ses côtes, de même que les célèbres tortues géantes. Certaines tortues sont âgées de plus de 150 ans !

Papouasie Nouvelle-Guinée

Îles Salomon

Océan Pacifique

Îles Galápagos

Amérique du Sud

Vanuatu

Fidji

Nouvelle-Calédonie

Île de Pâques

Australie

Océanie

Nouvelle-Zélande

Les *moai* de l'île de Pâques
Lorsqu'il découvrit l'île le jour de Pâques 1722, le navigateur hollandais Roggeveen y trouva de grandes et mystérieuses statues, sculptées dans la roche volcanique. Nous savons peu de choses de la civilisation qui a érigé ces statues sur l'île de Pâques. Les archéologues cherchent toujours la signification de ces 887 géants de pierre, ou *moai*, dont le plus grand s'élève jusqu'à 21 m de haut (l'équivalent d'un immeuble de sept étages).

Des eaux très fréquentées

L'Atlantique tire son nom de l'Atlantide, une île légendaire qui aurait disparu tragiquement sous ses eaux il y a des siècles, entraînant avec elle une civilisation fabuleuse. Deux fois plus petit que le Pacifique, l'Atlantique est tout de même le deuxième océan en superficie. Il forme un gigantesque « S » entre l'Europe, l'Afrique et l'Amérique. L'océan est pratiquement dépourvu d'îles, mais sous sa surface monotone, la vie abonde ! Des morues, des harengs, des sardines, des merlus et plusieurs autres poissons s'y déplacent en gigantesques bancs. On peut y pêcher des millions de tonnes de poissons chaque année, ce qui en fait l'une des zones de pêche les plus riches du monde ! L'Atlantique accueille un trafic maritime intense. Des bateaux de pêche, mais aussi des pétroliers, des cargos et des paquebots le sillonnent constamment.

Entre l'Ancien et le Nouveau Monde
Pendant des siècles, les Européens ignoraient l'existence d'un continent situé de l'autre côté de l'Atlantique. Vers l'an 1000, les Vikings sont parmi les premiers à atteindre l'Amérique en utilisant leurs immenses drakkars, des navires à rames et à voiles carrées. Christophe Colomb découvre à son tour le continent en 1492, inaugurant une ère d'exploration et de commerce transatlantique. Au fil des siècles, des millions d'Européens à bord de gigantesques paquebots partent vers le Nouveau Monde dans l'espoir d'une vie meilleure. De nos jours, les nombreux cargos remplis de marchandises tendent à remplacer les grands paquebots transportant des passagers.

Groenland

Islande

Islande
Les volcans peuvent être une source de terreur, mais les habitants de l'Islande ont appris à tirer profit des centaines de volcans actifs sur leur île nordique. Ainsi, ils utilisent l'immense réservoir de chaleur situé sous leurs pieds pour le chauffage de leurs maisons.

Europe

Amérique du Nord

Océan Atlantique

Mer des Sargasses

Golfe du Mexique

Antilles

Afrique

Île de la Tortue

Mer des Antilles

Cap-Vert

Les pirates de l'île de la Tortue
Entre 1630 et 1660, l'île de la Tortue fut un véritable repaire de pirates. Son emplacement, à 10 km au nord d'Haïti au centre de la mer des Antilles, était idéal pour se lancer à l'attaque des navires espagnols revenant du Nouveau Monde, la cale remplie d'or.

Sainte-Hélène

Un long voyage

Les anguilles américaines et européennes naissent dans les eaux chaudes de la mer des Sargasses, au milieu de l'Atlantique. Quand elles sont encore toutes petites, elles dérivent vers le nord avec les courants. Au bout de deux longues années, elles atteignent les fleuves d'Amérique du Nord ou d'Europe, à des milliers de kilomètres de leur lieu de naissance.

À la fin de leur vie, les anguilles recommencent leur migration spectaculaire et retournent dans la mer des Sargasses pour s'accoupler, pondre leurs œufs et mourir.

Amérique du Sud

Tristan de Cunha

Tristan de Cunha
Tristan de Cunha est l'un des endroits les plus isolés du reste du monde. Les plus proches voisins de ses quelque 300 résidents vivent à 2 334 km de là, sur l'île Sainte-Hélène. En 1961, une éruption volcanique força tous les habitants de l'île à fuir et aller vivre ailleurs. Malgré tout, deux ans plus tard, ils choisissaient presque tous de retourner chez eux.

Confort tropical

Situé entre l'Afrique et l'Océanie, l'océan Indien tire son nom de l'Inde, pays qu'il embrasse de part et d'autre. Troisième océan en superficie, il profite d'un climat tropical confortable qui réchauffe ses eaux, les plus chaudes du monde. Il est aussi bercé par la mousson, un vent qui change de direction selon que la saison est sèche ou humide. Phénomène particulier à l'océan Indien, la mousson provoque ainsi deux fois par année une inversion des courants marins. Cet océan exotique baigne des paysages paradisiaques : îles vierges aux plages de sable blanc, lagons turquoise entourés de coraux multicolores et forêts de palétuviers dont les hautes racines poussent sous l'eau. L'océan Indien abrite une faune unique aux couleurs vives. Des créatures éclatantes telles que les poissons-clowns, les poissons-papillons et les poissons-perroquets se faufilent parmi des coraux tout aussi spectaculaires.

Attention, c'est chaud !

Le golfe Persique et la mer Rouge, situés dans l'océan Indien, renferment les eaux les plus chaudes du globe. En été, dans le golfe Persique, la température en surface peut atteindre 38 °C, l'équivalent d'un bain à remous. Dans la mer Rouge, l'activité volcanique au fond de l'eau fait grimper la température, qui peut frôler les 56 °C à 2 000 m de profondeur. À cette température, l'eau peut causer des brûlures du troisième degré aux humains en quelques secondes seulement !

Le vent dans les voiles
Les boutres sont d'élégants bateaux à voile qui voguent depuis des milliers d'années sur l'océan Indien. Les Africains, les Arabes et les Indiens ont longtemps utilisé ces voiliers pour commercer entre eux, tirant même profit des virevoltes de la mousson. Lorsque les vents et les courants se dirigeaient vers l'ouest, les marchands indiens mettaient le cap sur le Moyen-Orient et l'Afrique, leurs boutres chargés de bois, de riz et d'épices. La saison suivante, lorsque les vents et les courants faisaient volte-face, les Africains naviguaient à leur tour vers le Moyen-Orient et l'Inde en transportant or, ivoire d'éléphant et esclaves. Aujourd'hui, quelques boutres traditionnels parcourent toujours l'océan Indien.

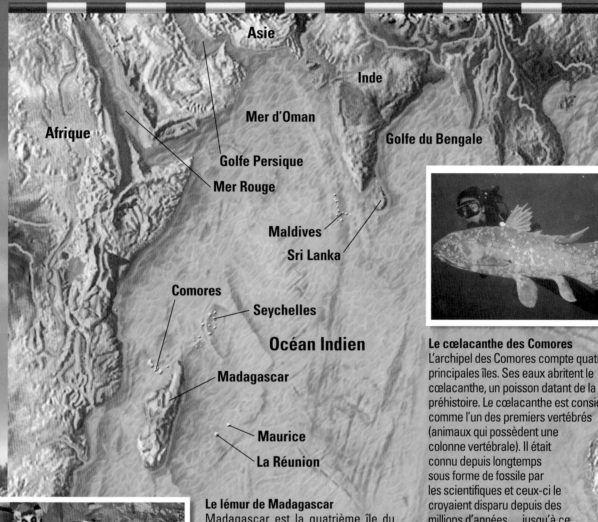

Asie

Inde

Afrique

Mer d'Oman

Golfe du Bengale

Golfe Persique

Mer Rouge

Maldives

Sri Lanka

Comores

Seychelles

Océan Indien

Madagascar

Maurice

La Réunion

Océanie

Le cœlacanthe des Comores
L'archipel des Comores compte quatre principales îles. Ses eaux abritent le cœlacanthe, un poisson datant de la préhistoire. Le cœlacanthe est considéré comme l'un des premiers vertébrés (animaux qui possèdent une colonne vertébrale). Il était connu depuis longtemps sous forme de fossile par les scientifiques et ceux-ci le croyaient disparu depuis des millions d'années… jusqu'à ce qu'on en retrouve un vivant en 1938 !

Le lémur de Madagascar
Madagascar est la quatrième île du monde en superficie, si l'on exclut l'Australie. Elle abrite des plantes et des animaux uniques au monde. Sur cette île gigantesque, quatre espèces sur cinq sont endémiques, ce qui signifie qu'on ne les trouve nulle part ailleurs. Parmi ces animaux rares se trouve un groupe de primates appelés lémuriens.

Le piton de la Fournaise sur La Réunion
Le piton de la Fournaise, un volcan situé sur l'île de La Réunion, est l'un des plus grands et des plus actifs du monde. Depuis un siècle, il s'est réveillé plus d'une centaine de fois ! Ses laves abondantes, qui descendent souvent jusqu'à l'océan, se solidifient et agrandissent l'île à chaque nouvelle éruption.

Les océans glacés

Deux océans exceptionnels s'étendent dans les zones les plus froides du globe : l'Arctique au pôle Nord et l'océan Austral au pôle Sud. Avec des températures glaciales rarement au-dessus de 0 °C, des vents violents qui peuvent engendrer des vagues gigantesques et de dangereux icebergs, ces océans sont le cauchemar des marins. Chaque hiver, en raison de l'inclinaison de notre planète, le pôle opposé au Soleil est plongé dans l'obscurité 24 heures sur 24. Le froid s'intensifie et des couches de glaces flottantes se forment puis se soudent pour créer une banquise qui recouvre peu à peu l'océan polaire. Malgré ces conditions extrêmes, les deux océans glaciaux regorgent de vie et il arrive que des humains, qui n'ont pas froid aux yeux, s'y aventurent…

L'océan Arctique
Situé à l'extrémité nord de notre planète, l'océan Arctique est le plus petit et le moins profond des océans. Il est encerclé par l'Amérique du Nord, l'Europe et l'Asie et recouvert d'une banquise flottante qui ne fond jamais complètement. Au printemps, cette banquise, épaisse de 2 à 3 m, s'amincit et se fissure. D'immenses plaques de glace s'éloignent alors les unes des autres, créant des rivières et même des lacs.

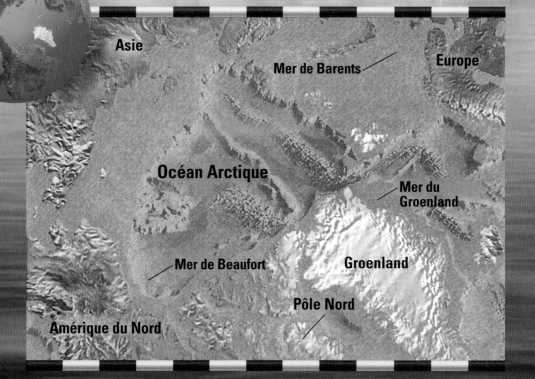

Asie

Mer de Barents — Europe

Océan Arctique

Mer du Groenland

Mer de Beaufort

Groenland

Pôle Nord

Amérique du Nord

L'océan Austral

Situé à l'extrémité sud de la Terre, l'océan Austral entoure l'Antarctique. Ses courants tournent autour du continent comme une gigantesque hélice, propulsant d'énormes quantités d'eau froide dans les autres océans. Ces courants déchaînés refroidissent les eaux tropicales et jouent un grand rôle dans l'équilibre climatique de la Terre. L'océan Antarctique est aussi célèbre pour ses vents redoutables, dont la vitesse atteint parfois plus de 300 km/h.

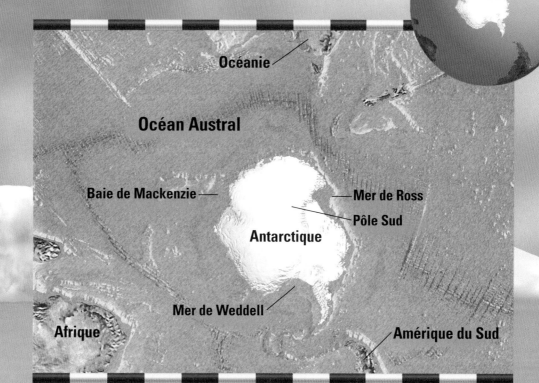

Océanie

Océan Austral

Baie de Mackenzie — — Mer de Ross

— Pôle Sud

Antarctique

Mer de Weddell

Afrique

Amérique du Sud

Les icebergs

Les icebergs sont de gigantesques blocs de glace qui se détachent des glaciers et tombent à l'eau. Chaque année, des dizaines de milliers d'icebergs partent ainsi à la dérive. Seule une minuscule portion de l'iceberg pointe hors de l'eau ; la partie cachée sous l'océan est sept fois plus grosse ! Certains de ces châteaux de glace peuvent voguer pendant 10 ans avant de disparaître sous l'action du soleil, du vent et des vagues.

Géants de glace

Le record du plus gros iceberg appartient à un géant de glace qui mesurait 295 km de long sur 37 km de large, soit l'équivalent de la superficie d'une île comme la Jamaïque ! Les scientifiques cherchent des moyens de récupérer l'eau stockée dans les immenses icebergs de l'Antarctique. Chaque année, l'océan Austral produit assez d'icebergs pour fournir en eau potable la moitié de l'humanité !

Les grands explorateurs de l'Arctique

Il y a des milliers d'années, les Inuits ont commencé à explorer l'Arctique à bord de leurs kayaks. À la fin du 15e siècle, des navigateurs européens ont cherché un passage à travers l'Arctique pour relier rapidement l'Atlantique et le Pacifique, mais leurs navires restaient emprisonnés dans la banquise. Ce n'est qu'en 1905 que le Norvégien Roald Amundsen a réussi l'exploit. En 1958, le *Nautilus* a été le premier sous-marin à traverser l'Arctique sous la glace.

Petits lopins d'océan

Les mers sont des parcelles d'océan entourées en partie ou complètement par des continents. Il existe trois types de mer. Les mers bordières, comme la mer du Nord, s'ouvrent largement sur l'océan. Les mers intérieures, telles que la Méditerranée, communiquent avec l'océan par un étroit passage. Les mers fermées, comme la mer Caspienne, n'ont aucun contact avec l'océan puisqu'elles sont situées à l'intérieur d'un continent. Ce sont de gigantesques lacs d'eau salée. Il existe 54 mers sur la planète et certaines d'entre elles ont des particularités uniques.

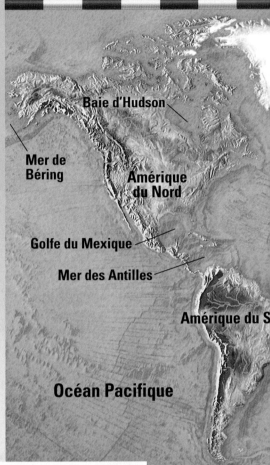

Baie d'Hudson

Mer de Béring

Amérique du Nord

Golfe du Mexique

Mer des Antilles

Amérique du S

Océan Pacifique

Un véritable déluge

La mer Noire était autrefois un petit lac d'eau douce. Il y a environ 7 500 ans, le niveau d'eau de la mer Méditerranée augmenta, perçant une brèche jusqu'au petit lac où elle déversa de gigantesques masses d'eau avec une force supérieure à celle des chutes Niagara. En un an, les riverains ont vu leur lac devenir une mer et leurs villages inondés sous près de 150 m d'eau, soit l'équivalent aujourd'hui d'un gratte-ciel de 50 étages !

Mer des Antilles

La mer des Antilles est le paradis des chercheurs de trésors ! De nombreux navires qui ont quitté les Amériques chargés d'or et de pierres précieuses ont coulé dans ses eaux. Le *Maravilla*, un navire espagnol qui a fait naufrage en 1655, a été découvert en 1987 par des plongeurs amateurs. Dans sa coque se cachait un trésor estimé à six milliards de dollars !

Océan Arctique

Mer du Nord Mer Baltique

Europe

Mer Noire

Mer d'Aral

Asie Mer d'Okhotsk

Mer Caspienne

Mer Morte

Mer du Japon

Mer Jaune

Mer Méditerranée

Mer de Chine méridionale

Afrique

Mer d'Oman

Mer Rouge

Golfe du Bengale

Océanie

Océan Indien

Océan Atlantique

Océan Austral

Mer d'Aral

Les fleuves d'eau douce qui se jetaient autrefois dans la mer d'Aral ont été détournés pour arroser des terres agricoles. Depuis la fin des années 50, cette mer a ainsi été vidée de 75 % de son eau et a tellement rétréci que des villes autrefois situées près de ses côtes s'en trouvent maintenant à plusieurs kilomètres. Le manque d'eau douce a provoqué une augmentation de la concentration de sel dans la mer, au point que la vie aquatique, autrefois abondante, s'éteint à une vitesse affolante.

Mer de Chine méridionale

Des milliers d'îles de pierre calcaire surgissent de la mer de Chine méridionale, telles de véritables tours. Certaines sont si escarpées que même la végétation ne réussit pas à s'y agripper. Ce paysage spectaculaire est le résultat d'un long processus d'érosion par l'eau.

Mer Méditerranée

Entourée par l'Europe, l'Afrique et le Moyen-Orient, la mer Méditerranée a été le lieu de rencontre des grandes civilisations du monde. Des villes historiques égyptiennes, grecques et romaines abondent sur ses rives… et sous l'eau ! En effet, avec le temps, plus de 1 000 cités antiques ont été englouties par la Méditerranée.

Mer Morte

La mer Morte est la plus salée de toutes les mers. L'énorme quantité de sel dans l'eau empêche toute forme de vie aquatique, d'où le nom donné à cette mer. L'eau dense de la mer Morte, épaissie par le sel, permet aux baigneurs de flotter sans aucun effort !

Visages côtiers

Plages de sable ou de galets, falaises majestueuses, petites lagunes aux eaux calmes… La terre et la mer se rencontrent dans un décor partout différent. Le littoral est une zone où la terre et la mer ont une profonde influence l'une sur l'autre, où elles développent des habitats souvent très riches pour les plantes et les animaux. Le littoral est toujours en mouvement : parfois, la mer engloutit des portions de terre, mais parfois aussi, c'est la terre qui s'étend et avance dans la mer.

Le peuplement de l'Amérique
Plusieurs historiens croient que les ancêtres des Amérindiens sont venus d'Asie… à pied ! Il y a 13 000 ans, le niveau des océans était plus bas qu'aujourd'hui. Le détroit de Béring, qui sépare la Sibérie et l'Alaska par un peu plus de 80 km, était à sec. Des animaux comme les caribous auraient traversé vers l'est cette étroite bande de terre, suivis des humains qui les chassaient. Quelques milliers d'années plus tard, le niveau d'eau des océans remonta et inonda le détroit, isolant l'Amérique et ses nouveaux habitants.

La Louisiane s'agrandit !

Mesurant 400 km de largeur et s'étendant sur 200 km du nord au sud, le delta du Mississippi en Louisiane est immense… et ne cesse de s'agrandir. En effet, les masses énormes de boue et de vase transportées par ce puissant fleuve se déposent et s'accumulent à son embouchure, dans le golfe du Mexique. La Louisiane gagne ainsi du terrain sur la mer, s'agrandissant jusqu'à 20 m par année à certains endroits !

TYPES DE CÔTES

Delta

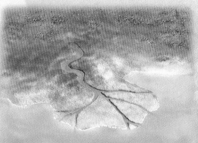

Un delta est une vaste plaine en forme de triangle qui se développe à l'endroit où un fleuve débouche sur l'océan. Le fleuve Mississippi, en Amérique du Nord, et le Nil, en Afrique, forment des deltas.

Estuaire

Un estuaire est l'endroit où un fleuve s'élargit et se jette dans l'eau salée. Le fleuve Saint-Laurent, en Amérique du Nord, forme un estuaire avant de rejoindre l'océan Atlantique.

Lagune

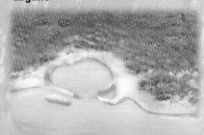

Une lagune est une petite étendue d'eau salée presque complètement séparée de la mer par un mince bras de sable ou un récif de corail. Parmi les lagunes les plus célèbres du monde se trouve celle de Venise, en Italie.

Ria

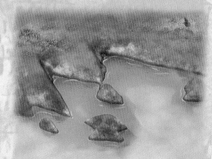

Une ria, telle que la ria Formosa au Portugal, est une baie peu profonde qui s'étend à l'intérieur d'un continent. Elle est créée lorsqu'une vallée est inondée par la montée du niveau de l'eau.

Fjord

Un fjord est une profonde et étroite vallée en forme de « U » envahie par l'eau. Il est formé par le mouvement des glaciers. Les fjords sont particuliers aux pays nordiques tels que la Norvège.

Falaise

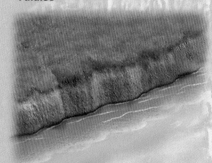

Une falaise est un haut mur de pierre qui plonge dans la mer. Certaines falaises d'Hawaii ont une hauteur de plus de 900 m !

Au fond de l'océan

L'océan cache sous son immense étendue d'eau des reliefs spectaculaires ! Des montagnes gigantesques, des vallées profondes et de vastes plaines tapissent le fond de l'océan. Très lentement, le plancher sous-marin bouge. Il donne ainsi naissance à une multitude de volcans et d'îles et ramène à la surface des empreintes du passé...

Paysages sous-marins

Les océans, qui s'étendent à perte de vue, cachent des paysages sous-marins stupéfiants ! Tout comme les continents, les fonds océaniques sont parcourus de plaines et de vallées, de montagnes et de canyons. Leurs dimensions sont phénoménales ! Les montagnes sous-marines forment des chaînes qui parcourent des milliers de kilomètres, les fosses profondes pourraient engloutir les plus hauts sommets de la Terre et les vastes plaines semblent s'étendre à l'infini… L'océan cache aussi des milliers de volcans, plus nombreux encore que ceux des continents. Lorsqu'ils sont complètement submergés, on les appelle monts sous-marins. Lorsque leur sommet est si haut qu'il perce la surface de l'eau, ils forment des îles.

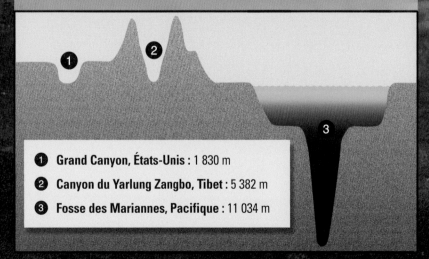

LA FOSSE DES MARIANNES

La fosse des Mariannes, située au fond de l'océan Pacifique, est le point le plus profond du globe. Cette fosse s'enfonce jusqu'à 11 034 m sous la surface de l'eau. Elle est au moins deux fois plus profonde que n'importe quel canyon situé sur la terre ferme.

1 Grand Canyon, États-Unis : 1 830 m

2 Canyon du Yarlung Zangbo, Tibet : 5 382 m

3 Fosse des Mariannes, Pacifique : 11 034 m

LE FOND MARIN

Talus continental
Le talus continental forme une pente abrupte à la fin du plateau continental.

Plateau continental
Le plateau continental représente la partie du continent qui se prolonge en pente douce sous la mer.

Plaine abyssale
La plaine abyssale est une vaste étendue plate et lisse qui commence au pied du talus continental.

Mont sous-marin
Un mont sous-marin est une montagne entièrement submergée.

Canyon sous-marin
Un canyon sous-marin est une vallée étroite et profonde se formant à l'endroit où un fleuve se déverse dans l'océan.

Guyot
Un guyot est un mont sous-marin au sommet plat.

Dorsale océanique
La dorsale océanique est une chaîne de montagnes sous-marines située de part et d'autre d'une longue et profonde fissure dans le plancher océanique.

Fosse océanique
Une fosse océanique est une profonde vallée en forme de « V » qui découpe la plaine abyssale.

Arc insulaire
Un arc insulaire est une rangée d'îles volcaniques.

Au plus profond des abysses !

La fosse des Mariannes est si profonde qu'une boule de fer d'environ 1 kg jetée d'un bateau tomberait pendant près d'une heure avant d'atteindre le fond.

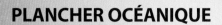
Une Terre en mouvement

Tel un gigantesque puzzle, la croûte de notre planète est découpée en une douzaine de morceaux appelés plaques lithosphériques. Les plaques flottent sur le magma, épaisse couche de roches molles et brûlantes qu'on trouve au centre de la Terre. Entraînées par les mouvements du magma, les plaques lithosphériques bougent, se rencontrent et se frottent. La collision entre les plaques provoque des tremblements de terre parfois gigantesques. Dans l'océan, ces séismes engendrent des tsunamis, des vagues meurtrières hautes de plusieurs dizaines de mètres ! Sur une très longue période de temps, le mouvement des plaques est assez puissant pour façonner le visage des continents, comme celui des fonds océaniques, créant les gigantesques fosses et les majestueuses chaînes de montagnes sous-marines.

Méga-tsunami

En 1958, dans la baie de Lituya, en Alaska, un séisme provoqua le plus gros tsunami enregistré dans l'histoire humaine. Une vague de 524 m, plus haute que les plus hauts gratte-ciel, engloutit la côte en détruisant des millions d'arbres. Contre toute attente, quelques pêcheurs ancrés dans la baie survécurent à l'assaut !

MONTAGNES VOLCANIQUES

Le déplacement des plaques provoque, à certains endroits, la remontée du magma provenant des profondeurs de la Terre. Le magma refroidit et durcit au contact de l'eau ou de l'air. Il forme en s'accumulant divers types de montagnes volcaniques.

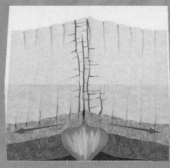

Chaîne volcanique
Lorsque deux plaques entrent en collision en bordure d'un continent, la pression devient si forte que le magma s'échappe et fait naître avec le temps une chaîne de montagnes volcaniques.

Dorsale océanique
Lorsque deux plaques s'éloignent l'une de l'autre sous l'océan, une longue fissure apparaît entre elles. Cette ouverture permet une remontée du magma, qui s'accumule de chaque côté de la fissure pour former une dorsale océanique.

Arc insulaire
Lorsque deux plaques se rencontrent sous l'océan, la pression provoque une remontée de magma. Celui-ci s'accumule sous l'eau pour donner naissance à des volcans, qui grandissent jusqu'à atteindre la surface où ils forment des arcs insulaires.

Continents à la dérive
Il y a près de 250 millions d'années, la Terre ne comptait qu'un seul continent, la Pangée, et un seul océan couvrait le reste de la planète. En raison du mouvement des plaques, la Pangée s'est brisée et les continents ont commencé à s'écarter les uns des autres. Cette dérive dure toujours. Ainsi, l'Atlantique s'élargit et l'Europe s'éloigne de l'Amérique de 2,5 cm chaque année.

L'océan : berceau des îles

Des milliers d'îles parsèment les océans du globe. Alors que certaines sont en train de naître, d'autres disparaissent tranquillement sous la surface. Plusieurs phénomènes peuvent donner naissance à une île. Des coraux ou des débris peuvent s'accumuler sur le fond marin jusqu'à émerger. La hausse ou la baisse du niveau des eaux peut isoler une portion de terre ou faire émerger les hauts-fonds. Toutefois, la plupart des îles océaniques ne sont rien d'autre que les sommets des montagnes volcaniques, pointant à la surface de l'eau. Avec le temps, le volcan s'éteint et l'île, rongée par la mer, disparaît pour devenir un mont sous-marin.

LES POINTS CHAUDS... DES GÉNÉRATIONS DE VOLCANS

Les volcans peuvent surgir au milieu d'une plaque lithosphérique. Ce sont les volcans de points chauds. Plusieurs îles volcaniques, telles que l'archipel d'Hawaii, sont nées de points chauds.

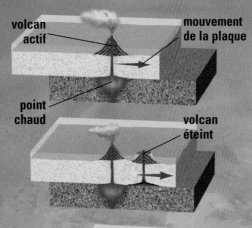

volcan actif

mouvement de la plaque

point chaud

volcan éteint

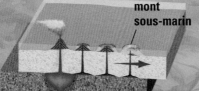

mont sous-marin

1. À l'intérieur de la Terre, une poche de magma, appelée point chaud, perce la plaque lithosphérique. La lave remonte et s'accumule jusqu'à la surface de l'océan où une nouvelle île volcanique surgit.

2. La plaque se déplace mais le point chaud reste fixe. Le magma poursuit sa remontée, créant de nouvelles îles.

3. Les volcans qui ne reçoivent plus de lave seront peu à peu érodés par l'océan et deviendront des monts sous-marins.

La ceinture de feu

Le plus souvent, les volcans émergent le long des plaques tectoniques et forment comme une guirlande ou une chaîne. La chaîne la plus connue est la ceinture de feu. Encerclant l'océan Pacifique, elle regroupe une grande partie des volcans du globe. La ceinture de feu comprend notamment les archipels volcaniques des Aléoutiennes, du Japon et des Philippines.

Du jour au lendemain

En 1963, les Islandais ont vu naître la petite île de Surtsey, à 40 km au sud de leur pays. Ils ont d'abord entendu une explosion, puis une île est soudainement apparue à travers une colonne de fumée. Peu après, les oiseaux et le vent ont transporté des graines sur l'île. Aujourd'hui, 45 types de plantes et 7 espèces d'oiseaux y habitent !

La mémoire de l'océan

À tout moment, l'océan recueille des débris de toutes sortes. Tels des flocons de neige, ces particules descendent doucement de la surface jusqu'au fond de l'eau, où elles forment des sédiments. Avec le temps, les sédiments s'accumulent sur le plancher océanique et peuvent former une couche de boue de 300 à 500 mètres d'épaisseur. Les sédiments peuvent provenir des restes de plantes et d'animaux marins. Ils proviennent aussi de la terre ferme, où le vent, la glace et l'eau brisent les roches en petits morceaux. Ceux-ci sont transportés par les cours d'eau jusqu'à l'océan où ils se déposent. Au bout de millions d'années, les sédiments s'entassent, durcissent et se transforment en roche sédimentaire. Ce type de roche contient des fossiles, les empreintes ou les restes des êtres vivants ensevelis dans les sédiments. En étudiant les fossiles, nous pouvons reconstruire l'histoire de la vie sur Terre.

Fossile à faire frémir...

Il y a plus de 350 millions d'années, les poissons régnaient en maîtres sur notre planète. Le plus gros d'entre eux, appelé *dunkleosteus*, mesurait plus de 5 m de long ! Plusieurs fossiles retrouvés dans le Midwest américain montrent des parties de son énorme crâne avec ses mâchoires tranchantes comme des couteaux. Ce féroce prédateur dévorait tout sur son passage, y compris des requins !

Des fossiles qui valent une fortune
Parfois, une très grande quantité de fossiles se retrouvent enfouis ensemble dans les sédiments, où ils forment une poche compacte. Le poids et la chaleur de la terre écrasent et chauffent cette poche de sédiments. Lentement, elle se transformera en charbon, en pétrole ou en gaz naturel. Ainsi, ces substances qui valent plusieurs milliards de dollars sur les marchés mondiaux sont formées des restes de plantes et d'animaux morts !

LES FOSSILES : VESTIGES DU TEMPS

Les fossiles enfermés dans les roches sédimentaires ont une importance cruciale pour les paléontologues, qui étudient l'histoire de la vie. Tel un véritable voyage dans le temps, leurs découvertes nous font connaître des plantes et des animaux aujourd'hui disparus. Chacune des couches superposées de sédiments cache des fossiles appartenant à une époque précise. Les plus récents sont habituellement sur le dessus, les plus anciens en dessous. L'illustration suivante montre la formation d'un fossile.

1. Un animal meurt et se dépose au fond de l'eau.

2. Son corps se décompose mais les parties dures, comme la coquille ou les os, se conservent et se couvrent de sédiments.

3. Avec le temps, les sédiments durcissent et emprisonnent la coquille qui devient un fossile.

4. Au bout de millions d'années, le déplacement de la croûte terrestre peut ramener le fossile à la surface ou près de la surface.

L'eau dans tous ses états

L'océan est une énorme masse d'eau salée constamment en mouvement, bercée par le vent et soulevée par la marée. Cette eau change de couleur, de température et de salinité au gré du temps et de l'environnement. L'eau des océans possède aussi une force redoutable capable de ronger la roche et de sculpter des paysages !

De la première goutte… à l'océan

Lors de sa création, il y a 4,6 milliards d'années, la Terre ne possédait ni océan ni terre ferme. Elle était entièrement recouverte d'une couche de lave bouillonnante, épaisse de plusieurs centaines de kilomètres. Peu à peu, le climat de notre planète s'est refroidi et la lave a commencé à durcir pour former la croûte terrestre. Au même moment, de multiples volcans se sont mis à cracher des quantités gigantesques de vapeur d'eau dans l'atmosphère. Au contact de l'air froid, la vapeur d'eau emmagasinée dans l'atmosphère s'est transformée en épais nuages gorgés d'eau. Des pluies diluviennes sont tombées jour et nuit, pendant des millénaires. Ce déluge a donné naissance au premier océan il y a 3,8 milliards d'années.

Un bain préhistorique

L'eau voyage, se transforme, mais ne se perd jamais. Depuis sa formation, la Terre possède la même quantité d'eau, qu'elle soit sous forme de vapeur, de liquide ou de glace. Ainsi, notre bain contient de l'eau préhistorique dans laquelle se sont peut-être baignés des dinosaures !

LE VOYAGE DE L'EAU

L'eau des océans voyage constamment. Grâce à la chaleur du Soleil, l'eau à la surface se transforme en vapeur d'eau. Celle-ci s'élève dans l'atmosphère, où elle rencontre de l'air froid et se change en minuscules gouttelettes qui forment les nuages. La plus grande partie de l'eau que contiennent les nuages regagne l'océan sous forme de pluie. Lorsqu'elle tombe sur les continents, l'eau de pluie emprunte les rivières, les cours d'eau souterrains, les lacs et les fleuves pour retrouver l'océan. Puis, le long voyage recommence…

Chaleur du Soleil
Vent
Pluie
Nuage
Vapeur d'eau
Lac
Rivière
Cours d'eau souterrain
Océan

La naissance d'un océan

Les océans naissent lorsque deux plaques lithosphériques s'écartent en plein cœur d'un continent, ce qui crée un fossé gigantesque appelé rift continental. Au bout de plusieurs millions d'années, l'eau d'un océan voisin envahit ce rift profond et donne naissance à un nouvel océan. Celui-ci s'agrandit à mesure que le mouvement d'écartement des plaques se poursuit. L'océan Atlantique est né ainsi il y a 150 millions d'années. Dans 50 millions d'années, la vallée du Grand Rift, en Afrique, s'agrandira et se remplira d'eau. Une nouvelle mer divisera alors en deux le continent africain.

Le visage de l'océan

L'océan éveille tous nos sens. Nous entendons ses vagues, sentons son odeur salée et admirons son immensité bleue. Le toucher du bout des orteils nous fait frissonner, et goûter son eau nous fait grimacer ! L'océan est une soupe gigantesque dans laquelle baigne une soixantaine d'éléments chimiques qui lui donnent son goût salé. Ces principaux ingrédients sont le chlore, le sodium, le soufre, le magnésium, le calcium et le potassium. Ils proviennent en grande partie des sédiments transportés par les fleuves et rejetés dans l'océan. Les mers tropicales sont les plus salées. Dans ces régions, les températures élevées et le manque de pluie augmentent l'évaporation de l'eau, ce qui accroit la concentration de sel dans l'océan. Mais au-delà de la salinité, plusieurs autres traits, tels que la couleur et la température, marquent le visage de l'océan.

La température de l'eau
La température de l'eau dépend de l'intensité des rayons solaires qui la frappent. Elle est glaciale aux pôles (-1 à 4 °C) et chaude aux tropiques (autour de 30 °C). Elle est moins froide en surface que dans les grandes profondeurs, où les rayons du Soleil ne peuvent pénétrer et où les températures se tiennent entre 0 °C et 2 °C. Les changements saisonniers de la température de l'air affectent la température à la surface des océans de quelques degrés.

Des tonnes de sel

Pour que l'eau d'une piscine olympique soit aussi salée que celle de l'océan, il faudrait que trois semi-remorques remplis de sel y déversent leur chargement. En fait, l'océan est si salé que si nous pouvions extraire tout son sel, celui-ci formerait une couche de 45 m de haut (l'équivalent d'un édifice de 15 étages) à la surface de tous les continents !

La couleur de l'eau

Les couleurs qui composent la lumière du Soleil sont absorbées différemment par les particules d'eau. Dans l'océan, le rouge, l'orangé et le jaune ne pénètrent qu'à quelques mètres sous l'eau. Par contre, le bleu pénètre jusqu'à 245 m de profondeur. C'est donc la principale couleur réfléchie par l'océan.

Lorsque l'eau semble verte, c'est qu'elle contient beaucoup de minuscules plantes flottantes appelées phytoplancton. La mer Rouge est appelée ainsi en raison des algues rouges qui apparaissent occasionnellement à sa surface. La mer Noire et la mer Jaune doivent leur nom à la couleur des sédiments qui flottent dans leurs eaux et qui tapissent leur fond.

Le poids de l'eau

L'eau exerce une pression sur notre corps. Cette pression devient de plus en plus forte à mesure que nous descendons vers les profondeurs. Notre tympan, habitué à la pression de l'air ambiant, a du mal à s'adapter à ces différences. C'est la raison pour laquelle nous avons souvent mal aux oreilles en nous enfonçant dans l'eau. Une pression trop forte peut faire éclater le tympan !

Le son dans l'eau

Le son se propage beaucoup mieux dans l'eau qu'à l'air libre. Certains mammifères marins, comme la baleine, savent en tirer profit. Les baleines bleues peuvent communiquer entre elles à des centaines de kilomètres de distance, un record !

Des hauts et des bas

Le vent qui souffle sur l'océan crée une ondulation qui, tel un frisson, parcourt la surface de l'eau. Ce sont les vagues. Plus le vent souffle fort, plus les vagues sont grosses, soulevant et abaissant des masses d'eau considérables. Si elles font le bonheur des surfeurs et des baigneurs, les vagues créent parfois des conditions dangereuses. Un vent soutenu qui souffle à 27 kilomètres à l'heure peut faire naître des vagues de deux mètres de haut qui sont dangereuses pour les bateaux. En haute mer, les marins doivent à certains moments affronter des murs d'eau encore plus hauts. Avec un vent soufflant pendant deux jours à 113 kilomètres à l'heure, les vagues peuvent atteindre 15 mètres de haut, soit l'équivalent d'un immeuble de cinq étages !

LA VIE DES VAGUES

Même si les vagues peuvent voyager sur de grandes distances, ce n'est pas le cas des molécules d'eau qu'elles contiennent. En fait, chaque molécule d'eau ne fait que se soulever et s'abaisser dans un mouvement circulaire créé par le vent. La hauteur des vagues dépend de la force du vent, de la durée pendant laquelle il souffle, mais aussi de la distance qu'il parcourt sans rencontrer d'obstacle. Lorsqu'elles approchent de la côte, les vagues ralentissent et deviennent plus hautes et plus raides. Sur la rive, elles se brisent, projetées vers l'avant. Elles sont alors appelées vagues déferlantes.

Direction du vent

Les vagues les plus hautes

Les rives de l'île d'Oahu, à Hawaii, reçoivent des vagues exceptionnelles qui mesurent souvent plus de 9 m de haut. La plus haute vague a été observée en plein océan Pacifique, en 1933. Elle atteignait 34 m de hauteur !

Crête
La crête correspond au sommet de la vague.

Hauteur
La hauteur de la vague correspond à la distance entre la crête et le creux.

Creux
Le creux est la partie la plus basse de la vague.

Vague déferlante
On nomme déferlantes les vagues qui se brisent en écume sur les côtes.

De grands voyageurs

De grands courants parcourent les océans, empruntant des trajets précis. Les courants qui circulent en surface sont poussés par les vents dominants et peuvent parcourir 50 kilomètres par jour. Lorsqu'ils proviennent des régions tropicales, ces courants sont chauds ; s'ils naissent près des pôles, ils sont froids. Les courants profonds, pour leur part, se forment sous les banquises polaires. À cet endroit, l'eau froide et salée, plus lourde, plonge vers le fond et pousse l'eau froide qui se trouve en dessous vers l'équateur. Les courants sont déviés par les côtes des continents, mais la rotation de la Terre influence aussi leur trajet. Dans l'hémisphère Nord, ils tournent dans le sens des aiguilles d'une montre ; au sud, c'est le contraire. En brassant les eaux de la planète, les courants distribuent l'oxygène, les nutriments et la chaleur dans tous les océans du globe. Ils sont également importants pour plusieurs espèces marines. Les jeunes anguilles, par exemple, utilisent le courant du Gulf Stream comme une autoroute qui les mène des tropiques jusqu'en Amérique du Nord ou en Europe.

Bien au chaud

La température de l'eau du Gulf Stream peut être jusqu'à 10 °C plus élevée que celle des eaux environnantes. Assez chaud pour influencer le climat des pays nordiques, le Gulf Stream aide les palmiers à pousser sur les côtes de l'Irlande et transporte des poissons tropicaux jusqu'à Cape Cod, au Massachusetts !

LE GULF STREAM

Le Gulf Stream est un courant d'eau chaude qui part du golfe du Mexique et longe la côte des États-Unis. Il se dirige ensuite vers le nord-est, traversant l'Atlantique en direction de l'Europe.

Amérique du Nord

Europe

Courant d'eau chaude

Océan
Atlantique

Afrique

Voir carte p. 307

Le courant El Niño

Près du Pérou, les vents alizés poussent normalement l'eau chaude vers l'ouest, loin des côtes. L'eau froide remonte alors du fond de l'océan pour prendre la place libre laissée près du littoral. Ces eaux froides sont très riches en éléments nutritifs et attirent de grands bancs de poissons. Cependant, tous les quatre à sept ans, les vents alizés faiblissent et un courant chaud, qu'on appelle El Niño, se forme près des côtes. El Niño signifie en espagnol « le Christ enfant ». Il est surnommé ainsi car il survient en décembre, autour de Noël. El Niño entraîne la mort de plusieurs espèces marines et nuit gravement à l'industrie de la pêche. En déséquilibrant le climat, il peut aussi avoir des conséquences catastrophiques partout sur la planète. Il provoque des pluies torrentielles en Amérique du Sud et aux États-Unis, des ouragans violents dans le Pacifique et des sécheresses en Australie et en Asie.

LES VENTS DOMINANTS

De grands vents voyagent à la surface de notre planète. Ils soufflent presque toujours avec la même force et dans la même direction. Appelés vents dominants, ils sont le résultat des grands brassages d'air chaud et d'air froid qui s'opèrent à la surface de la Terre. Il existe trois types de vents dominants : les vents d'ouest, les alizés ainsi que les vents polaires.

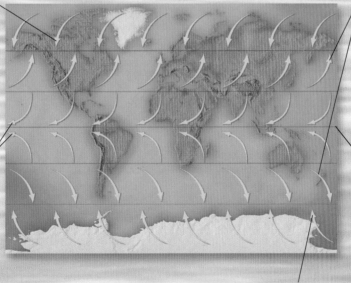

Les vents polaires
Les vents polaires sont froids, puissants et violents. Autour du pôle Sud, ces vents sont si redoutables que les marins ont surnommé la latitude où ils soufflent « Soixantièmes hurlants ».

Les alizés
Les alizés sont des vents forts et réguliers. Ils ont permis aux grands explorateurs de traverser l'océan Atlantique pour découvrir le Nouveau Monde.

Les vents polaires

Les vents d'ouest
Les vents d'ouest sont très forts, particulièrement dans l'hémisphère Sud où ils forment des vagues gigantesques. La navigation est à cet endroit si périlleuse que les marins surnomment ces latitudes « Quarantièmes rugissants » et « Cinquantièmes furieux ».

Calme équatorial
Le calme équatorial représente une zone pratiquement sans vent, située autour de l'équateur. Cette région fut longtemps redoutée des marins. Leurs bateaux à voiles pouvaient y être bloqués pendant plusieurs semaines, en attente d'une brise.

L'influence des astres

Deux fois par jour, la mer recouvre le rivage puis se retire… Ce phénomène régulier, appelé marée, est déclenché par les astres ! En effet, la Lune, le Soleil et la Terre s'attirent mutuellement, comme le font tous les astres de l'Univers. La Lune est la principale responsable des marées puisqu'elle est l'astre le plus proche de la Terre. Tel un gigantesque aimant, elle déforme l'océan en l'attirant vers elle. La forme des côtes et la profondeur de l'eau affectent la hauteur des marées. Dans les mers intérieures peu profondes, les marées sont presque imperceptibles. Dans certaines baies ouvertes sur l'océan, elles peuvent être spectaculaires !

Des marées record !

Dans la baie de Fundy au Canada, le niveau de la mer peut monter de 16 m au moment des marées hautes (l'équivalent d'un immeuble de cinq étages). À cet endroit, l'eau est poussée dans la baie en forme d'entonnoir, ce qui produit une marée record. De l'autre côté de l'Atlantique, au Mont-Saint-Michel en France, la marée couvre un territoire extrêmement vaste. À marée basse, l'eau se retire sur une dizaine de kilomètres !

LA FORMATION DES MARÉES

Lorsqu'une masse d'eau fait face à la Lune, l'eau se soulève en direction de l'astre. C'est alors la marée haute dans cette partie du monde. La rotation de la Terre provoque une marée haute identique de l'autre côté, sur la face opposée du globe. Entre ces deux zones de marée haute, c'est la marée basse. Ainsi, à tout moment, l'océan se soulève dans deux régions du monde et s'abaisse dans deux autres régions. Les marées peuvent être fortes (vive-eau) ou faibles (morte-eau) selon l'alignement de la Terre, de la Lune et du Soleil à l'intérieur d'un mois.

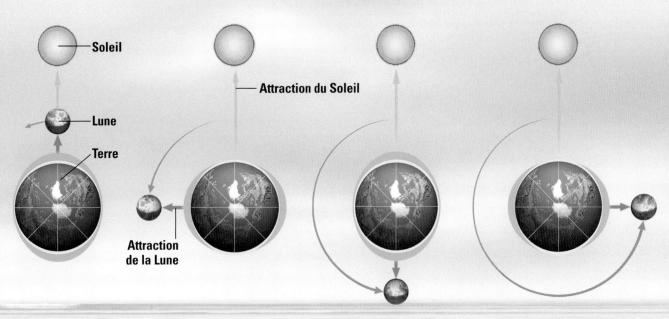

Marée de vive-eau

À la nouvelle Lune, le Soleil et la Lune, alignés avec la Terre, unissent leurs forces d'attraction pour soulever l'océan, ce qui produit une marée maximale.

Marée de morte-eau

Au premier quartier de la Lune, les forces d'attraction de la Lune et du Soleil s'annulent partiellement, ce qui produit une marée faible.

Marée de vive-eau

À la pleine Lune, le Soleil et la Lune sont alignés de nouveau avec la Terre. Puisque la rotation de la Terre crée une marée haute identique sur deux faces opposées, les astres unissent encore une fois leur force, ce qui produit une marée forte.

Marée de morte-eau

Au dernier quartier de la Lune, la force d'attraction des deux astres s'annule encore une fois, ce qui produit une marée faible.

Sculptures côtières

Les vagues, les courants, les marées et la violence des tempêtes arrachent des parcelles de côtes et les déposent plus loin. Ce phénomène naturel est appelé érosion. Sur le littoral sablonneux, l'océan déplace sans cesse le sable, rapetissant une plage ici pour en grossir une autre plus loin. Sur les côtes rocheuses, l'eau érode les portions tendres des falaises pour former des failles, des grottes et de majestueuses sculptures. Qu'ils soient composés de sable ou de roche, les paysages côtiers se transforment continuellement…

DE LA FALAISE À L'ÉCUEIL

Lorsqu'une falaise pointe vers l'océan, elle forme un cap. Celui-ci s'érode, attaqué de tous les côtés par les vagues. Voici comment une falaise peut se transformer en écueil.

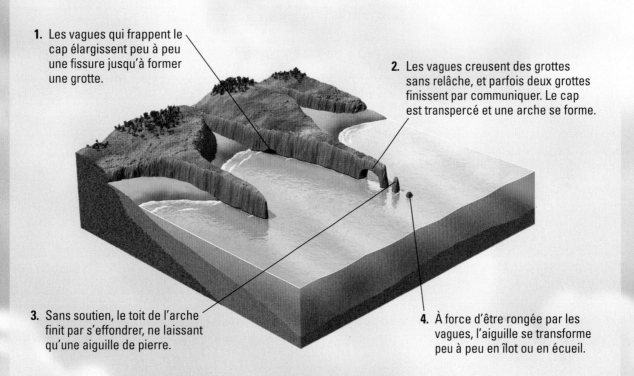

1. Les vagues qui frappent le cap élargissent peu à peu une fissure jusqu'à former une grotte.

2. Les vagues creusent des grottes sans relâche, et parfois deux grottes finissent par communiquer. Le cap est transpercé et une arche se forme.

3. Sans soutien, le toit de l'arche finit par s'effondrer, ne laissant qu'une aiguille de pierre.

4. À force d'être rongée par les vagues, l'aiguille se transforme peu à peu en îlot ou en écueil.

Plage de sable
L'érosion est responsable de la formation des plages. En effet, les milliards de grains de sable qui composent celles-ci sont souvent des débris de roche charriés par les fleuves et les courants puis rejetés sur les côtes. Le sable peut aussi provenir de squelettes d'animaux marins que l'océan a réduit en miettes.

Des plages aux couleurs étonnantes !

Certaines plages sont blanches comme la neige alors que d'autres sont noires comme la nuit. La couleur du sable dépend de son origine. Le sable noir des îles volcaniques est un mélange de cendres et de miettes de lave durcie. Le sable blanc des plages tropicales provient d'êtres vivants... Il est souvent fait d'éclats de coquillages, de fragments de coraux et d'excréments de poissons tropicaux !

Un océan de vie

Des tropiques jusqu'aux pôles et de la surface jusqu'au plus profond des abysses, l'océan héberge une foule de créatures à la fois étranges et uniques. Plusieurs sont restées méconnues jusqu'à tout récemment. Une infime portion des fonds océaniques a été explorée par les humains. Qui sait ce que recèlent les 300 millions de kilomètres carrés restant à découvrir...

Un océan de vie

La vie est apparue dans l'océan, il y a environ 3,8 milliards d'années. Les premiers habitants de notre planète n'étaient ni des animaux ni des plantes, mais des êtres microscopiques, appelés bactéries. Avec le temps, certaines d'entre elles ont appris à utiliser l'énergie du Soleil pour produire de l'oxygène, ce gaz essentiel aux plantes et aux animaux. Avec l'oxygène, la vie océanique s'est transformée. Les éponges, les méduses, les vers et les étoiles de mer sont apparus progressivement, suivis, des millions d'années plus tard, par les poissons. Certains descendants des poissons ont développé des pattes et des poumons, et ils ont appris ainsi à se déplacer et à respirer hors de l'eau. Ils sont devenus des amphibiens. Suivront ensuite les reptiles, les oiseaux puis les mammifères. Si bon nombre d'animaux vivent aujourd'hui sur la terre ferme, l'océan accueille toujours la plus large part de la vie terrestre. Ainsi, 80 % des animaux de la planète vivent dans l'eau ! Les grands groupes marins sont les éponges, les cnidaires, les vers, les mollusques, les échinodermes, les crustacés, les poissons, les reptiles et les mammifères.

Les reptiles marins
Comme les poissons, les reptiles marins sont recouverts d'écailles. Toutefois, ils ne possèdent pas de branchies pour filtrer l'oxygène et doivent respirer hors de l'eau. Les reptiles marins comptent huit espèces de tortues marines, quelques serpents de mer et une seule espèce de lézard marin.

Les cnidaires
Le groupe des cnidaires comprend les méduses, les anémones et les coraux. Ces animaux marins possèdent des tentacules capables d'injecter à leur proie un venin paralysant.

Crustacés
Le crabe, la crevette, le homard et les autres crustacés sont les cousins des insectes terrestres. Leur corps est protégé par une carapace solide. Ils sont munis d'antennes servant à percevoir les mouvements et de pattes articulées. Certains crustacés ont des pinces qu'ils utilisent pour se défendre.

Les échinodermes
Les échinodermes regroupent des animaux marins à la peau épineuse, comme les étoiles de mer et les oursins. Leur corps est composé de cinq parties identiques disposées comme les rayons d'une roue.

Les poissons

Les poissons ont été les premiers animaux à posséder un squelette à l'intérieur du corps. Ils sont parfaitement adaptés à la vie aquatique, avec des écailles pour se protéger, des nageoires pour se déplacer et des branchies pour filtrer et absorber l'oxygène dans l'eau.

Géant des mers

La baleine bleue est le plus gros animal existant sur Terre. Avec ses 150 tonnes, ce mammifère marin est deux fois plus gros que le plus gros des dinosaures et pèse aussi lourd que 21 éléphants ! La baleine peut mesurer 30 m de long, l'équivalent de trois autobus.

Les mammifères marins

Les mammifères marins, comme les baleines et les dauphins, doivent respirer hors de l'eau. Il y a des millions d'années, leurs ancêtres vivaient sur la terre ferme. Pour s'adapter à l'océan qui les nourrissait, leur corps s'est peu à peu allongé et leurs pattes sont devenues des nageoires.

Les mollusques

Les mollusques, comme la moule et l'huître, sont des animaux au corps mou possédant un seul pied et parfois une coquille protectrice. La pieuvre et le calmar sont des mollusques, mais ils n'ont pas de coquille protectrice et leur pied est divisé en tentacules.

Les éponges

Les éponges sont des animaux marins extrêmement simples et anciens. Elles existent depuis des centaines de millions d'années. Les éponges sont incapables de bouger, mais l'eau qu'elles absorbent leur fournit l'oxygène et les nutriments dont elles ont besoin.

Les vers

Les vers sont des animaux au corps mou et allongé. Ils n'ont ni squelette ni pattes. Les vers de mer ont été les premiers animaux de l'histoire à posséder une tête. Certains ont des tentacules et vivent dans un tube rigide.

Qui mange quoi ?

Le hareng digère tranquillement son repas de crevettes lorsqu'il est soudainement avalé par le marsouin, qui à son tour sera dévoré par un épaulard ! On appelle chaîne alimentaire ce processus dans lequel chaque organisme se nourrit de celui qui le précède. La chaîne alimentaire océanique débute avec les minuscules algues flottantes appelées phytoplancton. Le phytoplancton sert de nourriture aux animaux marins mangeurs de plantes, les herbivores, qui sont ensuite dévorés par les mangeurs de viande, les carnivores. Peu importe la place qu'il occupe dans la chaîne, chaque habitant de l'océan fait partie d'un réseau complexe et fragile, dans lequel toutes les espèces sont dépendantes les unes des autres pour leur survie.

Une mer de krill...

Le krill est un ensemble de petits crustacés de 5 à 7 cm qui ressemblent à des crevettes. Dans les eaux froides de l'océan Austral, ils vivent en groupes gigantesques, semblables à d'immenses tapis à la surface de l'océan. Il existe 600 000 milliards de ces créatures dans le monde, ce qui en fait l'animal le plus abondant de la planète ! Heureusement pour la baleine bleue, qui peut manger jusqu'à 40 millions de ces petits crustacés en une seule journée !

LA CHAÎNE ALIMENTAIRE

Le phytoplancton utilise l'énergie du Soleil et les éléments nutritifs dissous dans l'eau pour produire de l'oxygène et croître. Le phytoplancton est mangé par de minuscules animaux marins flottants appelés zooplancton. Le zooplancton nourrit à son tour de petits poissons. Ceux-ci sont mangés par de plus gros poissons, eux-mêmes dévorés par de grands prédateurs comme l'épaulard. Au fond de l'océan se trouvent les décomposeurs. Ceux-ci se nourrissent des débris d'animaux et de végétaux qui tombent de la surface. Les décomposeurs absorbent les restes et les transforment en éléments nutritifs. Les courants entraînent ces éléments vers la surface, où ils sont utilisés par le phytoplancton, bouclant ainsi la chaîne.

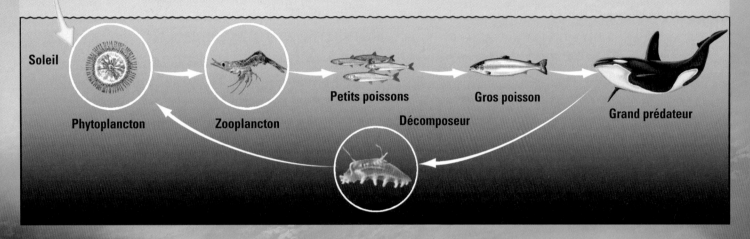

Soleil

Phytoplancton

Zooplancton

Petits poissons

Décomposeur

Gros poisson

Grand prédateur

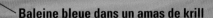

Baleine bleue dans un amas de krill

Aux armes !

Pour chasser une proie ou fuir un prédateur, les animaux marins utilisent des tactiques qui peuvent tantôt nous amuser, tantôt nous donner la chair de poule… Certains utilisent leur coquille comme bouclier, d'autres se camouflent en imitant leur environnement. La cuboméduse possède une arme redoutable : un venin qui peut tuer un être humain en quatre minutes à peine ! Lorsqu'un prédateur attrape l'étoile de mer par un bras, celle-ci fuit en laissant son membre au prédateur. Ce bras repoussera plus tard. Pour se protéger, plusieurs petits poissons nagent en bancs serrés comme s'ils formaient un seul gros poisson. Cette solidarité existe aussi chez les prédateurs. Les orques et les dauphins chassent en groupe pour encercler leurs proies. Somme toute, une ruse peut être fort habile, mais elle ne fonctionne pas à tous les coups.

Coquille d'occasion
Contrairement aux autres crabes, le bernard-l'ermite n'a pas de carapace. Pour se protéger, il emprunte une coquille vide laissée par un mollusque et se déplace sous elle. Lorsqu'il grandit, le bernard-l'ermite doit se trouver une maison plus grande.

Chasseur d'élite
Avec ses puissantes mâchoires et ses dents pointues, acérées comme des couteaux, le grand requin blanc est le plus grand des poissons carnivores et l'un des prédateurs les plus dangereux des océans. Grâce à son odorat infaillible, il peut repérer sa proie à des kilomètres de distance. Il serait en mesure de repérer une seule goutte de sang dans une piscine olympique !

Pierre venimeuse
Le poisson-pierre est le plus venimeux des poissons. Il se recouvre d'algues et reste immobile au fond de l'eau, camouflé parmi les pierres. Les épines venimeuses de sa nageoire dorsale sont alors à peine visibles et peuvent entraîner la mort de celui qui les touche.

Flots d'encre

Lorsqu'elle est poursuivie ou se sent menacée, la pieuvre expulse un nuage d'encre qui brouille l'eau environnante. Cachée derrière ce voile provisoire, la pieuvre en profite pour fuir loin de ses prédateurs.

Tête à queue

Près de sa queue, le poisson papillon-paon est pourvu d'une tache qui ressemble à un œil. À l'avant, ses vrais yeux sont camouflés. Les prédateurs sont complètement déroutés face à ce poisson qui semble s'enfuir à reculons !

Mets piquant

Lorsqu'il se sent menacé, le poisson porc-épic remplit d'eau son estomac et se gonfle comme un ballon. Ses piquants, qui sont habituellement aplatis contre son corps, se hérissent. Pour les prédateurs, ce poisson devient alors peu appétissant.

Bras réconfortants

Le petit poisson-clown trouve refuge dans les tentacules venimeux des anémones de mer. Son corps est enduit d'une couche visqueuse qui le protège du dangereux venin de l'anémone. Ainsi, aucun prédateur n'ose venir chercher le poisson-clown dans son abri.

Drôle de nez

Le poisson-scie possède un museau mesurant près de 2 m de long. Il s'en sert pour fouiller les fonds vaseux à la recherche d'une proie ou pour frapper et assommer les poissons qui nagent en banc.

Sous la lumière du soleil

La zone ensoleillée est la première des trois zones de l'océan. C'est la couche d'eau qui s'étend de la surface jusqu'à 200 mètres de profondeur. Les rayons du soleil la pénètrent aisément. Les températures confortables et la luminosité permettent la croissance des plantes, qui attirent à leur tour une multitude d'animaux. La vie est donc plus abondante et plus variée à la surface des océans. La zone ensoleillée est un véritable terrain de chasse où rapidité et acuité visuelle sont des atouts importants. Avec leurs corps fuselés comme des torpilles, les prédateurs fendent l'eau à toute vitesse. Les proies, de leur côté, multiplient les stratégies pour échapper à leur regard perçant.

Un gros appétit
Le thon rouge peut mesurer 3 m et peser plus de 500 kg. Ce poisson gigantesque possède un corps effilé conçu pour la nage rapide et les voyages en haute mer. Ses dépenses d'énergie sont si grandes qu'il doit chaque jour dévorer l'équivalent du quart de son poids.

Un champion de vitesse
L'espadon bat tous les records de vitesse à la nage, allant parfois jusqu'à 110 km/h ! Ce poisson de 4 m de long possède un corps parfaitement hydrodynamique. Il file dans les eaux de surface tel un avion à réaction dans le ciel.

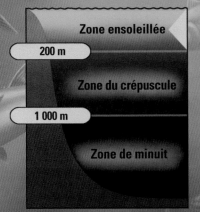

Zone ensoleillée

200 m

Zone du crépuscule

1 000 m

Zone de minuit

Camouflage de surface

Il est difficile de passer inaperçu dans l'eau claire de la zone ensoleillée. C'est pourquoi de nombreuses proies, comme le zooplancton, sont minuscules et transparentes. Plusieurs poissons de surface ont le dos foncé et le ventre pâle. Vus d'en haut, ils se fondent dans l'obscurité des profondeurs. Vus d'en bas, ils se confondent avec la lumière de la surface. D'autres poissons sont complètement argentés. Tel un miroir, leur peau réfléchit la lumière du soleil, ce qui les rend difficiles à voir.

Un poisson volant

Pour échapper à ses prédateurs, l'exocet fonce rapidement vers la surface et bondit hors de l'eau. En soulevant ses longues nageoires et en frappant les vagues avec sa queue, il peut planer au-dessus de l'eau sur près de 180 m.

Voguer sur les flots

La physalie possède un pneumatophore, un organe semblable à un gros flotteur. Il lui permet de dériver en surface, au fil des courants. Les longs tentacules venimeux de la physalie, qui peuvent mesurer plus de 20 m, capturent et paralysent les proies au passage.

Nager ou couler

Le requin bleu est le plus abondant et le plus répandu des requins. Comme tous les requins, il n'a pas de vessie natatoire, un organe permettant aux poissons de flotter. Pour rester en surface sans couler, ce prédateur de 4 m de long doit nager jour et nuit.

Une excellente nageuse

La tortue-luth est la plus grande tortue marine. Cette espèce en danger mesure près de 2 m de long et pèse plus de 500 kg. La tortue-luth est la seule tortue sans écailles. Sa carapace lisse et ses pattes en forme de rames permettent à cette géante de franchir une distance de plus de 100 m en 10 secondes à peine.

La haute mer

Les fleuves rejettent des nutriments dans les eaux côtières, ce qui encourage la croissance de plantes et attire une multitude d'animaux marins. La vie abonde donc près des côtes et se fait de plus en plus rare à mesure qu'on s'éloigne vers la haute mer. Toutefois, quelques animaux arrivent à survivre loin des côtes, alors que leurs proies sont dispersées sur un vaste territoire. Certaines espèces de requins et de baleines arrivent à parcourir de longues distances à grande vitesse pour chasser leur nourriture.

Ne dormir que d'un œil

Les dauphins doivent remonter régulièrement à la surface de l'eau pour respirer. Ils doivent donc toujours rester éveillés, car un simple petit somme peut entraîner leur noyade. Pour faire face à cet inconvénient, les dauphins ne dorment qu'à moitié, c'est-à-dire un côté du cerveau à la fois. Ainsi, pendant qu'un côté du cerveau dort, l'autre reste éveillé pour que le dauphin continue à respirer et à guetter les prédateurs.

Une contrée hostile

La zone du crépuscule est un environnement inhospitalier, coincé entre les eaux claires de la surface et la noirceur de la zone de minuit. Ici, entre 200 et 1 000 mètres de profondeur, les rayons du soleil parviennent difficilement à se faufiler. Sans une quantité suffisante de lumière, aucune plante ne peut survivre et la nourriture est rare. Les habitants de cette zone doivent souvent se contenter des miettes de repas, des excréments et des corps d'animaux morts qui tombent vers le fond. On pourrait croire que peu de créatures arrivent à vivre dans un environnement aussi peu accueillant. Pourtant, la zone du crépuscule abrite des milliers d'espèces qui ont su développer des stratégies uniques pour faire face aux conditions difficiles.

Un voyageur nocturne
Comme plusieurs animaux, le poisson-lanterne quitte la zone du crépuscule la nuit. Dissimulé dans la noirceur nocturne, il en profite pour s'alimenter dans les eaux de la surface, plus riches en nourriture.

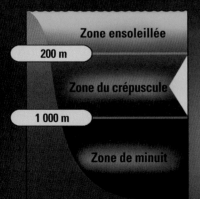

Zone ensoleillée
200 m
Zone du crépuscule
1 000 m
Zone de minuit

Pêcheur des profondeurs
La baudroie des profondeurs, qui vit entre 300 et 4 000 m sous la surface, porte sur le dessus de son crâne un appât contenant des bactéries bioluminescentes. Grâce à cette canne à pêche originale, la baudroie attire les proies vers sa large gueule.

La bioluminescence

Au cœur de la zone du crépuscule, 9 animaux sur 10 utilisent un procédé chimique leur permettant de créer leur propre lumière. Ce procédé s'appelle la bioluminescence. Les lumières créées par bioluminescence permettent d'attirer les proies ou d'effrayer les prédateurs. La bioluminescence permet aussi aux individus de la même espèce de se reconnaître et de communiquer entre eux.

Des lumières trompeuses

Grâce à son ventre parsemé de points de lumière, le poisson-hachette jouit d'un camouflage des plus efficaces. Pour les prédateurs qui nagent en dessous, la lumière provenant du ventre de ce petit poisson se confond avec les faibles lueurs du soleil filtrant à travers la surface.

L'union fait la force

Les siphonophores sont des petits animaux lumineux qui vivent accrochés les uns aux autres. Chacun est spécialisé pour remplir une tâche. Pendant que certains capturent des proies, d'autres digèrent la nourriture, permettent le déplacement de la colonie ou participent à la reproduction. Le groupe qui compose le siphonophore géant peut atteindre 40 m de long. Il bat le record du plus grand animal terrestre, la baleine bleue.

Estomac mobile

Avec ses longues dents incurvées, le poisson-vipère embroche les rares proies qui fréquentent la zone du crépuscule. L'estomac du poisson-vipère est si extensible et ses mâchoires peuvent s'ouvrir si grand qu'il est en mesure d'avaler et de digérer une proie presque aussi grosse que lui.

Un corps invisible

Plusieurs animaux de la zone du crépuscule ont un corps transparent. La pieuvre vitreledonella possède un corps gélatineux, transparent et incolore. Elle peut ainsi échapper à la vue des prédateurs.

Pionniers des profondeurs

En 1934, les scientifiques William Beebe et Otis Barton descendent là où personne n'était encore jamais allé, à 923 m sous la surface de l'eau. Leur exploit est rendu possible grâce à une invention de leur cru : la bathysphère. Cette sphère en acier d'environ 1,5 m de diamètre, reliée à un navire par un câble d'acier, aura permis aux deux scientifiques d'observer des animaux jusqu'alors inconnus.

Un couple inséparable

Le mâle de la baudroie des profondeurs ne saurait vivre sans sa compagne. Pas plus long que le petit doigt, ce poisson passe toute son existence accroché au corps de sa partenaire, beaucoup plus grosse que lui. Ses dents enfoncées dans la chair de la femelle, il puise dans le sang de sa compagne les éléments nutritifs dont il a besoin pour sa propre survie. Un moyen pratique de faire face au manque de nourriture !

Créatures des profondeurs

La zone de minuit est située à plus de 1 000 mètres de profondeur. Ici, la noirceur est totale, le froid est intense, la pression de l'eau est écrasante et la nourriture est rare. Pour s'adapter à cet environnement hostile, les habitants de cette zone ont pris des allures cauchemardesques. Leur corps est mou et gélatineux pour résister à la pression. Leur bouche est gigantesque pour ne pas rater une seule chance de gober une rare proie de passage. Dans la partie supérieure de la zone de minuit, le phénomène de bioluminescence est encore présent. Toutefois, plus on s'enfonce, plus la bioluminescence est rare. La vue devenant inutile, les animaux vivant le plus profondément sont aveugles ou sans yeux. Ils sont par contre sensibles à la moindre vibration et attendent patiemment la proie qui les frôle dans le noir ou la nourriture qui tombe de la surface.

Éponge précieuse
L'éponge panier de verre, qui ressemble à un magnifique château de cristal, vit accrochée au fond marin. Son squelette délicat est fait de plusieurs petits morceaux ressemblant à des flocons de neige.

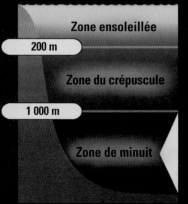

Zone ensoleillée
200 m
Zone du crépuscule
1 000 m
Zone de minuit

Têtard géant
Le grenadier abyssal est le poisson le plus abondant des grandes profondeurs. Ces créatures peuplent le fond de tous les océans du globe. Mesurant près d'un mètre de long, avec une grosse tête et une longue queue, le grenadier abyssal ressemble à un énorme têtard.

Vampire des fonds
L'araignée de mer géante se déplace sur de longues pattes articulées qui peuvent mesurer jusqu'à 30 cm. Grâce à sa bouche en forme de trompe, elle aspire les vers et les invertébrés qui se trouvent sur son chemin.

Monstre des profondeurs
Avec son corps pouvant mesurer jusqu'à 16 m de long (incluant les tentacules) et ses yeux de 25 cm de diamètre, le calmar géant a tout du monstre marin ! On a parfois retrouvé son cadavre sur le rivage, et il a été observé une fois, à 900 m de profondeur dans l'océan Pacifique, en septembre 2004 !

Une gueule grande ouverte
Le corps du grandgousier à poche de pélican ressemble à une énorme tête fendue par une gueule gigantesque. Comme la nourriture est rare autour de lui, le grandgousier ne laisse passer aucune proie. Il nage en gardant son énorme bouche constamment ouverte.

Poisson à pattes
Le poisson tripode, qui peut mesurer jusqu'à 30 cm de long, repose souvent au sol sur ses trois longues nageoires fines et rigides. Il reste ainsi complètement immobile pour mieux détecter l'odeur de la nourriture ou les vibrations de l'eau lui indiquant la présence d'une proie.

Un plongeur extraordinaire

Le cachalot vit près de la surface des océans. Comme tous les mammifères marins, il doit respirer hors de l'eau. Toutefois, son mets favori, le calmar géant, vit à plus de 1 000 m sous l'eau. Pour assouvir son énorme appétit, le cachalot doit donc plonger plusieurs fois par jour. Le cachalot peut atteindre 3 000 m de profondeur, un record chez les mammifères ! Il peut retenir son souffle pendant une heure avant de remonter respirer à la surface.

Oasis au fond des océans

À plus de 2 000 mètres de profondeur, dans un environnement glacial, d'étranges sources crachent des jets d'eau dont la température frôle les 400 °C. Ces fontaines sous-marines, appelées sources hydrothermales, sont situées dans des zones volcaniques, plus particulièrement autour des dorsales océaniques. Elles se forment lorsque l'eau pénètre dans les fissures de la croûte terrestre, se réchauffe au contact du magma et rejaillit dans l'océan tel un geyser. Au contact de l'eau froide, les métaux et les éléments chimiques contenus dans l'eau brûlante forment des nuages de cendre. La cendre se dépose sur le fond en couches successives et crée avec le temps de hautes cheminées. Cet environnement hostile où l'eau bouillante et l'eau glaciale se côtoient est chargé de gaz toxiques provenant des sources. Pourtant, on y trouve une faune dense, variée et unique.

Mollusque gigantesque
Les palourdes géantes se rassemblent par centaines autour des sources hydrothermales. Ces animaux, dont la taille de la coquille peut atteindre près de 30 cm, hébergent des bactéries dans leurs branchies. Ces bactéries utilisent le soufre provenant des sources pour produire la nourriture dont les palourdes ont besoin.

Prédateurs sans merci
Les crabes blancs, dont la taille peut atteindre près de 13 cm, sont les créatures les plus féroces vivant autour des sources hydrothermales. Rassemblés en gigantesques groupes autour des cheminées, ils dévorent aussi bien des bactéries que des crevettes ou des mollusques. Parfois, ils se mangent même entre eux !

Des tours sous-marines
Les cheminées hydrothermales peuvent atteindre des tailles stupéfiantes. La plus imposante jusqu'à ce jour a été découverte au large des côtes de l'Orégon, aux États-Unis. Elle mesure environ 12 m de diamètre et près de 45 m de hauteur, aussi haut qu'un édifice de 15 étages ! Cette tour a été surnommée Godzilla, comme le gigantesque monstre, vedette de cinéma.

Un écosystème unique

De nombreuses bactéries vivent autour des sources hydrothermales. Ces micro-organismes utilisent le sulfure d'hydrogène, un gaz toxique provenant des sources hydrothermales, pour se développer et croître. L'abondance de bactéries attire plusieurs animaux, qui à leur tour nourrissent plusieurs carnivores. Ainsi, les bactéries forment ici le premier maillon d'une chaîne alimentaire exceptionnelle, la seule sur terre à ne pas dépendre du soleil !

Alvin et une étonnante découverte

C'est à bord du submersible *Alvin*, en 1977, que trois chercheurs découvrirent l'existence des sources hydrothermales. À leur grande surprise, ils trouvèrent à 2 500 m de profondeur un attroupement d'animaux étranges et gigantesques ! Les scientifiques firent rapidement le lien entre cette oasis de vie et les sources brûlantes situées tout près. Ils constatèrent que plusieurs créatures possédaient des tubes, des coquilles ou des carapaces pour se protéger de la chaleur et des gaz toxiques. Plus de 300 nouvelles espèces animales furent alors répertoriées.

Un pied dans l'eau bouillante

Le ver de Pompéi est l'animal qui vit le plus près des sources hydrothermales. Ce ver mesurant 13 cm endure les conditions extrêmes mieux qu'aucune autre créature. La température de l'eau à sa tête avoisine 20 °C et la température à son pied, posé directement sur la cheminée, atteint près de 80 °C !

Ver géant

Le riftia, un ver pouvant mesurer jusqu'à 3 m de long, vit dans un tube protecteur près des sources hydrothermales. Sans bouche ni système digestif, il héberge dans son corps des bactéries qui lui fournissent directement la nourriture dont il a besoin.

Un poisson sans écailles

Le zoarcide est l'un des rares poissons vivant près des sources hydrothermales. Son long corps plat et blanc ne possède pas d'écailles. Ce prédateur, qui mesure près de 60 cm de long, nage lentement et se nourrit de petits invertébrés tels que les crevettes.

Populations du froid

Les humains n'oseraient y tremper le petit orteil, et pourtant les océans polaires regorgent de vie, surtout au printemps et en été. Lorsque la glace commence à fondre, les minuscules algues que la banquise tenait prisonnières sont libérées. Cette soudaine abondance de nourriture attire le zooplancton et le krill, qui attirent à leur tour de plus gros animaux comme les oiseaux migrateurs et les baleines. Quand l'hiver revient, plusieurs de ces animaux aquatiques préfèrent migrer vers des eaux plus chaudes. D'autres, comme les manchots, choisissent de rester au pôle Sud l'hiver, loin des gros prédateurs. La plupart des animaux polaires dépendent de la mer pour leur survie. La terre ferme, souvent couverte d'une épaisse couche de glace, n'a presque rien à leur offrir.

Licorne de l'Arctique
Le narval est une baleine rare. Il en existe environ 30 000 dans l'océan Arctique. Mesurant à peine 4 ou 5 m de long, le narval ne possède pas de nageoire dorsale, ce qui lui permet de nager directement sous la banquise sans se blesser. L'unique dent du mâle pousse jusqu'à former une longue corne. Elle est surtout utilisée pour les combats entre mâles.

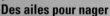

Des ailes pour nager
Le manchot empereur est un oiseau du pôle Sud qui ne sait pas voler. Il est toutefois un excellent nageur, car il utilise ses ailes comme des nageoires pour se propulser jusqu'à 60 km/h sous l'eau. L'hiver, lorsque les températures atteignent -60 °C, plusieurs milliers de manchots se blottissent les uns contre les autres pour se réchauffer.

D'un pôle à l'autre
La sterne arctique passe presque toute sa vie à voler ! Chaque année, elle fait une boucle de 30 000 à 40 000 km qui la mène du pôle Nord au pôle Sud. Cette migration lui permet de profiter pleinement de la nourriture abondante et des longues heures d'ensoleillement de chaque pôle, tour à tour, au meilleur moment de l'année. La sterne arctique détient ainsi le record de distance migratoire parcourue dans tout le règne animal !

Bien en chair
Le morse est un mammifère marin de l'Arctique pesant près d'une tonne. Un seul de ses repas peut contenir 4 000 palourdes ! Ses défenses, qui mesurent jusqu'à un mètre de long, lui servent à combattre, à hisser son gros corps sur la glace ou à déloger des coquillages au fond de l'eau.

Maître plongeur
Le phoque de Weddell chasse jusqu'à 600 m de profondeur et peut retenir son souffle pendant près d'une heure. Ce mammifère passe pratiquement tout son temps sous la glace, dans l'eau froide de l'océan Austral. Avec ses dents, il perce des trous dans la glace. Il utilise ces trous pour respirer après une plongée.

Chasseur invisible
L'ours blanc peut mesurer 2,6 m et peser 800 kg, l'équivalent d'une petite automobile. Sa fourrure blanche le rend invisible lorsqu'il chasse sur la banquise. Ce grand carnivore infatigable peut aussi nager pendant des heures à la recherche de phoques ou de poissons.

Terreur polaire
L'épaulard (ou orque) possède des dents pointues et une mâchoire puissante. Ce redoutable prédateur peut poursuivre une proie jusque sur la banquise en glissant sur la glace ou en la brisant sous l'eau avec sa tête. Il s'attaque même aux ours polaires et aux autres baleines !

Poisson des glaces
Comme les centaines d'autres espèces de poissons qui vivent dans les eaux glaciales de l'océan Austral, le poisson des glaces produit un antigel naturel. Son sang contient des molécules spéciales qui s'attachent aux cristaux de glace lorsqu'ils se forment et qui empêchent son corps de geler, même à des températures au-dessous de zéro.

Se garder au chaud
Les animaux des mers glaciales ont des caractéristiques remarquables qui leur permettent de résister au froid. Les phoques et les baleines ont sous la peau une épaisse couche de graisse qui les isole et qui leur sert de réserve d'énergie. Pour se protéger de l'eau glaciale, certains animaux à plumes ou à fourrure sécrètent une huile imperméable. D'autres produisent une sorte d'antigel qui circule dans leur corps.

Mosaïques vivantes

Il existe près de 700 espèces de coraux aux formes multiples. Certains ressemblent à des choux-fleurs, d'autres à des orgues ou à des éventails. Certains sont mous, d'autres durs comme la pierre. Le corail est constitué de polypes, de minuscules animaux appartenant à la famille des anémones de mer. Certaines de ces créatures au corps mou sans squelette sécrètent du calcaire, une substance dure qui forme une véritable armure de protection. Lorsqu'un polype meurt, son armure de calcaire reste intacte. Les grands récifs du monde sont constitués de milliers de générations de polypes morts, empilés les uns sur les autres. Les récifs de coraux attirent une multitude d'animaux qui y cherchent de la nourriture et un endroit sûr pour se cacher. Près du tiers de toutes les espèces de poissons habitent dans ce milieu fragile, menacé par la pollution, le réchauffement planétaire et la pêche.

Une relation vitale

Les belles couleurs des récifs de coraux proviennent des multiples algues microscopiques qu'ils hébergent. Les algues fournissent l'oxygène et la nourriture nécessaire à la croissance des coraux. En retour, les algues utilisent les déchets produits par les coraux comme engrais pour croître. Comme les algues ont besoin de chaleur et de lumière pour vivre, les coraux se développent dans les eaux chaudes et peu profondes. On les trouve près des tropiques, principalement dans les océans Indien et Pacifique.

La Grande Barrière de corail

La Grande Barrière de corail d'Australie couvre une superficie totale de près de 350 000 km², soit presque l'équivalent de la superficie de l'Allemagne ! C'est la plus grande construction édifiée par des êtres vivants ! Il a fallu des millions d'années à la Grande Barrière pour se développer. Ainsi, elle serait apparue sur Terre bien avant l'homme…

Tueuses de coraux

Les étoiles de mer appelées couronnes d'épine envahissent les coraux et les dévorent, provoquant parfois la destruction d'une partie du récif. Ces animaux voraces, qui peuvent mesurer près de 80 cm de diamètre, broient le corail pour se nourrir des polypes mous cachés à l'intérieur.

Les types de récif

Il existe trois types de récifs coralliens : le récif frangeant, le récif barrière et l'atoll. Le récif frangeant longe la côte, alors que le récif barrière est séparé du littoral par une mince étendue d'eau. L'atoll est un anneau de corail entourant une étendue d'eau peu profonde appelée lagon. L'atoll se développe lorsqu'un récif frangeant entoure une île volcanique. Alors que le corail ne cesse de grandir, l'île volcanique est peu à peu rongée par l'érosion et finit par être complètement submergée. Au bout de milliers d'années, l'espace jadis occupé par l'île volcanique est remplacé par une étendue d'eau encerclée de coraux.

Une dentition impressionnante

La puissante dentition du poisson-perroquet lui sert à moudre finement les coraux qu'il mange. Une fois le corail digéré, il est transformé en sable blanc. Le poisson-perroquet excrète entre 1 et 5 tonnes de sable blanc par an, une quantité astronomique !

Coupant comme un rasoir

Lorsqu'il se sent menacé, le poisson chirurgien change de couleur et fait jaillir sur sa queue des épines aussi coupantes que des lames de rasoir. Ce poisson coloré nettoie les coraux en mangeant l'excédent d'algues qui les recouvrent.

Prédateur nocturne

La murène est un poisson féroce qui mesure entre 60 cm et 1,5 m de long. Le jour, elle cache son long corps dans les rochers, ne laissant dépasser que sa tête. La murène attend la nuit pour chasser ses proies.

Service de nettoyage

Le labre nettoyeur se nourrit des parasites encombrant la bouche, les nageoires et les branchies des autres poissons. Les services de ce petit poisson sont si appréciés qu'on fait la file pour en bénéficier. Les labres peuvent servir jusqu'à 2 500 clients par jour, l'équivalent d'environ 2 par minute !

Entre terre et mer

Pour résister aux vagues et aux marées qui les submergent puis les assèchent, les habitants des côtes multiplient les stratégies. Sur les côtes sablonneuses, les animaux se cachent sous le sable humide, à l'abri des vagues, des prédateurs et du soleil brûlant. Sur les côtes rocheuses, les algues et les animaux se cramponnent au rocher, évitant ainsi d'être emportés par les vagues. Les animaux se réfugient dans les crevasses, les touffes d'algues humides ou les bassins d'eau laissés par la marée pour se protéger du soleil et du dessèchement. Peu importe le type de côte, les habitants doivent toujours surveiller les prédateurs qui viennent de partout : de la mer, de la terre et même du ciel !

Coquillages colorés
D'innombrables littorines peuplent les côtes rocheuses, où elles se nourrissent d'algues. Également appelés bigorneaux, ces petits mollusques à la coquille colorée vivent au rythme des marées. Les littorines peuvent se noyer si elles restent trop longtemps submergées.

Caméra de surveillance
La coque est un type de mollusque. Enfouie dans le sable, elle laisse sortir un tube appelé siphon qui lui permet de respirer. Cette membrane lui sert aussi de périscope pour surveiller les environs tout en restant à l'abri des prédateurs.

Guetteur de fond
La sole vit au fond de l'eau, couchée sur le côté. Ce poisson plat recouvre son corps de sable pour se camoufler. Ses yeux placés sur un seul côté de sa tête lui permettent de surveiller ce qui se passe au-dessus.

Bec fin
L'huîtrier est un oiseau qui fouille les côtes à la recherche de fruits de mer. Quand vient l'heure du repas, il insère son long bec mince dans l'ouverture d'une coquille et l'ouvre d'un coup sec pour dévorer le mollusque caché à l'intérieur.

Dans une simple poignée de sable...

Chaque poignée de sable cache une multitude d'organismes vivants. Entre les grains fourmillent des millions d'animaux et d'algues microscopiques et des milliards de bactéries. Avec un peu d'observation, on peut même apercevoir des dizaines de petits animaux tels que des vers et des crustacés miniatures.

Travail d'équipe
Les moules vivent en colonies sur les rochers côtiers. Pour résister aux vagues, elles se serrent les unes contre les autres et se fixent à la pierre à l'aide de filaments solides. À marée basse, elles ferment leur coquille complètement pour conserver leur humidité et éviter de se dessécher.

Ver plumeau
La serpule est un ver vivant dans un tube protecteur. À marée haute, ce ver plumeau sort ses tentacules pour attraper ses proies. À marée basse, la serpule disparaît dans son tube, qu'elle bouche avec un tentacule aplati pour éviter le dessèchement.

Bêtes à pinces
À marée basse, les nombreux crabes du littoral se cachent sous les roches, les algues ou dans les bassins d'eau, en attendant le retour de la marée haute. Tous les crabes possèdent huit pattes et deux pinces qui peuvent repousser lorsqu'elles sont arrachées !

Des jardins dans l'océan

Les plantes marines jouent un grand rôle pour la santé planétaire. En plus d'être à la base de la chaîne alimentaire des océans, les milliards d'algues minuscules qui composent le phytoplancton fournissent aux êtres vivants de la planète plus d'oxygène que ne le font les grandes jungles tropicales. Les forêts marines, telles que les mangroves, le varech et les herbiers, protègent le littoral contre l'érosion, les vagues et les courants. Ces jungles sous-marines fournissent un habitat stable aux petits animaux et servent de cachettes contre les prédateurs.

Les algues

Il existe 25 000 espèces d'algues marines. Ces plantes n'ont ni tige, ni feuilles, ni fleurs, ni racines. Comme les plantes terrestres, elles contiennent de la chlorophylle, un pigment vert qui leur permet de capter la lumière du soleil pour croître et produire de l'oxygène. Alors que certaines algues flottent librement à la surface des océans, d'autre se fixent aux rochers à l'aide de crampons.

Les mangroves

On appelle mangroves les grandes forêts d'arbres palétuviers qui poussent à l'embouchure des fleuves tropicaux. Ces arbres sont les seuls à pouvoir croître dans l'eau salée. Leurs racines, qui s'élèvent hors de l'eau, sont couvertes de milliers de petits trous. Ceux-ci permettent à l'arbre de respirer tout en étant ancré dans la vase sous l'eau. Les mangroves sont parmi les milieux les plus riches de la planète. Dans cet environnement unique, singes et reptiles côtoient poissons et crustacés.

Les forêts de varech et la loutre de mer

Le varech est composé d'algues brunes géantes qui forment d'immenses jungles dans les eaux tempérées. C'est le domaine de la loutre de mer, qui s'y nourrit, y élève sa famille et y dort, entortillée dans les algues.

Les herbiers

Les herbiers sont de grandes prairies sous-marines situées au fond des eaux calmes, peu profondes et claires. Contrairement aux algues, ces herbes possèdent des racines ancrées dans la vase et des fleurs qui s'épanouissent sous l'eau. Les herbes atteignent environ 1,2 m de haut. Elles abritent des animaux rares, comme le dugong, un mammifère marin qui se nourrit d'herbes.

Un grimpeur insolite

À l'aide de ses nageoires utilisées comme des pattes, le poisson promeneur peut sortir de l'eau et grimper sur les palétuviers pour gober des insectes ! Il peut se déplacer plus rapidement sur terre que dans l'eau ! Le poisson promeneur transporte une provision d'eau dans sa bouche pour l'aider à respirer au cours de ses promenades.

Un bon tireur

Le poisson-archer habite les mangroves où il se nourrit d'insectes. Avec beaucoup de précision, il peut cracher un petit jet d'eau sur un insecte posé sur un palétuvier. Déséquilibré, celui-ci tombe à l'eau où il est aussitôt gobé par le poisson.

Algues géantes

Le varech géant est un type d'algues poussant dans les eaux côtières froides comme celles de la Californie. Le varech géant peut mesurer 60 m de long, l'équivalent d'un gratte-ciel de 18 étages ! En plus d'être la plus grande algue du monde, c'est la plante qui pousse le plus rapidement. En effet, les algues grandissent presque à vue d'œil, de 30 à 60 cm par jour !

À la conquête de l'océan

Depuis toujours, l'être humain vit en étroite relation avec la mer. En quête de trésors et de ressources de toutes sortes, il s'est aventuré de plus en plus loin sur l'eau et sous l'eau à l'aide de technologies toujours plus avancées. Encore aujourd'hui, l'homme bénéficie des nombreuses richesses que lui procure l'océan, mais celles-ci s'épuisent peu à peu en raison d'une pêche abusive et de la pollution...

Par-delà les terres

Les humains de la Préhistoire sillonnaient les fleuves à bord de radeaux de roseaux et de troncs d'arbres creux. Les anciens Égyptiens ont été les premiers véritables navigateurs. En 1500 av. J.-C., ils construisaient de grands navires propulsés par des rames et des voiles et parcouraient la mer Méditerranée et la mer Rouge. Les Phéniciens, les Grecs et les Romains de l'Antiquité ont apporté des améliorations considérables aux embarcations des Égyptiens. À bord de leurs galères, ils ont instauré un commerce important de blé, d'huile et de vin entre les grandes villes de la Méditerranée. Il y a un peu plus de mille ans, au Moyen-Âge, les Arabes et les Chinois naviguaient sur le grand océan Indien. À peu près au même moment, les Vikings de Scandinavie exploraient les mers du nord et se sont rendus aussi loin que l'Islande, le Groenland, Terre-Neuve et le continent américain. Peu à peu, avec l'aide d'instruments toujours plus perfectionnés, les grands explorateurs ont réussi à dresser une carte complète de notre monde.

Le phare d'Alexandrie

Le phare le plus célèbre est sans doute celui d'Alexandrie, en Égypte. Mise en service en l'an 283 av. J.-C., cette merveille du monde a résisté à l'assaut des vagues de la Méditerranée durant 1 500 ans. Le phare a été détruit par des tremblements de terre au 14e siècle. D'une hauteur de 135 m, le phare d'Alexandrie était plus haut que le plus haut phare actuel, un bâtiment de 106 m qui se trouve à Yokohama, au Japon.

LES TRAJETS DES GRANDS EXPLORATEURS

Au 15ᵉ siècle, les Européens étaient à la recherche de routes maritimes vers les richesses de l'Inde et de la Chine : soie, épices, bijoux et or. En 1497 et 1498, l'explorateur portugais Vasco de Gama ouvrait la première route des épices en partant vers l'est et en contournant l'Afrique jusqu'en Inde. Entre 1492 et 1504, l'Italien Christophe Colomb a navigué vers l'ouest en suivant des courants qui l'ont mené aux Antilles. Entre 1499 et 1502, le navigateur italien Amerigo Vespucci a exploré les côtes du Brésil et donné son nom au nouveau continent : l'Amérique. En 1522, le bateau de l'explorateur portugais Ferdinand Magellan effectuait le premier tour du monde. Entre 1768 et 1779, l'Anglais James Cook a sillonné l'océan Pacifique et exploré l'Australie, la Nouvelle-Zélande, Hawaii et la Nouvelle-Calédonie.

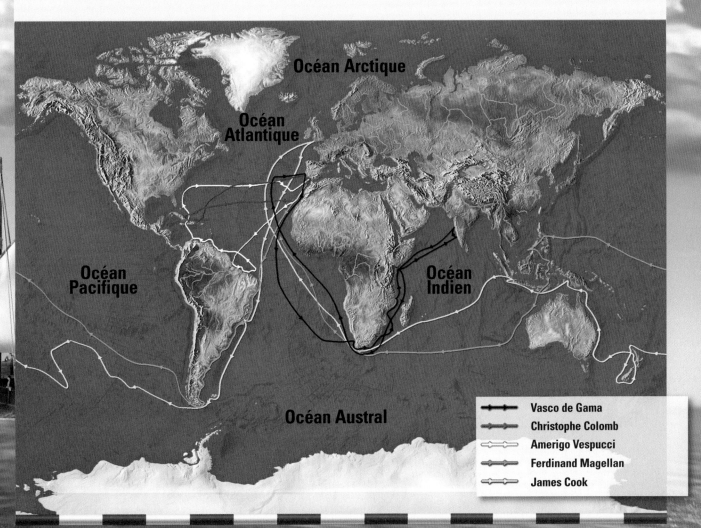

Océan Arctique

Océan Atlantique

Océan Pacifique

Océan Indien

Océan Austral

●══►	**Vasco de Gama**
●══►	**Christophe Colomb**
═══►	**Amerigo Vespucci**
●══►	**Ferdinand Magellan**
═══►	**James Cook**

Instruments essentiels

Grâce à l'invention d'instruments de navigation, les premiers navigateurs ont pu s'orienter plus aisément en mer et parcourir des distances de plus en plus importantes. La boussole, créée par les Chinois il y a plus de 2 000 ans, était communément utilisée autour de l'an 1000. Elle permettait de repérer le nord facilement en tout temps. L'astrolabe marin, qui est apparu au 15ᵉ siècle, permettait de calculer la latitude, c'est-à-dire la position nord ou sud du bateau par rapport à l'équateur. Le chronomètre maritime, inventé en 1735, calculait la longitude, c'est-à-dire la position est ou ouest du navire. Finalement, le sextant, dont l'utilisation remonte au 18ᵉ siècle, permettait aux navigateurs de calculer leur position avec plus de précision.

Mystères dévoilés

Depuis des milliers d'années, les êtres humains fouillent les profondeurs marines à la recherche de nourriture, de perles, de coquillages et de trésors prisonniers des épaves. Déjà 4 500 ans av. J.-C., les Mésopotamiens (qui occupaient l'Irak actuel) récoltaient des mollusques à 10 mètres de profondeur. Ils pouvaient retenir leur souffle pendant quatre minutes ! Plonger à plus de 10 mètres peut être dangereux sans un équipement spécial. En 1690, le scientifique anglais Edmund Halley inventait une cloche de plongée faite de bois, qui permettait de descendre à 18 mètres de profondeur et d'y rester pendant plus d'une heure. La réserve d'air à l'intérieur de la cloche était renouvelée grâce à un tuyau relié à la surface. Aujourd'hui, les plongeurs vêtus d'un scaphandre spécialisé peuvent descendre à une profondeur de près de 600 mètres. Grâce aux submersibles et aux robots, l'être humain est maintenant en mesure d'explorer les recoins les plus profonds de notre planète, jusqu'à 11 000 mètres sous la surface de l'eau.

L'expédition de *Challenger*

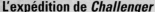

Entre 1872 et 1876, le navire HMS *Challenger* a parcouru 127 584 km sur les océans Pacifique, Atlantique et Indien. Sa mission était d'estimer les profondeurs des océans et de connaître un peu mieux ce qu'ils cachaient. Les températures, les courants, la salinité et les profondeurs ont été mesurés à divers endroits dans le monde et des échantillons de vie marine et de sédiments ont été récoltés. Cette grande expédition a recueilli plus d'informations sur les océans que toutes les autres qui l'ont précédée. En plus d'identifier 4 417 nouvelles espèces marines, le navire a découvert l'existence de longues chaînes de montagnes sous-marines et de fosses profondes. L'expédition *Challenger* a marqué le début de l'océanographie, la science qui étudie les océans.

Descente au plus profond des abysses

En 1960, à bord du bathyscaphe *Trieste*, Don Walsh et Jacques Piccard ont atteint un point de la fosse des Mariannes situé à 10 916 m de profondeur. Après une descente qui a duré près de 5 heures, le submersible est resté 20 minutes au fond de cet abysse sombre en résistant à l'énorme pression de l'eau. Depuis plus de 40 ans, ce record de plongée n'a jamais été égalé !

SCRUTER LES PROFONDEURS

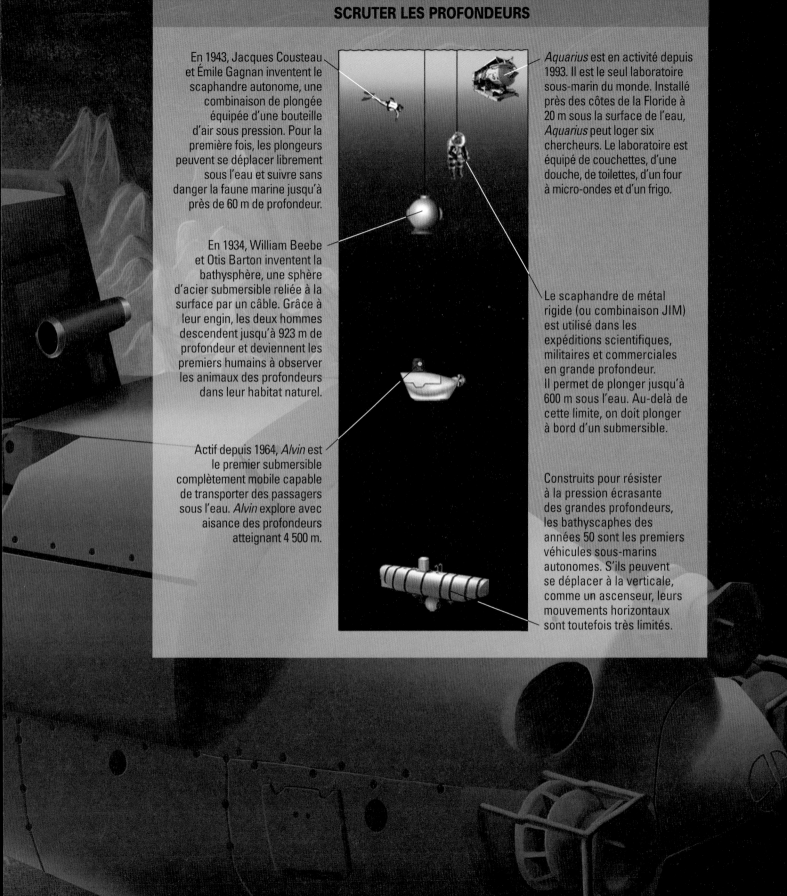

En 1943, Jacques Cousteau et Émile Gagnan inventent le scaphandre autonome, une combinaison de plongée équipée d'une bouteille d'air sous pression. Pour la première fois, les plongeurs peuvent se déplacer librement sous l'eau et suivre sans danger la faune marine jusqu'à près de 60 m de profondeur.

En 1934, William Beebe et Otis Barton inventent la bathysphère, une sphère d'acier submersible reliée à la surface par un câble. Grâce à leur engin, les deux hommes descendent jusqu'à 923 m de profondeur et deviennent les premiers humains à observer les animaux des profondeurs dans leur habitat naturel.

Actif depuis 1964, *Alvin* est le premier submersible complètement mobile capable de transporter des passagers sous l'eau. *Alvin* explore avec aisance des profondeurs atteignant 4 500 m.

Aquarius est en activité depuis 1993. Il est le seul laboratoire sous-marin du monde. Installé près des côtes de la Floride à 20 m sous la surface de l'eau, *Aquarius* peut loger six chercheurs. Le laboratoire est équipé de couchettes, d'une douche, de toilettes, d'un four à micro-ondes et d'un frigo.

Le scaphandre de métal rigide (ou combinaison JIM) est utilisé dans les expéditions scientifiques, militaires et commerciales en grande profondeur. Il permet de plonger jusqu'à 600 m sous l'eau. Au-delà de cette limite, on doit plonger à bord d'un submersible.

Construits pour résister à la pression écrasante des grandes profondeurs, les bathyscaphes des années 50 sont les premiers véhicules sous-marins autonomes. S'ils peuvent se déplacer à la verticale, comme un ascenseur, leurs mouvements horizontaux sont toutefois très limités.

Instruments au service de l'océan

Les scientifiques ont développé des instruments ingénieux pour réduire les dangers de la navigation et pour explorer le monde sous-marin. Depuis l'espace, des satellites recueillent des données essentielles sur les courants et températures de surface, sur la hauteur des vagues et la trajectoire des ouragans. À bord de navires, des radars émettent des ondes spéciales capables de détecter des obstacles comme les îles, les côtes et les autres bateaux. Les ondes envoyées par les sonars, quant à elles, voyagent sous l'eau et révèlent la profondeur et les reliefs du fond de l'océan. Les bouées installées à diverses profondeurs recueillent des données sur la température de l'eau, la pression et les courants de fond. Dans les profondeurs océaniques, des robots munis de caméras vidéo et de bras manipulateurs explorent les zones difficilement accessibles. Reliés à des ordinateurs, tous ces instruments nous envoient une multitude de données. Mises ensemble, elles permettent aux scientifiques de reconstituer un océan virtuel. Enfin, tous ces instruments sophistiqués ne peuvent remplacer l'œil humain, qui observe directement l'océan à travers la vitre d'un masque ou d'un submersible.

Détendeur

Bouteille d'air comprimé

Masque

Caméra vidéo

Montre de plongée

Gonfleur

Gilet de stabilisation

Manomètre

Profondimètre

Détendeur de secours

Le scaphandre autonome

Vêtu de palmes, d'un masque et d'une combinaison qui le garde au chaud, le plongeur s'enfonce dans l'eau. Il gonfle ou dégonfle son gilet pour se stabiliser à n'importe quelle profondeur. Sur son dos, l'indispensable bouteille d'air est munie d'un détendeur qui contrôle le flot d'oxygène arrivant par un tuyau jusqu'à sa bouche. Le manomètre lui indique la quantité d'air restant dans sa bouteille, le profondimètre lui précise sa profondeur et une montre spéciale lui indique son temps de plongée.

LE SOUS-MARIN

Les sous-marins, ou submersibles, sont des véhicules conçus pour voyager sous l'eau. Les premiers sous-marins avaient une fonction militaire. De nos jours, ils sont aussi utilisés pour l'exploration scientifique. Tous les sous-marins plongent et remontent à la surface grâce aux ballasts, des compartiments remplis d'air ou d'eau. Lorsque les ballasts sont remplis d'eau, le sous-marin s'alourdit et il s'enfonce. Lorsque les ballasts sont remplis d'air, le sous-marin devient plus léger et remonte à la surface.

Radio et antenne
La radio et l'antenne permettent de communiquer avec l'extérieur. Elles permettent aussi de déterminer la position exacte du sous-marin, à quelques mètres près.

Périscope
Le périscope est un long tube équipé d'objectifs et de miroirs. Il permet d'observer la surface, tout en restant caché sous l'eau.

Gouvernail
Le gouvernail contrôle les virages à gauche ou à droite du sous-marin.

Ailerons de plongée
Les ailerons de plongée contrôlent les montées et les descentes du sous-marin et assurent sa stabilité lorsqu'il navigue sous l'eau.

Vêtement isothermique

Palme

Fait étonnant

Les plus grands sous-marins du monde peuvent accueillir plus de 160 membres d'équipage pendant plusieurs mois, sans refaire surface. Mesurant près de 172 m de long, ces géants sont presque aussi longs qu'un stade de football !

Des siècles engloutis

D'anciennes cités et de nombreuses épaves de navires gisent sur le sol marin, recouvertes par les sédiments ou envahies par les végétaux, les coraux et les éponges. En plus d'offrir un refuge à de nombreux animaux marins, ces sites abandonnés sont de formidables témoins de l'histoire, qui nous donnent un point de vue unique sur les civilisations du passé. Les statues, les canons, les poteries, l'or, l'argent ainsi que les vêtements de cuir qui y dorment attirent non seulement les chercheurs de trésors mais aussi les scientifiques et les archéologues sous-marins. Grâce au travail de ces experts, nous apprenons beaucoup de choses sur le mode de vie de nos ancêtres.

Une épave célèbre
Le 14 avril 1912, le plus grand paquebot du monde, le *Titanic*, heurte un iceberg et coule au large de Terre-Neuve. Sur quelque 2 228 passagers à bord, seuls 705 survivent. Ce n'est que 73 ans plus tard, en 1985, qu'une expédition franco-américaine localise l'épave à 3 798 m de profondeur. Depuis, des robots et des submersibles ont ramené à la surface des milliers d'objets provenant de l'épave.

Techniques de fouille

Les épaves peuvent être localisées grâce à des appareils de haute technologie, comme le sonar. Des robots ou des submersibles équipés de dispositifs d'éclairage, de caméras et de bras manipulateurs explorent le site de plus près. L'épave est délicatement nettoyée grâce à un aspirateur géant. Des plongeurs photographient l'épave ou la dessinent à l'aide de crayons de cire sur du papier plastique. Ainsi, les archéologues peuvent dresser une carte montrant l'emplacement de chaque objet. Ces objets sont ensuite remontés à la surface à l'aide de filets, de flotteurs ou de grues. On les numérote, on les étiquette, puis on leur fait subir un traitement particulier pour éviter qu'ils ne soient abîmés par l'air.

Une coïncidence à glacer le sang

Quatorze ans avant le naufrage du *Titanic*, l'écrivain Morgan Robertson publiait un roman racontant l'histoire d'un bateau gigantesque qui heurte un iceberg dans l'Atlantique Nord. Dans son roman, l'accident se produit au cours d'une froide nuit d'avril et le bateau s'appelle… le *Titan*.

L'océan nourricier

Rempli de poissons, de crustacés, de mollusques, d'algues et de sel, l'océan a toujours constitué une énorme source de nourriture pour les humains. Certaines populations installées sur les côtes et les îles s'alimentent presque exclusivement des produits de la mer, surtout de poissons. Aujourd'hui, plus de 90 millions de tonnes de poissons sont pêchées dans le monde. Autrefois, les prises étaient ramenées à terre sans tarder. De nos jours, les bateaux de pêche peuvent rester plusieurs mois en mer. Ce sont de véritables usines flottantes qui nettoient, congèlent et empaquettent les poissons à l'intérieur même du bateau. Certains navires produisent jusqu'à 300 000 boîtes de conserve par jour ! Pour fournir ces usines, d'immenses filets se referment sur des bancs entiers de poissons. Ces techniques de pêche sont extrêmement efficaces, mais menacent la survie de certaines espèces. Les filets emprisonnent aussi accidentellement des animaux comme des oiseaux marins, des tortues, des phoques et des dauphins, qui meurent noyés.

Assiette mortelle

Le fugu, un type de poisson porc-épic, contient assez de poison pour tuer 30 personnes. Au Japon, ce poisson est pourtant considéré comme un délice et le prix d'une assiette peut s'élever à 200 $! Les grands chefs suivent une formation spéciale pour apprendre à cuisiner ce poisson en enlevant ses parties toxiques. Néanmoins, plus de 100 personnes meurent chaque année après avoir mangé du fugu mal apprêté.

La récolte du sel

Pour récolter le sel de mer, on construit des marais salants. Des canaux acheminent l'eau salée vers une série de bassins de moins en moins profonds. Réchauffée par le soleil, l'eau s'évapore en passant d'un bassin à l'autre jusqu'à ce qu'il ne reste, à la fin, que des cristaux de sel. Près de 66 millions de tonnes de sel sont ainsi recueillies chaque année.

Fermes marines

Plusieurs animaux marins sont élevés en captivité dans les eaux côtières. Ils sont gardés dans des enclos, comme des animaux de ferme. La majorité des huîtres et des moules que l'on consomme grandissent dans des paniers, sur des cordes ou des piquets de bois installés par les humains. L'élevage de la crevette est en plein essor et les grands enclos à poissons se multiplient. En fait, un poisson sur quatre consommés par les humains a été élevé dans une ferme marine. Si ces fermes préviennent l'épuisement des populations sauvages, elles détruisent parfois les écosystèmes côtiers. Ainsi, on a détruit des mangroves pour installer des enclos à poissons ou à crevettes.

La culture d'algues

Les algues sont cultivées sur de grands filets tendus dans les eaux côtières peu profondes. Comestibles, elles sont très riches en vitamines. La récolte sert aussi à l'alimentation des animaux d'élevage et à la fabrication de crème glacée, de dentifrice, de médicaments, d'engrais et de produits de beauté.

Les trésors marins

L'océan cache de nombreuses richesses. Si l'on avait la possibilité de récupérer l'or dissous dans l'océan, on pourrait offrir un lingot d'or de plus de deux kilogrammes à chaque habitant de la Terre ! D'autres trésors comme le corail, les perles et les coquillages sont ramassés depuis la nuit des temps et utilisés comme bijoux, monnaies, décorations et récipients. Ces ressources de l'océan ont une grande valeur aux yeux des humains, mais on oublie trop souvent qu'elles proviennent d'êtres vivants. Une récolte abusive peut menacer leur survie.

Univalve

Les éponges

Le squelette de l'éponge a la particularité de retenir beaucoup d'eau. Les éponges sont utilisées depuis des milliers d'années pour le bain et le nettoyage. Les soldats romains de l'Antiquité transportaient des éponges pleines d'eau qui servaient de gourde pour « éponger » leur soif ! Aujourd'hui, l'utilisation d'éponges synthétiques aide à prévenir le déclin des populations d'éponges naturelles.

Les nodules

Les nodules sont de gros cailloux noirs contenant des métaux précieux comme le manganèse, le fer, le cuivre ou le nickel. Environ 500 milliards de tonnes de nodules parsèment le fond des océans, entre 4 000 et 6 000 m de profondeur. Dans l'océan Pacifique, on a découvert un champ de nodules presque aussi grand que l'Alaska !

Le corail mou

L'être humain récolte le corail mou depuis les temps préhistoriques. Ce corail, utilisé en bijouterie, ressemble à de petites branches. Le plus précieux est le corail rouge. On trouve le corail mou près des côtes asiatiques et en Méditerranée jusqu'à 300 m de profondeur. Aujourd'hui, ce corail se fait rare et il est récolté toujours plus profondément. Victime de cueillettes exagérées, il est menacé de disparition.

Un coquillage monstre

Le bénitier géant vit près des récifs de coraux. D'une largeur de plus de 1,2 m et d'un poids de plus de 225 kg, c'est le plus gros coquillage du monde ! Certaines légendes racontent que l'énorme mollusque pourrait emprisonner un plongeur insouciant dans sa coquille… Pourtant, le bénitier géant est en réalité un végétarien mangeur d'algues.

Les coquillages

Qu'ils soient en forme de spirale, d'éventail ou de papillon, les coquillages qui parsèment le littoral sont les squelettes extérieurs de mollusques. Ces mollusques fabriquent leur coquille en sécrétant un liquide qui durcit en prenant une forme particulière. Les mollusques univalves, comme la littorine, n'ont qu'une seule coquille, alors que les bivalves, comme les palourdes, ont deux coquilles réunies par un muscle.

Bivalve

Les perles

Les perles proviennent de l'huître perlière, qui habite les océans tropicaux. Les précieuses petites pierres rondes se forment lorsqu'une particule étrangère, comme un grain de sable, se glisse dans la coquille de l'huître perlière. L'animal sécrète alors de la nacre, une substance qui enveloppe la particule étrangère pour empêcher celle-ci d'irriter l'intérieur de l'huître. Avec le temps, les multiples couches de nacre qui se forment autour du débris créent une perle.

Un océan d'énergie

Près du tiers du pétrole et du gaz naturel dans le monde provient de gisements situés sous le fond de l'océan. Ces gisements se sont formés il y a des millions d'années par la décomposition du plancton enseveli sous les sédiments. Le pétrole et le gaz naturel sont essentiels à notre vie quotidienne. Ils font fonctionner nos voitures et aident à générer de l'électricité. Pour exploiter les précieux gisements sous-marins, on installe d'immenses plates-formes de forage dans l'océan. Certaines sont de véritables villes flottantes qui hébergent une centaine de travailleurs pendant plusieurs semaines. Les plates-formes sont conçues pour résister aux vagues de plus de 30 mètres, aux vents de 225 km/h, aux tsunamis, aux tremblements de terre et aux incendies. Les plates-formes les plus productives, situées dans la mer du Nord, le golfe du Mexique et le golfe Persique, extraient des millions de barils de pétrole par jour !

Le forage
Les gisements de pétrole peuvent se trouver à plusieurs milliers de mètres sous le plancher marin. Pour les atteindre, un puits doit être creusé dans le fond de l'océan à partir d'une plate-forme de forage. Un outil rotatif situé au bout d'un long tube creuse la roche sous-marine jusqu'à ce qu'il atteigne le gisement. Le pétrole est ensuite pompé vers la plate-forme. Un pétrolier ou un oléoduc sous-marin l'acheminera vers les côtes.

L'énergie de l'avenir

L'utilisation par les humains du pétrole et du gaz naturel pollue énormément l'environnement, et les réserves de ces ressources s'épuisent. Pour faire face à la demande toujours plus grande d'énergie, les ingénieurs commencent à se tourner vers des sources d'énergie non polluantes et renouvelables. Déjà, des centrales marémotrices utilisent le mouvement des marées pour actionner des turbines qui produisent de l'électricité. Les courants et les vagues pourraient également alimenter des turbines. Sur le littoral, l'énergie des vents côtiers est captée par de grandes éoliennes.

Éoliennes

Des gratte-ciel dans l'eau

L'une des plates-formes de forage les plus hautes du monde est située au large de la Louisiane, dans le golfe du Mexique. Elle est fixée au fond de l'eau, à 872 m de profondeur, et s'élève à 128 m au-dessus de la surface. D'une hauteur totale de 1 000 m, cette plate-forme est plus haute que n'importe quelle tour ou n'importe quel gratte-ciel sur la terre ferme !

Un océan malade

L'océan a longtemps été considéré comme une immense poubelle capable de faire disparaître tous nos déchets ! Loin d'être supprimés, les déchets jetés dans l'océan polluent les côtes et dérivent sur des milliers de kilomètres, parfois jusqu'aux pôles. Près de la moitié des polluants marins proviennent de la terre ferme. Les eaux usées, les pesticides, les engrais et les déchets industriels sont emportés par les fleuves jusqu'à la mer. Dans les grands fonds, des déchets nucléaires sont stockés dans des contenants de béton. Une simple fissure dans le béton pourrait provoquer une catastrophe écologique ! Sur les côtes, les développements touristiques et industriels détruisent de nombreux habitats naturels comme les mangroves, les herbiers ou les récifs de coraux. Au large, des tortues sont étouffées par des sacs de plastique qu'elles prennent pour des méduses, des oiseaux sont englués dans le pétrole, des poissons sont intoxiqués et des dauphins sont pris dans des filets de pêche abandonnés.

Du poison dans nos assiettes

Les humains jettent toutes sortes de poisons dans l'océan, dont des pesticides comme le DDT ou de dangereux métaux lourds comme le mercure. Ces produits toxiques sont absorbés par le plancton. Les animaux marins qui se nourrissent du plancton sont ensuite contaminés. À chaque étape de la chaîne alimentaire, la concentration de poison augmente. Les mammifères marins, les gros poissons et les êtres humains, qui sont à la tête de la chaîne, peuvent absorber une quantité de produits toxiques un million de fois plus concentrée que l'eau contaminée à l'origine. On a découvert qu'une exposition à ces substances peut causer des cancers, des troubles du cerveau, des malformations chez les nouveau-nés et de l'infertilité.

Marées noires

Des milliers de tonnes de pétrole peuvent s'échapper d'un pétrolier accidenté, ce qui provoque un type de pollution appelé marée noire. Les marées noires polluent les côtes, tuent les oiseaux et intoxiquent les plantes et les animaux marins. L'épaisse couche de pétrole noir empêche la pénétration des rayons solaires dans l'océan, et affecte ainsi les algues et toute la chaîne alimentaire. En 1989, la marée noire provoquée par le pétrolier *Exxon Valdez* en Alaska entraîna la mort de 250 000 oiseaux, 2 800 loutres, 300 phoques, 250 aigles à tête blanche et 22 épaulards.

Contamination au mercure

Entre 1932 et 1968, une usine déversa du mercure dans la baie de Minamata au Japon. Avec le temps, ce déversement entraîna l'une des plus grandes tragédies humaines et environnementales. Des poissons et des mollusques furent contaminés puis consommés par la population de la région. Des centaines de personnes furent empoisonnées et moururent, dont plusieurs enfants et nouveau-nés. Des milliers d'autres tombèrent gravement malades, plusieurs furent déformés ou paralysés à vie.

Animaux en péril

Chaque jour, des espèces vivantes disparaissent avant même d'avoir été découvertes ou étudiées ! L'être humain est en partie responsable de ces disparitions. La pollution contamine les plantes et les animaux. Elle les rend vulnérables aux maladies et les empêche de bien se reproduire. Peu à peu, la population de certains animaux diminue, puis finit par disparaître. Sur les côtes, nos constructions envahissent les habitats naturels et chassent les animaux marins qui y vivent. La pêche industrielle conduit certaines espèces à la limite de l'extinction. Récemment, les humains sont devenus plus sensibles à la fragilité des océans. Partout dans le monde, des pays adoptent des lois pour réglementer la pêche et la pollution. Des réserves sont créées pour protéger la vie marine. Il existe actuellement plus de 1 000 sanctuaires marins, dont le plus vaste est la Grande Barrière de corail, en Australie !

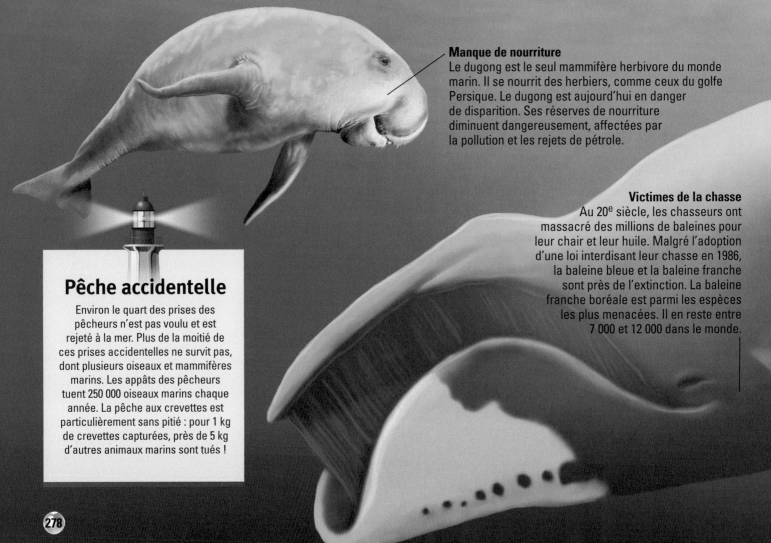

Manque de nourriture
Le dugong est le seul mammifère herbivore du monde marin. Il se nourrit des herbiers, comme ceux du golfe Persique. Le dugong est aujourd'hui en danger de disparition. Ses réserves de nourriture diminuent dangereusement, affectées par la pollution et les rejets de pétrole.

Victimes de la chasse
Au 20e siècle, les chasseurs ont massacré des millions de baleines pour leur chair et leur huile. Malgré l'adoption d'une loi interdisant leur chasse en 1986, la baleine bleue et la baleine franche sont près de l'extinction. La baleine franche boréale est parmi les espèces les plus menacées. Il en reste entre 7 000 et 12 000 dans le monde.

Pêche accidentelle

Environ le quart des prises des pêcheurs n'est pas voulu et est rejeté à la mer. Plus de la moitié de ces prises accidentelles ne survit pas, dont plusieurs oiseaux et mammifères marins. Les appâts des pêcheurs tuent 250 000 oiseaux marins chaque année. La pêche aux crevettes est particulièrement sans pitié : pour 1 kg de crevettes capturées, près de 5 kg d'autres animaux marins sont tués !

Un animal disparu

Le grand pingouin, un oiseau marin incapable de voler, a longtemps vécu dans l'Atlantique Nord. Il est aujourd'hui disparu. Chassé à l'excès pour ses plumes et sa chair aux 16e et 17e siècles, on ne le rencontre plus depuis 1844.

Pris au piège

Les vaquitas sont des petits marsouins vivant uniquement dans le golfe de Californie, au Mexique. La population de vaquitas, affectée par la pêche et la pollution, est estimée à seulement 500 individus. Chaque année, une cinquantaine de ces marsouins meurent étranglés dans les filets de pêcheurs !

Phoques en danger

Il y a quelques années, des milliers de phoques moines fréquentaient les côtes de la Méditerranée. Aujourd'hui, pas plus de 500 phoques survivent dans ces eaux trop polluées. Le phoque moine est l'une des espèces animales les plus menacées du monde.

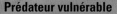

Prédateur vulnérable

Chaque année, les humains tuent volontairement ou involontairement 100 millions de requins. En plus d'être pêchés pour leur viande, ils sont chassés comme trophée. Même le redoutable grand requin blanc est victime de sa mauvaise réputation. Il est considéré comme une espèce vulnérable.

Récifs blancs

Selon de récentes études, 58 % des récifs de coraux du monde sont en danger à cause des activités humaines et 25 % ont été détruits ou sérieusement endommagés par le réchauffement planétaire. Les récifs de coraux souffrent de diverses maladies, dont le blanchiment. Le blanchiment est provoqué par le réchauffement planétaire et la pollution des eaux, qui entraînent la fuite des minuscules algues vivant sur les coraux. Comme les coraux ne peuvent survivre sans ces algues, ils deviennent blancs et meurent.

Les cartes

Cartes du ciel

Le ciel de l'hémisphère Nord

Avec un peu d'imagination, on arrive à former des figures dans le ciel en reliant les points lumineux par des lignes imaginaires : ce sont les constellations. Il y a plus de 2 000 ans, les anciens Grecs et Romains ont identifié environ deux tiers des 88 constellations connues de nos jours. Il faut souvent beaucoup d'imagination pour reconnaître les personnages, animaux ou objets qu'elles sont censées représenter ! Les constellations visibles dans le ciel de l'hémisphère Nord ne sont pas les mêmes que celles que l'on peut observer depuis l'hémisphère Sud. Au nord comme au sud, les diverses constellations défilent dans le ciel au fur et à mesure que la Terre poursuit sa course autour du Soleil. Il existe donc différentes cartes pour les ciels du Nord et du Sud selon l'époque de l'année. La carte du ciel illustrée ici présente les principales constellations que l'on peut observer dans l'hémisphère Nord toutes les nuits de l'année à 22 h (ou une heure plus tard l'été, pour les pays où l'on avance l'heure).

Le ciel du Nord

Le globe terrestre est séparé en deux moitiés par l'équateur : l'hémisphère Nord et l'hémisphère Sud. Le ciel du Nord correspond à la moitié supérieure de la sphère céleste. Ses constellations sont visibles depuis les grandes régions de l'hémisphère Nord, comme l'Europe, les États-Unis, le Canada et le Japon.

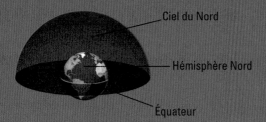

Ciel du Nord

Hémisphère Nord

Équateur

Lion

Le Lion est l'une des plus vieilles constellations connues. Il y a près de 6 000 ans, les Sumériens (les premiers habitants de la Mésopotamie, l'actuel Iraq) la représentaient déjà dans le zodiaque. Les peuples de toutes les cultures et de toutes les époques ont reconnu dans les étoiles de droite la tête d'un lion.

La Grande Ourse

La Grande Ourse est certainement la constellation la plus connue. On la reconnaît surtout à ses sept étoiles les plus brillantes qui forment la queue et une partie du dos de l'animal. La formation du Grand Chariot, considérée à tort comme une constellation, correspond à ce groupement d'étoiles prenant la forme d'une casserole. Les autres étoiles de la Grande Ourse, moins brillantes, se distinguent plus facilement par nuit noire.

Taureau

Des représentations du Taureau ont été retrouvées sur des tablettes d'argile datant de la grande époque de la Mésopotamie, il y a plus de 3 000 ans. Le taureau est l'une des 12 constellations du zodiaque.

AVRIL MAI MARS JUIN FÉVRIER JUILLET JANVIER AOÛT DÉCEMBRE SEPTEMBRE NOVEMBRE OCTOBRE

Spica
VIERGE
LION
BOUVIER
GRAND CHIEN
SCORPION
GÉMEAUX
GRANDE OURSE
HERCULE
Sirius
PETITE OURSE
Bételgeuse
COCHER
LYRE
étoile Polaire
SAGITTAIRE
Rigel
ORION
CASSIOPÉE
CYGNE
AIGLE
TAUREAU
PERSÉE
61 Cygni
ANDROMÈDE
PÉGASE
POISSONS

Comment utiliser les cartes

Après avoir choisi la carte du ciel de l'hémisphère approprié, tenez le livre bien à plat. Avec l'aide d'une boussole, trouvez le nord, si vous utilisez la carte de l'hémisphère Nord, ou le sud, si vous vous trouvez dans l'hémisphère Sud, et placez-vous face à cette direction. Puis, tournez la carte jusqu'à ce que le mois d'observation se trouve en haut. Les étoiles situées au centre de la carte se trouvent au-dessus de votre tête, et celles placées au bord, près de l'horizon. Une fois en position, partez à la recherche d'un point de repère tel qu'une étoile très brillante ou une constellation facilement reconnaissable.

Le ciel de l'hémisphère Sud

Si la plupart des constellations visibles dans le ciel de l'hémisphère Nord ont été nommées par les anciens Grecs il y a plus de 2 000 ans, les constellations du Sud l'ont été beaucoup plus tard. Invisibles depuis la Méditerranée, elles ont été baptisées aux 17ᵉ et 18ᵉ siècles par des explorateurs européens. La carte du ciel illustrée ici représente les principales constellations que l'on peut observer dans le ciel du Sud toutes les nuits de l'année à 22 h (ou une heure plus tard l'été, pour les pays où l'on avance l'heure). Le ciel du Sud correspond au ciel des grandes régions de l'hémisphère Sud comme l'Amérique du Sud, l'Afrique du Sud, l'Australie et la Nouvelle-Zélande.

La Croix du Sud

La Croix du Sud est sans aucun doute la plus célèbre des constellations du Sud. Elle est aussi une des plus petites constellations, et ses quatre étoiles principales sont parmi les plus brillantes du ciel. Avant qu'elle soit nommée, en 1515, ses étoiles faisaient partie de la constellation du Centaure.

Le ciel du Sud

Le ciel du Sud correspond à la moitié inférieure de la sphère céleste. Ses constellations sont visibles depuis l'hémisphère Sud. La ligne de l'écliptique marque la trajectoire apparente du Soleil dans le ciel.

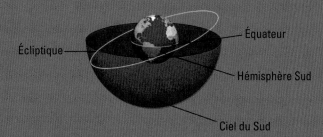

Écliptique —

Équateur

Hémisphère Sud

Ciel du Sud

Orion

Orion est une des constellations les plus spectaculaires du ciel. Bien visible au-dessus de l'horizon, elle représente le chasseur Orion, le fils du dieu de la mer dans la mythologie grecque et romaine. Deux étoiles brillantes, la grosse étoile rouge Bételgeuse et la grosse étoile bleue Rigel, forment respectivement l'épaule et le pied du chasseur. Orion est facile à reconnaître à ses étoiles alignées qui forment la ceinture du chasseur. Cette constellation, visible dans le ciel des deux hémisphères, est un repère utile pour retrouver les différentes constellations.

Le zodiaque et l'astrologie

Le zodiaque est une étroite bande de la sphère céleste au centre de laquelle le Soleil, la Lune et les planètes semblent se déplacer. En avançant sur cette route céleste, le Soleil traverse au cours d'une année 12 constellations : Poissons, Bélier, Taureau, Gémeaux, Cancer, Lion, Vierge, Balance, Scorpion, Sagittaire, Capricorne et Verseau. Ce sont les constellations du zodiaque. D'après les astrologues, la disposition des étoiles et des planètes le jour de notre naissance détermine notre destin. Notre signe astrologique correspondrait ainsi à la constellation visitée par le Soleil au moment de notre naissance. Mais de nos jours, les dates astrologiques ne correspondent plus aux dates astronomiques. Par exemple, le mois astral de la Vierge s'étend du 23 août au 22 septembre, alors que dans la réalité, le Soleil se déplace dans cette constellation du 17 septembre au 31 octobre ! Comme la science n'a jamais réussi à prouver que les astres avaient une influence sur notre personnalité, les scientifiques croient que l'astrologie n'est que superstition.

Vierge

La Vierge est une des grandes constellations du ciel. Selon la légende, la Vierge représente la déesse des moissons portant un épi de blé.

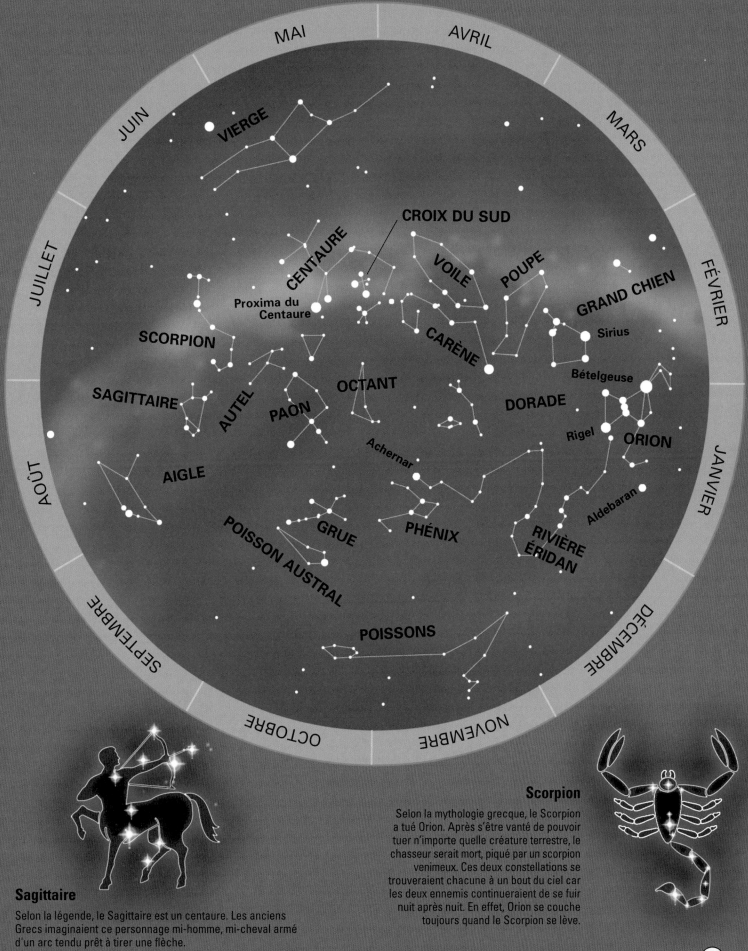

MAI

AVRIL

JUIN

MARS

JUILLET

FÉVRIER

VIERGE

CROIX DU SUD

CENTAURE

VOILE

POUPE

GRAND CHIEN

Proxima du Centaure

Sirius

SCORPION

CARÈNE

Bételgeuse

SAGITTAIRE

OCTANT

DORADE

AUTEL

PAON

ORION

Rigel

AIGLE

Achernar

AOÛT

JANVIER

Aldebaran

GRUE

PHÉNIX

POISSON AUSTRAL

RIVIÈRE ÉRIDAN

DÉCEMBRE

SEPTEMBRE

POISSONS

OCTOBRE

NOVEMBRE

Sagittaire

Selon la légende, le Sagittaire est un centaure. Les anciens Grecs imaginaient ce personnage mi-homme, mi-cheval armé d'un arc tendu prêt à tirer une flèche.

Scorpion

Selon la mythologie grecque, le Scorpion a tué Orion. Après s'être vanté de pouvoir tuer n'importe quelle créature terrestre, le chasseur serait mort, piqué par un scorpion venimeux. Ces deux constellations se trouveraient chacune à un bout du ciel car les deux ennemis continueraient de se fuir nuit après nuit. En effet, Orion se couche toujours quand le Scorpion se lève.

Les géographes ont conçu un système de coordonnées qui détermine l'emplacement de tout point sur la Terre. Ils ont imaginé un quadrillage formé de lignes verticales et horizontales qui recouvre entièrement la planète. Les lignes verticales imaginaires qui partagent la Terre en quartiers comme une orange sont les méridiens. Ils déterminent la longitude d'un lieu, c'est-à-dire sa position ouest ou est par rapport au méridien origine. Les parallèles sont les lignes imaginaires qui divisent la Terre en tranches parallèles à l'équateur. Ils renseignent sur la latitude d'un lieu, soit sa position nord-sud par rapport à l'équateur.

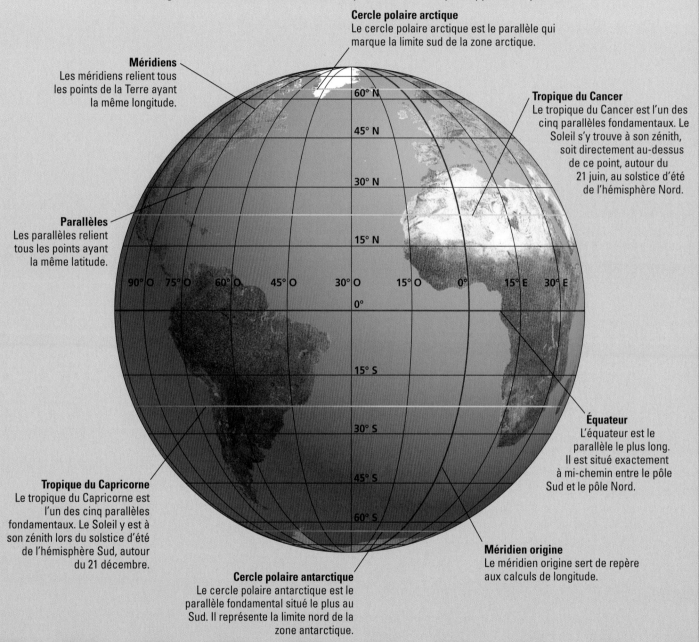

Cercle polaire arctique
Le cercle polaire arctique est le parallèle qui marque la limite sud de la zone arctique.

Méridiens
Les méridiens relient tous les points de la Terre ayant la même longitude.

Tropique du Cancer
Le tropique du Cancer est l'un des cinq parallèles fondamentaux. Le Soleil s'y trouve à son zénith, soit directement au-dessus de ce point, autour du 21 juin, au solstice d'été de l'hémisphère Nord.

Parallèles
Les parallèles relient tous les points ayant la même latitude.

Équateur
L'équateur est le parallèle le plus long. Il est situé exactement à mi-chemin entre le pôle Sud et le pôle Nord.

Tropique du Capricorne
Le tropique du Capricorne est l'un des cinq parallèles fondamentaux. Le Soleil y est à son zénith lors du solstice d'été de l'hémisphère Sud, autour du 21 décembre.

Méridien origine
Le méridien origine sert de repère aux calculs de longitude.

Cercle polaire antarctique
Le cercle polaire antarctique est le parallèle fondamental situé le plus au Sud. Il représente la limite nord de la zone antarctique.

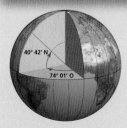

Faire le point

Pour connaître la position d'un lieu, il faut déterminer à quelle latitude et à quelle longitude il se trouve. De la même façon que l'angle de deux rues permet de se repérer en ville, le point de rencontre entre un parallèle et un méridien donne la position exacte de tout endroit sur la Terre. Ces deux lignes imaginaires sont exprimées en degrés (°). Comme les heures, les degrés se subdivisent en unités plus petites : les minutes (') et, pour encore plus de précision, les secondes (''). La ville de New York se situe par exemple à 40°42' N de latitude et 74°01' O de longitude.

LA CONFIGURATION DES CONTINENTS

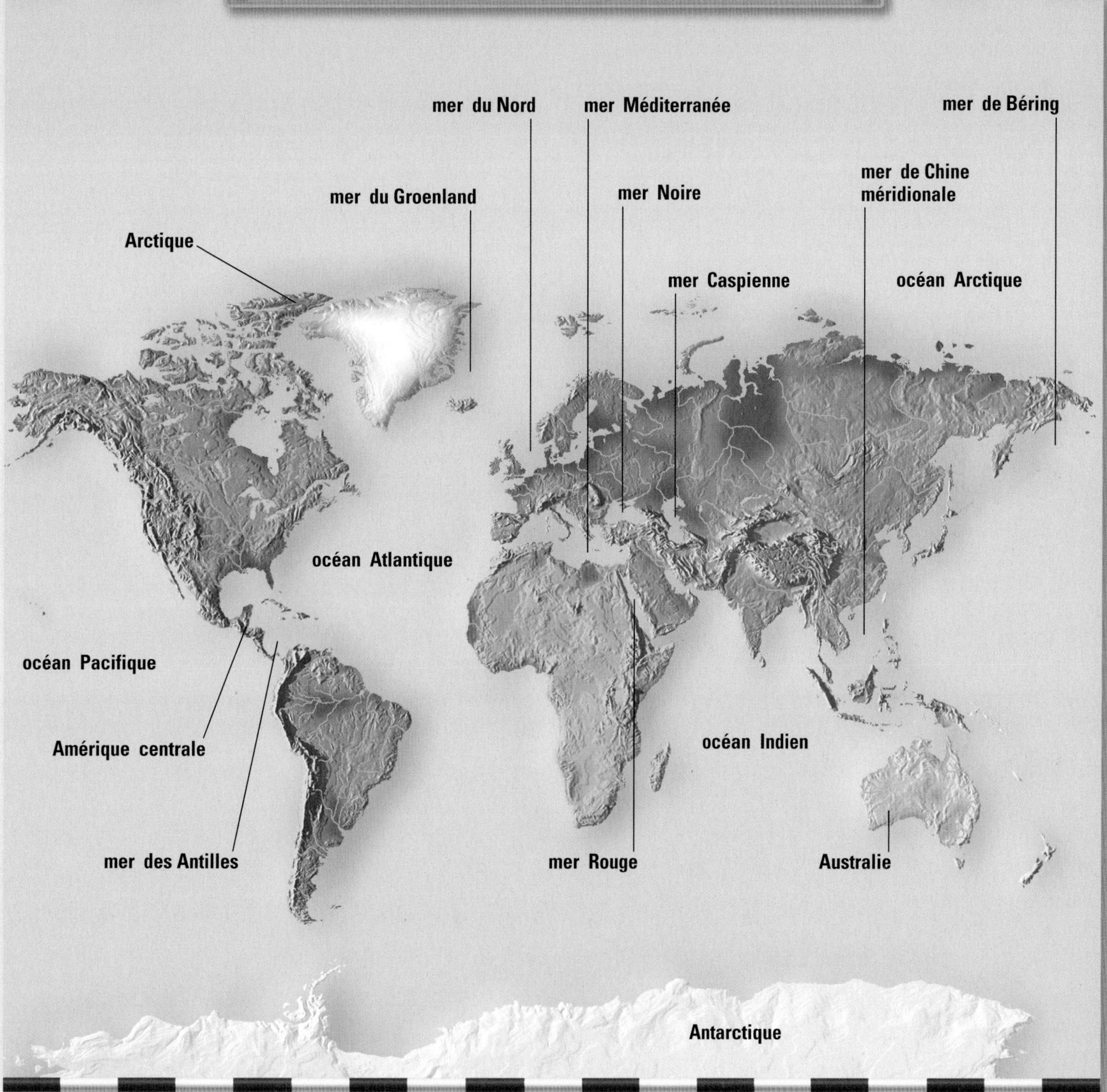

mer du Nord

mer Méditerranée

mer de Béring

mer du Groenland

mer Noire

mer de Chine
méridionale

Arctique

mer Caspienne

océan Arctique

océan Atlantique

océan Pacifique

Amérique centrale

océan Indien

mer des Antilles

mer Rouge

Australie

Antarctique

Amérique du Nord

Europe

Eurasie

Amérique du Sud

Asie

Océanie

Afrique

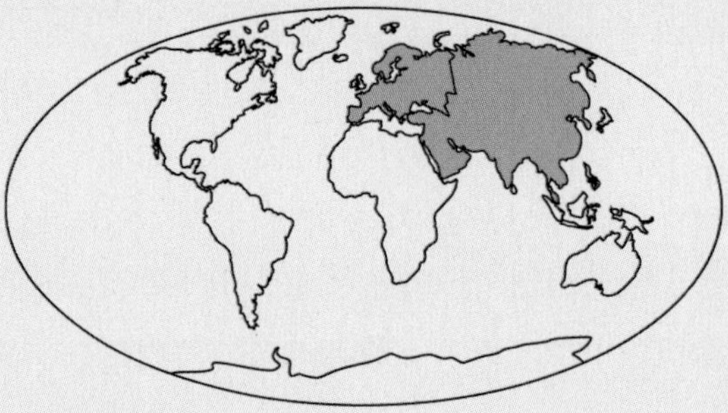

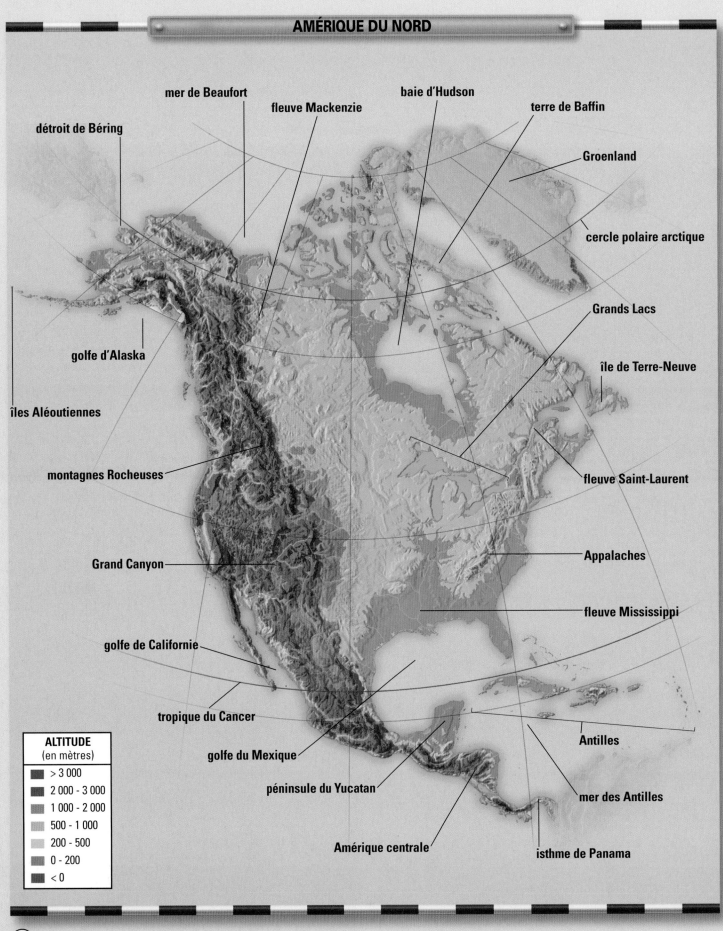

mer de Beaufort

détroit de Béring

fleuve Mackenzie

baie d'Hudson

terre de Baffin

Groenland

cercle polaire arctique

Grands Lacs

golfe d'Alaska

île de Terre-Neuve

îles Aléoutiennes

montagnes Rocheuses

fleuve Saint-Laurent

Appalaches

Grand Canyon

fleuve Mississippi

golfe de Californie

tropique du Cancer

Antilles

golfe du Mexique

mer des Antilles

péninsule du Yucatan

Amérique centrale

isthme de Panama

ALTITUDE
(en mètres)

> 3 000
2 000 - 3 000
1 000 - 2 000
500 - 1 000
200 - 500
0 - 200
< 0

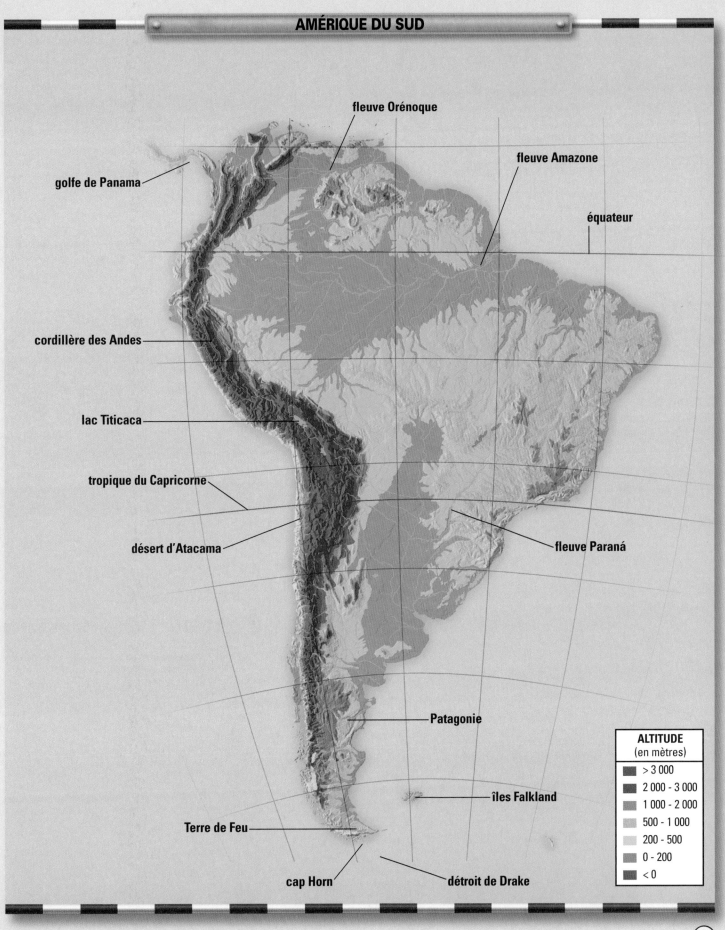

fleuve Orénoque

fleuve Amazone

équateur

golfe de Panama

cordillère des Andes

lac Titicaca

tropique du Capricorne

désert d'Atacama

fleuve Paraná

Patagonie

ALTITUDE
(en mètres)

> 3 000

2 000 - 3 000

1 000 - 2 000

500 - 1 000

200 - 500

0 - 200

< 0

îles Falkland

Terre de Feu

cap Horn

détroit de Drake

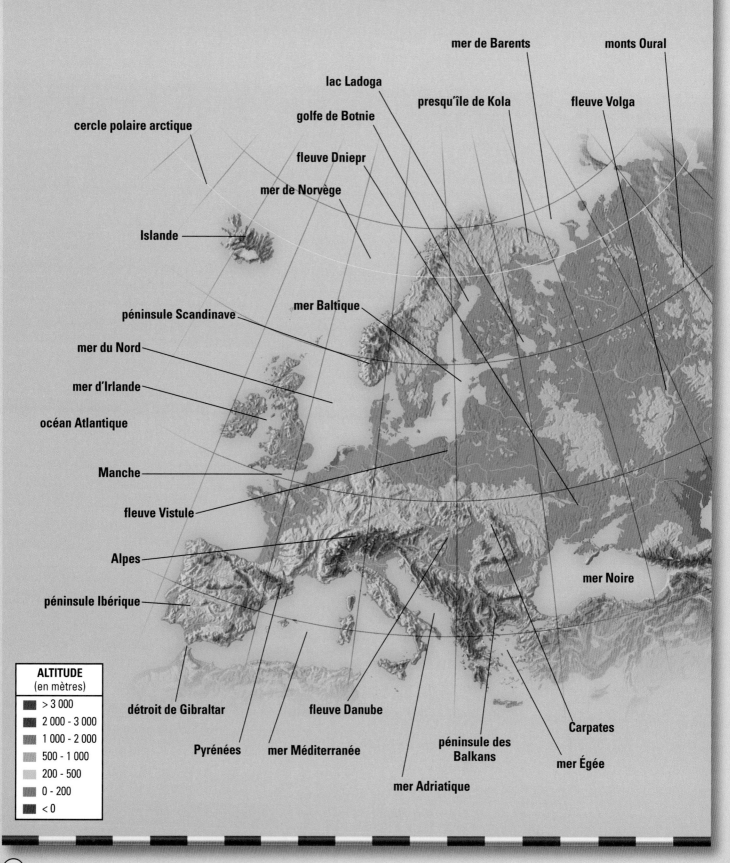

mer de Barents

monts Oural

lac Ladoga

presqu'île de Kola

fleuve Volga

cercle polaire arctique

golfe de Botnie

fleuve Dniepr

mer de Norvège

Islande

péninsule Scandinave

mer Baltique

mer du Nord

mer d'Irlande

océan Atlantique

Manche

fleuve Vistule

Alpes

mer Noire

péninsule Ibérique

ALTITUDE
(en mètres)

▉	> 3 000
▉	2 000 - 3 000
▨	1 000 - 2 000
▨	500 - 1 000
░	200 - 500
▨	0 - 200
▉	< 0

détroit de Gibraltar

fleuve Danube

Carpates

Pyrénées

mer Méditerranée

péninsule des
Balkans

mer Égée

mer Adriatique

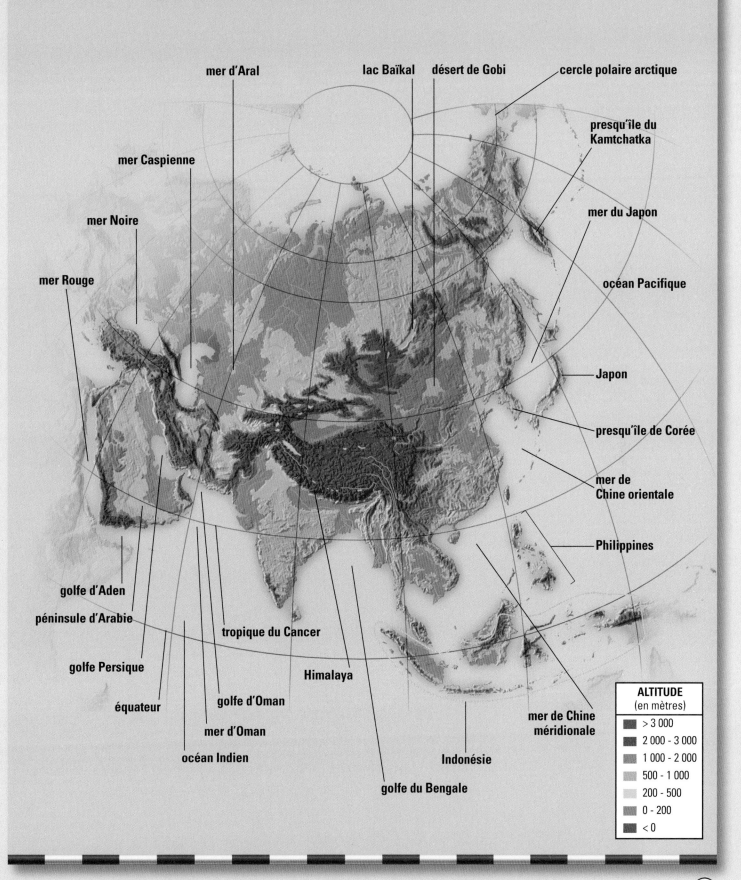

mer d'Aral

lac Baïkal

désert de Gobi

cercle polaire arctique

presqu'île du Kamtchatka

mer Caspienne

mer du Japon

mer Noire

océan Pacifique

mer Rouge

Japon

presqu'île de Corée

mer de Chine orientale

Philippines

golfe d'Aden

péninsule d'Arabie

tropique du Cancer

golfe Persique

Himalaya

équateur

golfe d'Oman

mer d'Oman

mer de Chine méridionale

océan Indien

Indonésie

golfe du Bengale

ALTITUDE
(en mètres)

■	> 3 000
■	2 000 - 3 000
■	1 000 - 2 000
	500 - 1 000
	200 - 500
	0 - 200
■	< 0

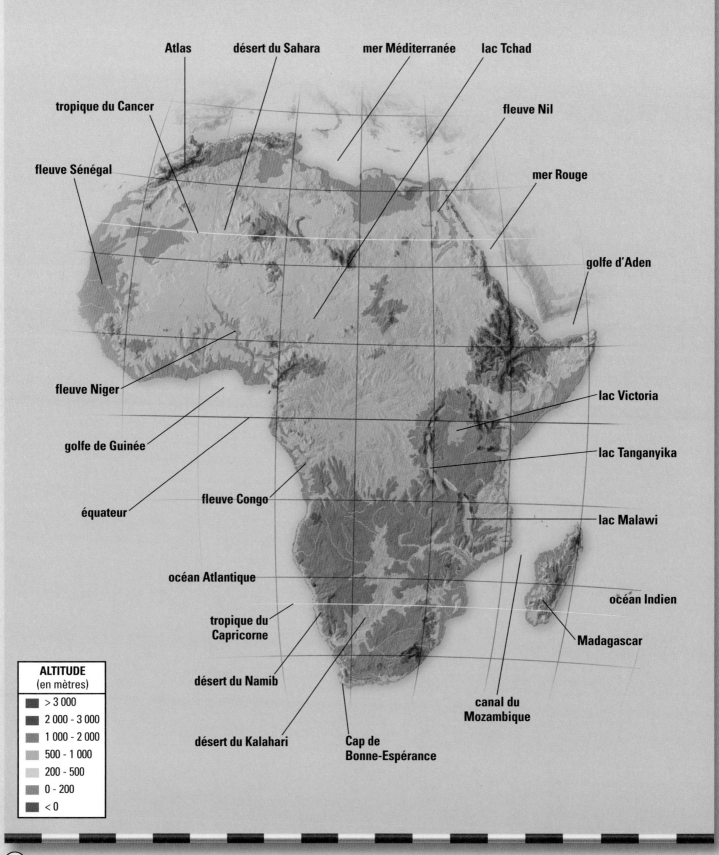

Atlas

désert du Sahara

mer Méditerranée

lac Tchad

tropique du Cancer

fleuve Nil

fleuve Sénégal

mer Rouge

golfe d'Aden

fleuve Niger

lac Victoria

golfe de Guinée

lac Tanganyika

fleuve Congo

lac Malawi

équateur

océan Atlantique

océan Indien

tropique du Capricorne

Madagascar

désert du Namib

canal du Mozambique

désert du Kalahari

Cap de Bonne-Espérance

ALTITUDE
(en mètres)

> 3 000
2 000 - 3 000
1 000 - 2 000
500 - 1 000
200 - 500
0 - 200
< 0

ANTARCTIQUE

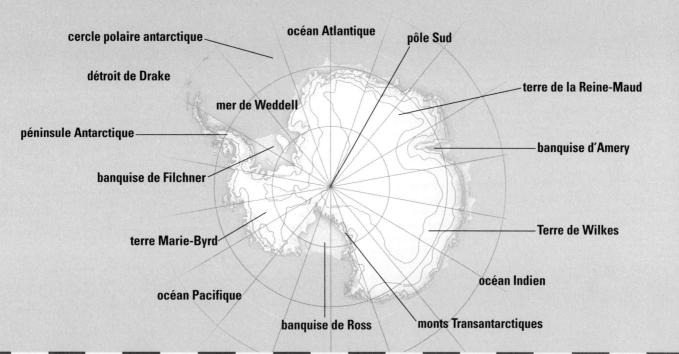

cercle polaire antarctique

océan Atlantique

pôle Sud

détroit de Drake

terre de la Reine-Maud

mer de Weddell

péninsule Antarctique

banquise d'Amery

banquise de Filchner

terre Marie-Byrd

Terre de Wilkes

océan Pacifique

océan Indien

banquise de Ross

monts Transantarctiques

OCÉANIE

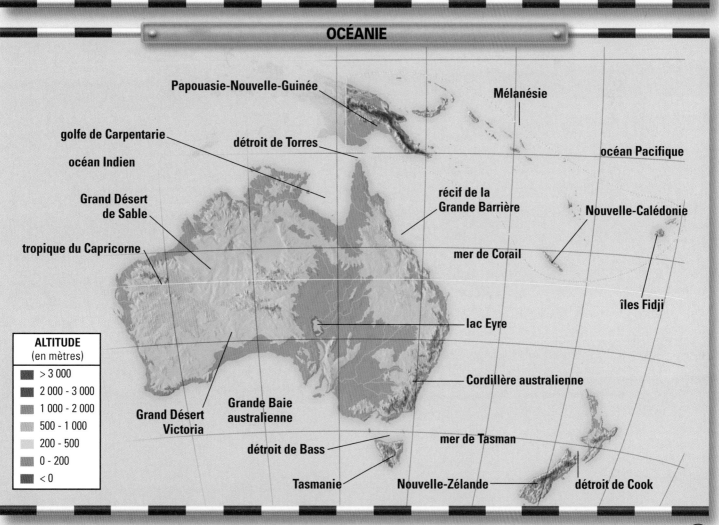

Papouasie-Nouvelle-Guinée

Mélanésie

golfe de Carpentarie

détroit de Torres

océan Pacifique

océan Indien

Grand Désert de Sable

récif de la Grande Barrière

Nouvelle-Calédonie

tropique du Capricorne

mer de Corail

îles Fidji

lac Eyre

Cordillère australienne

Grand Désert Victoria

Grande Baie australienne

mer de Tasman

détroit de Bass

Tasmanie

Nouvelle-Zélande

détroit de Cook

ALTITUDE
(en mètres)

	> 3 000
	2 000 - 3 000
	1 000 - 2 000
	500 - 1 000
	200 - 500
	0 - 200
	< 0

Les faits

Tableau comparatif des planètes

Voici un résumé des principales caractéristiques des huit planètes du Système solaire.

	Mercure	Vénus	Terre	Mars	Jupiter	Saturne	Uranus	Neptune
Diamètre	4 878 km	12 100 km	12 756 km	6 787 km	142 984 km	120 536 km	51 108 km	49 538 km
Distance moyenne du Soleil	58 millions de km	108 millions de km	150 millions de km	228 millions de km	778 millions de km	1 429 millions de km	2 875 millions de km	4 504 millions de km
Température moyenne	De -173 à 427 °C	462 °C	-88 à 58 °C	De -87 à -5 °C	-148 °C	-178 °C	-216 °C	-214 °C
Période de rotation sur elle-même	58,6 jours	243 jours	23,9 heures	24,6 heures	9,8 heures	10,6 heures	17,2 heures	16,1 heures
Période de révolution autour du Soleil	87,9 jours	224,7 jours	365,25 jours	687 jours	11,8 ans	29,4 ans	83,7 ans	163,7 ans
Nombre de lunes connues	0	0	1	2	63	56	27	13
Nombre d'anneaux connus	0	0	0	0	3	des milliers	11	11
Visites de sondes spatiales	1	23	0	16	7	4	1	1

La phrase qui suit est un excellent truc pour se rappeler l'ordre des planètes à partir du Soleil : « **Me Voici Toute Mignonne, Je Suis Une Nébuleuse** ».

Les 10 étoiles les plus brillantes

Vues de la Terre, les étoiles n'ont pas toutes le même éclat. Une étoile peut sembler moins brillante qu'une autre soit parce qu'elle est plus éloignée, soit parce qu'elle produit une moins grande quantité de lumière. Par exemple, Rigel et Bételgeuse semblent presque aussi brillantes l'une que l'autre mais en réalité, Rigel est environ deux fois plus éloignée et quatre fois plus lumineuse. L'éclat des étoiles dans le ciel est appelé magnitude. Plus un astre est brillant, moins sa magnitude apparente est élevée. Les étoiles les plus brillantes ont des magnitudes de 0 ou négatives.

Nom	Constellation	Couleur	Magnitude apparente	Distance de la Terre (années-lumière)
Sirius	Grand Chien	Blanche	- 1,46	8,6
Canopus	Carène	Blanche	- 0,72	313
Arcturus	Bouvier	Orange	- 0,04	36,7
Alpha du Centaure	Centaure	Jaune	0,00	4,3
Véga	Lyre	Blanche	+ 0,03	25,3
Capella	Cocher	Jaune	+ 0,08	42
Rigel	Orion	Bleu-blanc	+ 0,12	773
Procyon	Petit Chien	Blanche	+ 0,38	11,4
Achernar	Éridan	Bleu-blanc	+ 0,46	144
Bételgeuse	Orion	Rouge	+ 0,50	522

Les prochaines éclipses totales de Soleil jusqu'en 2015

Les éclipses de Soleil ont toujours lieu le jour et ne sont visibles que d'une région limitée du globe qui s'étend sur quelques centaines de kilomètres de largeur. Les éclipses solaires totales durent au maximum sept minutes. Mais attention, on ne doit jamais regarder le Soleil à l'œil nu, et encore moins avec des jumelles ou un télescope, même s'il est caché lors d'une éclipse. Cela peut sérieusement endommager les yeux !

Date	Lieu d'observation idéal
1er août 2008	Nord du Canada, Groenland, Sibérie, Mongolie, Chine
22 juillet 2009	Inde, Népal, Chine, Pacifique Centre
11 juillet 2010	Pacifique Sud, île de Pâques, Chili, Argentine
13 novembre 2012	Nord de l'Australie, Pacifique Sud
3 novembre 2013	Atlantique, Afrique centrale
20 mars 2015	Nord-Est de l'Atlantique

Les prochaines éclipses totales de Lune jusqu'en 2015

Contrairement à une éclipse de Soleil, on peut suivre sans danger une éclipse de Lune à l'œil nu. Bien que moins spectaculaire, ce phénomène est plus fréquent et dure plus longtemps, soit environ une heure.

Date	Lieu d'observation idéal
21 février 2008	Amérique, Europe de l'Ouest
21 décembre 2010	Amérique du Nord, Ouest de l'Amérique du Sud
15 juin 2011	Sud-Ouest de l'Asie, Afrique, océan Indien
10 décembre 2011	Pacifique Ouest, Est de l'Asie, Alaska, Yukon
15 avril 2014	Ouest de l'Amérique, Pacifique
8 octobre 2014	Pacifique, Ouest de l'Amérique
4 avril 2015	Pacifique, Ouest de l'Amérique
28 septembre 2015	Ouest de l'Afrique et de l'Europe, Amérique, France

Les principales pluies d'étoiles filantes

La Terre croise régulièrement la trajectoire d'une ancienne comète. En pénétrant dans l'atmosphère terrestre, les poussières et débris rocheux laissés derrière par la comète s'enflamment, produisant une pluie d'étoiles filantes. On peut observer quelques pluies célèbres à des moments précis de l'année, lorsque la Terre traverse la queue de la comète qui leur est associée. Les météores semblent alors venir d'un endroit précis du ciel, délimité par une ou deux constellations.

Nom	Constellations à surveiller	Dates (maximum)	Nombre par heure	Objet associé
Quadrantides	Bouvier	3–4 janvier	8–40	Inconnu
Lyrides	Hercules-Lyre	21–22 avril	8	Comète Thatcher
Eta Aquarides	Verseau–Poissons	4–5 mai	6	Comète Halley
Delta Aquarides	Verseau	28–29 juillet	20	Inconnu
Perséides	Persée	12–13 août	70	Comète Swift-Tuttle
Orionides	Orion	21–22 octobre	20	Comète Halley
Taurides	Taureau	2–3 novembre	15	Comète Encke
Léonides	Lion	17–18 novembre	20	Comète Tempel-Tuttle
Géminides	Gémeaux	13–14 décembre	18–50	Astéroïde 3200 Phaéton
Ursides	Petite Ourse	22–23 décembre	20	Comète Tuttle

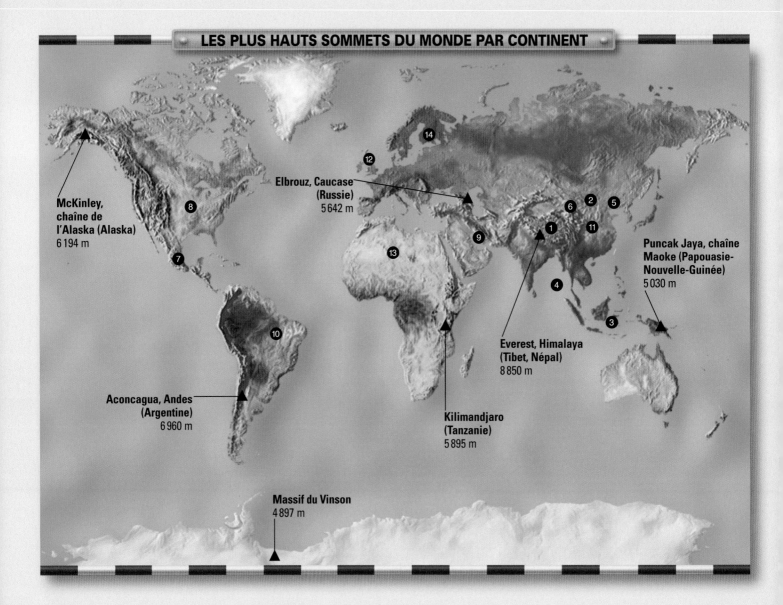

LES PLUS HAUTS SOMMETS DU MONDE PAR CONTINENT

McKinley, chaîne de l'Alaska (Alaska)
6 194 m

Elbrouz, Caucase (Russie)
5 642 m

Puncak Jaya, chaîne Maoke (Papouasie-Nouvelle-Guinée)
5 030 m

Everest, Himalaya (Tibet, Népal)
8 850 m

Aconcagua, Andes (Argentine)
6 960 m

Kilimandjaro (Tanzanie)
5 895 m

Massif du Vinson
4 897 m

Les pires catastrophes naturelles

- Les plus grandes avalanches naturelles ont lieu dans la chaîne de l'**Himalaya** ❶. Comme elles ont souvent lieu dans des zones inhabitées, on ignore leur volume.

- L'inondation la plus dévastatrice a eu lieu en octobre 1887 dans la région de **Huayan Kou, en Chine** ❷. Environ 900 000 personnes perdirent la vie lorsque le fleuve Jaune, ou Huang He, sortit de son lit.

- L'éruption volcanique la plus violente de l'histoire humaine est survenue en **Indonésie** ❸, en 1815. En provoquant la mort de plus de 92 000 personnes, l'éruption du Tambora fut aussi la plus meurtrière de toutes.

- Le tsunami le plus meurtrier de l'histoire a eu lieu dans l'**océan Indien** ❹, en 2004, lorsque des vagues mesurant jusqu'à 15 m de hauteur (l'équivalent d'un édifice de 5 étages) dévastèrent les côtes de plusieurs pays dont l'Indonésie, le Sri Lanka, l'Inde et la Thaïlande.

- Le tremblement de terre le plus dévastateur du 20e siècle a eu lieu dans la région de **Tangshan, en Chine** ❺, le 28 juillet 1976. D'une magnitude de 7,8 sur l'échelle de Richter, il enleva la vie à près de 250 000 personnes et causa d'innombrables dégâts.

- Le glissement de terrain le plus catastrophique a eu lieu dans la province de **Kansu, en Chine** ❻, en 1920. Plus de 180 000 personnes ont perdu la vie lorsqu'un tremblement de terre a engendré plusieurs glissements de terrain.

Des records en matière d'environnement

- La ville de **Mexico** ❼, en Amérique du Nord, est la ville la plus polluée au monde.

- Les **États-Unis** ❽ sont les plus gros producteurs de gaz carbonique, un des plus importants gaz à effet de serre.

- Le plus gros déversement de pétrole n'était pas un accident. En 1990 et 1991, lors de l'invasion iraquienne du Koweït, le président de l'Irak Saddam Hussein a donné l'ordre à l'armée de déverser 908 millions de litres de pétrole dans le **golfe Persique** ❾.

- Le **Brésil** ❿ détient la palme de la plus importante déforestation au monde.

- Depuis quelques années, la **Chine** ⓫ est le pays qui replante le plus d'arbres.

- Les pluies les plus acides sont tombées en **Écosse** ⓬ en 1983. Elles étaient plus acides que du jus de citron !

- L'année la plus chaude survenue depuis que l'on note les températures, soit depuis 1880, fut 1998. Cinq autres records de température ont aussi été enregistrés dans les années 1990.

- Avec sa superficie de plus de 8 millions de km², le **Sahara** ⓭ est le plus grand désert du monde.

La Terre en chiffres

Diamètre maximal	12 756 km
Circonférence	40 076 km
Volume	$1,1 \times 10^{12}$ km³
Masse	$5,9 \times 10^{24}$ kg
Composition de la planète	fer (35 %), oxygène (30 %), silicium (15 %), magnésium (13 %), nickel (2 %), soufre (2 %), autres éléments (3 %)
Longueur du jour	23,95 heures
Longueur de l'année	365,25 jours
Inclinaison de l'axe	23,5 degrés
Superficie des continents	150 millions km²
Superficie des océans	361 millions km²
Épaisseur de l'atmosphère	Jusqu'à 1 000 km (la moitié des molécules d'air se concentrent dans les 5 premiers km)
Composition de l'atmosphère	azote (78 %), oxygène (21 %), autres éléments (1 %)
Point le plus élevé	Mont Everest (8 850 m)
Point le plus profond	Fosse des Mariannes (11 034 m)

Le Forum économique mondial, ou World Economic Forum (WEF), est une organisation internationale indépendante qui a créé un index pour mesurer les performances environnementales de 142 pays. Cet index se base sur divers critères tels que la qualité de l'air et de l'eau, le changement climatique et la protection des terres. Selon le rapport du WEF pour 2002, la **Finlande** ⓮ est le pays le plus écologique.

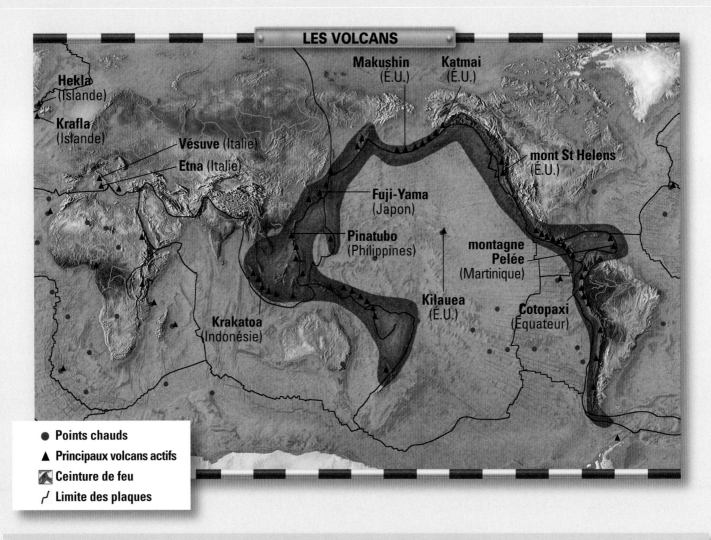

LES VOLCANS

Hekla (Islande)
Krafla (Islande)
Vésuve (Italie)
Etna (Italie)
Makushin (É.U.)
Katmai (É.U.)
mont St Helens (É.U.)
Fuji-Yama (Japon)
Pinatubo (Philippines)
montagne Pelée (Martinique)
Kilauea (É.U.)
Cotopaxi (Équateur)
Krakatoa (Indonésie)

● Points chauds
▲ Principaux volcans actifs
◰ Ceinture de feu
┌ Limite des plaques

L'échelle de Richter

L'échelle de Richter a été inventée par le scientifique américain Charles Francis Richter. Elle mesure, à l'aide d'instruments extrêmement sensibles, la magnitude d'un séisme, c'est-à-dire la quantité d'énergie libérée par celui-ci. Chaque nombre entier dans l'échelle correspond à 10 fois plus de mouvements du sol que le nombre précédent.

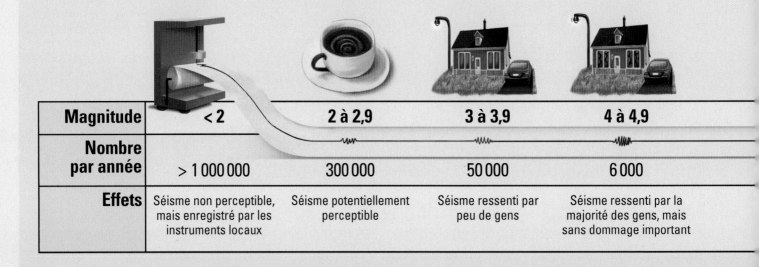

Magnitude	< 2	2 à 2,9	3 à 3,9	4 à 4,9
Nombre par année	> 1 000 000	300 000	50 000	6 000
Effets	Séisme non perceptible, mais enregistré par les instruments locaux	Séisme potentiellement perceptible	Séisme ressenti par peu de gens	Séisme ressenti par la majorité des gens, mais sans dommage important

L'échelle de Mohs

L'échelle de Mohs, qui compare la dureté des minéraux, comporte 10 indices, du plus tendre (indice 1) au plus dur (indice 10). Chaque minéral y est classé selon sa capacité de rayer les autres ou d'être rayé par eux. Par exemple le talc, qui peut être rayé par un ongle, possède une dureté de 1. Il est le plus tendre des minéraux. Le diamant ne peut être rayé que par un diamant. Il est le plus dur de tous les minéraux et possède par conséquent l'indice le plus élevé.

Talc	Gypse	Calcite	Fluorite	Apatite	Orthose	Quartz	Topaze	Corindon	Diamant
1	2	3	4	5	6	7	8	9	10

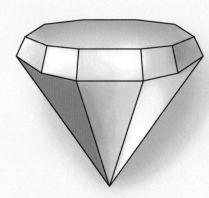

Le plus gros diamant !

Avec ses 600 g, le Cullinan est le plus gros diamant naturel au monde ! Il fut découvert en Afrique du Sud, le 26 janvier 1905, et offert au roi Édouard VII d'Angleterre. On le tailla en 9 énormes pierres et 96 plus petites de la plus grande qualité. Le plus gros et le plus célèbre de ces diamants, le Cullinan 1, aussi appelé l'Étoile d'Afrique, fut serti dans le sceptre du roi.

5 à 5,9	6 à 6,9	7 à 7,9	> 8
800	100 à 300	15 à 20	1 à 4
Séisme modéré, quelques dommages causés par les secousses	Séisme important, dommages en zone habitée	Séisme majeur, dommages importants en zone habitée	Séisme très rare, destruction totale en zone habitée

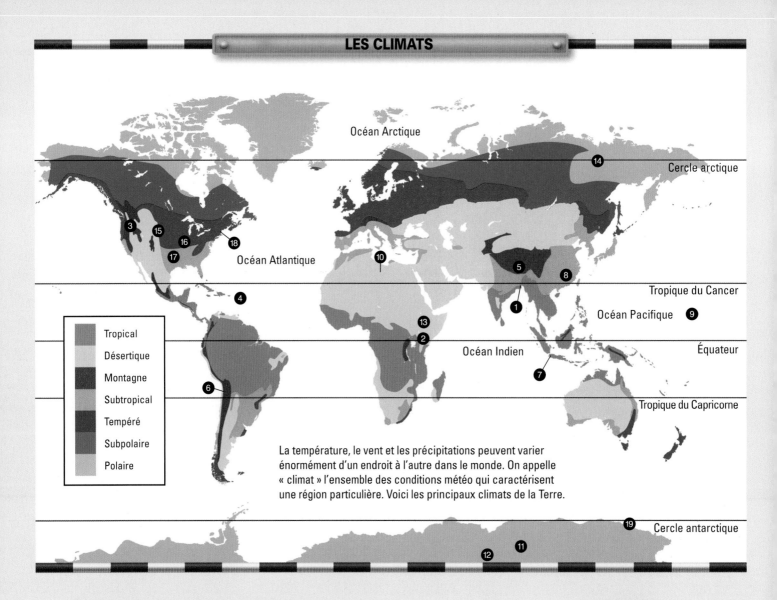

Océan Arctique

Cercle arctique

Océan Atlantique

Tropique du Cancer

Océan Pacifique

Équateur

Océan Indien

Tropique du Capricorne

Légende (carte)
- Tropical
- Désertique
- Montagne
- Subtropical
- Tempéré
- Subpolaire
- Polaire

La température, le vent et les précipitations peuvent varier énormément d'un endroit à l'autre dans le monde. On appelle « climat » l'ensemble des conditions météo qui caractérisent une région particulière. Voici les principaux climats de la Terre.

Cercle antarctique

Lexique des climats du monde

Climat tropical : Climat très chaud situé près de l'équateur. La température varie peu et les précipitations sont abondantes.

Climat subtropical : Climat caractérisé par des hivers doux, des étés très chauds et des précipitations abondantes.

Climat désertique : Climat caractérisé par de faibles précipitations, un sol presque sans végétation et de grands écarts de températures entre le jour et la nuit.

Climat de montagne : Climat associé aux montagnes. La température baisse et la végétation devient de plus en plus rare à mesure qu'on monte en altitude.

Climat tempéré : Climat caractérisé par un temps variable et quatre saisons bien distinctes.

Climat subpolaire : Climat caractérisé par de longs hivers froids et des étés courts et frais.

Climat polaire : Climat très froid caractérisé par un sol souvent gelé et une température qui dépasse rarement 10 °C.

Le pire temps

C'est aux États-Unis qu'on connaît le pire temps, si l'on considère ensemble tous les phénomènes atmosphériques (froid, inondation, sécheresse, chaleur, tornades et tempêtes tropicales). En une année, le pays peut s'attendre à être frappé par 10 000 orages violents, 5 000 inondations, 1 000 tornades et plusieurs ouragans.

Des précipitations records

Le plus gros grêlon pesait 1 kg. Il a été trouvé à **Gopalganj** ❶, au Bangladesh, le 14 avril 1986.

L'endroit le plus grêleux du monde se trouve à **Kericho** ❷, au Kenya, avec 132 jours de grêle par année.

Du 19 février 1971 au 18 février 1972, il tomba un peu plus de 31 m de neige à **Paradise** ❸, au mont Rainier, dans l'État de Washington (É.-U.). C'est la plus grande quantité de neige tombée en un an.

Le 26 novembre 1970, à **Barst** ❹ à la Guadeloupe, il tomba 38 mm de pluie en seulement 1 minute.

Du 1er août 1860 au 31 juillet 1861, il tomba 26,46 m de pluie à **Cherrapunji** ❺, en Inde. C'est la plus grande quantité de pluie tombée en un an.

Le désert d'**Atacama** ❻, au Chili, est l'endroit le plus sec du monde, avec des précipitations annuelles moyennes de quelques gouttes (0,1 mm).

Des tempêtes records

Bogor ❼, en Indonésie, est la ville qui a été la plus souvent touchée par les orages. En 1916, les tempêtes l'ont frappée pendant 322 jours.

L'ouragan le plus meurtrier et le plus dévastateur a frappé le **Bangladesh** ❶ en 1970, faisant au moins 300 000 morts.

La **Chine** ❽ est le pays le plus souvent frappé par les inondations. La plus importante et la plus dévastatrice, en 1887, a fait plus de 900 000 morts.

Le cyclone JOHN est l'ouragan qui a duré le plus longtemps. En 1994, il a sévi pendant une trentaine de jours dans l'**océan Pacifique** ❾.

Des températures records

Le 13 septembre 1922, à **Aziziyah** ❿, en Libye, le mercure a atteint un sommet record de 57,8 °C. Cette température est suffisante pour faire cuire un œuf !

Le 21 juillet 1983, à **Vostok** ⓫, en Antarctique, le mercure a atteint un minimum record de -89,2 °C.

L'endroit le plus froid du monde se trouve en Antarctique, à **Polus Nedostupnosti** ⓬, aussi appelé Pôle de l'Inaccessibilité, avec une température moyenne annuelle de -57,8 °C.

Dallol ⓭, en Éthiopie, est l'endroit le plus chaud du monde avec une température moyenne annuelle de 34,4 °C enregistrée entre 1960 et 1966.

À **Verkhoïansk** ⓮, en Sibérie, les températures extrêmes peuvent passer de -68 °C l'hiver à 32 °C l'été. C'est l'endroit où les saisons sont les plus contrastées.

À **Spearfish** ⓯, au Dakota du Sud (É.-U.), la température est passée de -20 °C à 7 °C en seulement 2 minutes. C'est la variation la plus rapide de température.

Des vents records

La tornade la plus destructrice de l'histoire a frappé le **Missouri**, l'**Illinois** et l'**Indiana** (É.-U.) ⓰ le 18 mars 1925. Voyageant sur 350 km, elle a fait près de 700 morts.

La tornade la plus puissante du monde a frappé l'**Oklahoma** (É.-U.) ⓱ le 3 mai 1999, avec des vents records de 509 km/h.

Le 12 avril 1934, au **mont Washington** ⓲, dans le New-Hampshire (É.-U.), une rafale de vent a atteint 372 km/h.

L'endroit le plus venteux de la planète se trouve à la **baie Commonwealth** ⓳, en Antarctique, avec des vents soufflant en moyenne à 80 km/h, et des rafales pouvant atteindre 322 km/h.

Les vents

Des vents de toutes sortes soufflent aux quatre coins de la planète. Ces vents peuvent être doux, chauds, froids, secs, humides ou pleins de poussières. En voici quelques-uns :

CHINOOK ❶
Vent chaud provenant de l'ouest, soufflant dans les montagnes Rocheuses en Amérique du Nord. Il peut faire grimper les températures de 22 °C en 15 minutes, faisant fondre la neige.

CHOCOLATE ❷
Vent du nord, chaud et modéré, qu'on trouve dans la région du golfe du Mexique et qui doit son nom à la couleur chocolatée du sable qu'il transporte.

BARBIER ❸
Ce terme est utilisé surtout en Amérique du Nord pour décrire un blizzard qui souffle du nord, en hiver, dans le golfe du Saint-Laurent. C'est une forte tempête maritime pendant laquelle la bruine et la pluie gèlent instantanément au contact des objets, incluant les cheveux et la barbe… d'où son nom !

MISTRAL ❹
Vent violent provenant du nord et soufflant vers le centre de la France à peu près toute l'année. Plus fréquent en hiver, il est quelquefois d'une telle vigueur qu'il menace la stabilité des trains dans le delta du Rhône.

SIROCCO ❺
Vent chaud, sec et poussiéreux provenant du Sahara et soufflant surtout au printemps en direction de la mer Méditerranée. En traversant la mer, il se charge d'humidité et apporte du brouillard et de la pluie à Malte, en Sicile et au sud de l'Italie.

FOEHN ❻
Vent chaud et sec du sud, soufflant le plus souvent au printemps et en automne dans la région du Valais, en Suisse. Ce puissant vent en rafales descend les montagnes, amenant le beau temps et faisant grimper les températures. Il est tellement chaud qu'il arrive à faire fondre la neige mieux que le soleil lui-même !

MOUSSON ❼
Vent qui change de direction avec les saisons et qui souffle surtout dans le sud de l'Asie. La mousson d'été souffle du sud-ouest à travers l'océan Indien vers le continent. C'est un vent humide qui apporte des pluies parfois diluviennes en Inde, entre autres. La mousson d'hiver est inversée : un vent sec souffle du nord-est du continent asiatique vers l'océan Indien.

BURAN ❽
Vent fort de Sibérie et d'Asie centrale provenant du nord-est et soufflant à plus de 55 km/h. Ses rafales violentes réduisent souvent la visibilité. En été, il est appelé buran noir, car il soulève la poussière. En hiver, on le nomme plutôt buran blanc puisque c'est la neige qu'il soulève. Au Canada et dans le nord des États-Unis, ce type de vent est appelé blizzard.

L'échelle de Beaufort

Grâce à l'échelle de Beaufort, on peut évaluer la force du vent. Cette échelle a été créée en 1805 par un marin britannique nommé Francis Beaufort. À l'époque, elle servait à estimer la force du vent sans l'utilisation d'instruments. D'ailleurs, l'amiral Beaufort l'avait établie en observant l'effet du vent sur les voiles des navires. Puis, quelques années plus tard, elle fut utilisée pour qualifier la force du vent au sol.

Force	0	1	2	3	4	5
Vitesse du vent	Moins de 2 km/h	De 2 à 5 km/h	De 6 à 11 km/h	De 12 à 19 km/h	De 20 à 29 km/h	De 30 à 39 km/h
Description	Calme	Très légère brise	Légère brise	Petite brise	Jolie brise	Bonne brise
Effets	La fumée des cheminées s'élève à la verticale.	La fumée indique la direction du vent.	Les girouettes bougent et on sent le vent sur son visage.	Les petits drapeaux flottent ; les feuilles et les brindilles bougent.	La poussière et le papier s'élèvent ; les petites branches bougent.	Les arbustes et les branches des arbres se balancent.

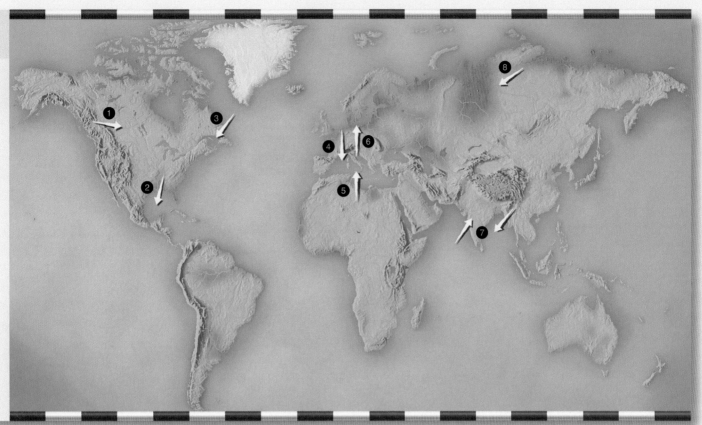

Des gratte-ciel étourdissants

Les palmiers et les cycas sont des arbres des régions tropicales qui résistent bien aux catastrophes naturelles. Ils se couchent sous la tempête mais ne tombent pas. Les constructeurs s'en sont inspirés pour construire des gratte-ciel qui se balancent au vent (comme la Tour de Sydney, en Australie). Le sommet de certains édifices peut osciller de plus de 1 m lors de vents violents !

6	7	8	9	10	11	12
De 40 à 50 km/h	De 51 à 61 km/h	De 62 à 74 km/h	De 75 à 87 km/h	De 88 à 101 km/h	De 102 à 120 km/h	Plus de 120 km/h
Vent frais	Grand frais	Coup de vent	Fort coup de vent	Tempête	Violente tempête	Ouragan
Le parapluie est difficile à contrôler ; les grosses branches s'agitent ; on entend siffler le vent.	La marche contre le vent devient difficile ; les arbres se balancent.	Les petites branches des arbres se brisent.	Les tuiles des toits s'envolent ; les grosses branches des arbres se brisent.	Dommages importants sur les maisons ; les arbres sont déracinés. (Se produit rarement)	Dommages très sévères sur les maisons. (Se produit très rarement)	Les maisons sont détruites ; le paysage dévasté ; c'est le désastre.

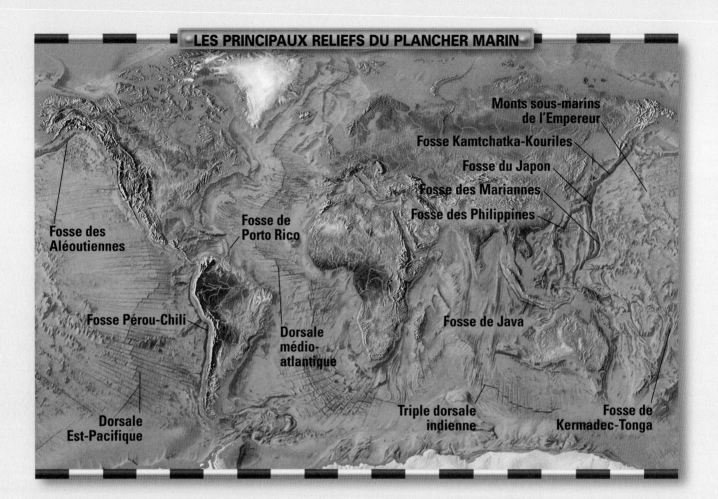

Monts sous-marins de l'Empereur

Fosse Kamtchatka-Kouriles

Fosse du Japon

Fosse des Mariannes

Fosse des Philippines

Fosse des Aléoutiennes

Fosse de Porto Rico

Fosse Pérou-Chili

Dorsale médio-atlantique

Fosse de Java

Dorsale Est-Pacifique

Triple dorsale indienne

Fosse de Kermadec-Tonga

Les grandes tragédies maritimes

Avec plus de 1 500 victimes, le célèbre naufrage du *Titanic* fait partie des grandes tragédies maritimes. Toutefois, plusieurs autres naufrages, non moins terribles, semblent avoir été oubliés par l'Histoire. En voici quelques-uns :

• Le 29 mai 1914, le paquebot canadien *Empress of Ireland* est heurté en plein brouillard par un charbonnier norvégien dans le fleuve Saint-Laurent, au Canada. Le paquebot coule en 14 minutes, emportant avec lui 1 012 passagers et membres de l'équipage.

• Le 7 mai 1915, le paquebot *Lusitania*, utilisé pour transporter des passagers et des marchandises entre les États-Unis et l'Angleterre, est torpillé par un sous-marin allemand au large de l'Irlande. La mort de près de 1 200 civils choque les Américains, qui décident alors de se joindre aux Alliés dans la Première Guerre mondiale.

• Le 30 janvier 1945, lors de la Deuxième Guerre mondiale, le paquebot allemand *Wilhelm Gustloff* est torpillé par un sous-marin soviétique dans la mer Baltique. Entre 6 000 et 7 000 réfugiés et marins allemands à bord du paquebot sont tués.

• Le 3 décembre 1948, le navire à vapeur *Kiangya*, surchargé de réfugiés, frappe une mine près des côtes chinoises. Il coule avec 2 750 personnes.

• Le 20 décembre 1987, au large de Manille aux Philippines, le ferry *Doña Paz* entre en collision avec un pétrolier. On estime que 4 340 passagers pourraient y être morts.

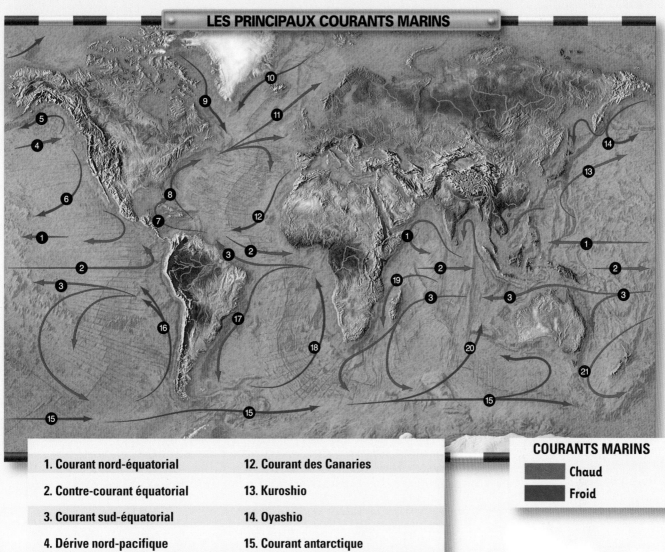

1. Courant nord-équatorial
2. Contre-courant équatorial
3. Courant sud-équatorial
4. Dérive nord-pacifique
5. Courant de l'Alaska
6. Courant de Californie
7. Courant des Caraïbes
8. Gulf Stream
9. Courant du Labrador
10. Courant du Groenland
11. Dérive nord-atlantique
12. Courant des Canaries
13. Kuroshio
14. Oyashio
15. Courant antarctique
16. Courant du Pérou
17. Courant du Brésil
18. Courant de Benguela
19. Courant des Aiguilles
20. Courant d'Australie occidentale
21. Courant d'Australie orientale

COURANTS MARINS

Chaud
Froid

Chaque année, plus de 142 000 navires chargent et déchargent leur cargaison dans le port de Singapour, le plus actif du monde ! En tout temps, environ 1 000 navires sont ancrés dans ce port.

Records chez les animaux marins

- Le poisson-lune *(Mola mola)* est l'animal le plus fertile sur Terre. Il pond quelque 300 millions d'œufs à la fois !

- Le crabe-araignée du Japon *(Macrocheira kaempferi)* est le plus grand crustacé du monde. L'envergure de ses longues pattes atteint près de 3 m.

- Le requin-baleine *(Rhinodon typus)* est le plus gros poisson du monde, avec une longueur pouvant atteindre 15 m et un poids de plus de 10 tonnes. Malgré sa taille terrifiante, il est inoffensif et n'avale que du plancton.

- Le régalec *(Regalecus glesne)* est le plus long poisson osseux du monde. Avec un corps mince mesurant plus de 8 m de long et de longues nageoires ressemblant à une crinière rouge, ce monstre marin semble tout droit sorti d'un récit fantastique !

- La femelle du ver marin bonellie *(Bonellia viridis)* mesure près de 1 m de long, mais son partenaire est minuscule. En effet, le mâle mesure à peine 1 mm et vit à l'intérieur de la femelle. C'est la plus grande différence de taille entre les sexes dans tout le monde animal !

- Le quahog nordique *(Arctica islandica)*, une espèce de palourde, peut vivre 220 ans. Ce mollusque possède le record de longévité chez les animaux.

- L'anguille appelée *Abyssobrotula galatheæ* est le poisson vivant à la plus grande profondeur. Cette créature, mesurant 20 cm de long, a été aperçue au fond de la fosse de Porto Rico, 8 400 m sous la surface de l'océan !

- L'hippocampe est le poisson le plus lent. Il se déplace à une vitesse d'à peu près 1 cm à l'heure. L'hippocampe est aussi l'unique animal dont c'est le mâle, et non la femelle, qui donne naissance aux bébés !

- Le requin mako, le dauphin et l'épaulard sont les champions du saut en hauteur. Ils peuvent effectuer des bonds de 6 à 7 m dans les airs, un record !

- Le cri de la baleine bleue atteint 188 décibels. Son chant est plus fort que celui du décollage d'un avion gros-porteur !

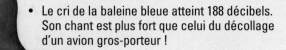

L'océan héberge une grande variété d'organismes vivants. Environ 250 000 espèces ont été identifiées jusqu'à ce jour. Dans les profondeurs, on pense que des millions d'espèces restent encore à découvrir.

Il existe plus d'espèces de poissons que d'espèces de mammifères, d'oiseaux et de reptiles combinées.

Sur la Terre, près de 6 personnes sur 10 vivent dans les régions côtières, à moins de 60 km de l'océan.

Le 12 octobre 2003, Pipin Ferreras, un plongeur d'origine cubaine, s'enfonce sans bonbonne d'oxygène jusqu'à 170 m de profondeur ! Le champion mondial de plongée en apnée « no-limit » est resté 2 minutes 39 secondes sous l'eau.

Chez les humains, le poisson représente une source de protéines très importante. Dans le monde, on mange beaucoup plus de poisson que de bœuf et de poulet.

Danger mortel

- La cuboméduse *(Chironex fleckeri)* est souvent considérée comme l'animal le plus venimeux du monde. Cette méduse habite les eaux du nord de l'Australie et du sud-est de l'Asie. Ses longs tentacules contiennent un venin foudroyant capable d'entraîner la mort d'un humain en moins de 4 minutes !

- Le serpent marin appelé *Hydrophis belcheri* vit dans la mer de Timor, près de l'Australie. Son venin est 100 fois plus venimeux que celui de n'importe quel serpent terrestre. Néanmoins, ce serpent nonchalant ne mord pas les humains, sauf s'il est provoqué.

- Le crocodile marin *(Crocodylus porosus)* est le plus gros reptile du monde. Cette bête féroce pouvant mesurer 7 m de long vit dans les eaux de l'Asie et du nord de l'Australie. Les crocodiles marins dévorent tout sur leur passage, êtres humains compris.

- Sur les centaines d'espèces de requins peuplant les océans, seule une quinzaine sont réellement dangereuses pour l'humain. Le grand requin blanc, le requin tigre et le requin bouledogue sont les plus meurtriers. Ces requins ne pourchassent pas délibérément les humains. Au moment d'une attaque, le requin prend souvent le nageur pour un animal marin. Comme il n'apprécie pas particulièrement la chair humaine, il le relâche après la première bouchée…

Les activités

Recrée les phases de la Lune.

D'un soir à l'autre, la Lune change de forme apparente dans le ciel. L'expérience suivante t'aidera à comprendre pourquoi.

Matériel nécessaire

Pour réaliser ton expérience, tu devras t'installer dans une pièce sombre, à l'abri de la lumière du Soleil. Idéalement, tu devrais pouvoir éteindre la lumière de cette pièce. N'oublie pas : plus il fera noir, plus il te sera facile d'observer le phénomène des phases de la Lune.

• Une lampe de poche

• Un ballon

• Une feuille de papier d'aluminium assez grande pour recouvrir entièrement le ballon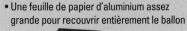

Expérience

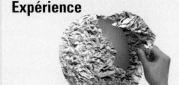  

1. Recouvre ton ballon avec du papier d'aluminium.

2. Pose la lampe de poche sur un meuble, de manière que son faisceau de lumière éclaire au-dessus de ta tête. Éteins les lumières et place-toi devant la lampe de poche.

3. Tiens le ballon au bout de tes bras, de manière que la lampe de poche l'éclaire, puis tourne sur toi-même lentement. Ne quitte pas le ballon des yeux et remarque la façon dont il est éclairé !

Observe bien

Dans cette expérience, le ballon joue le rôle de la Lune. La lampe de poche, quant à elle, remplace le Soleil, tandis que tu représentes la Terre.

Lorsque le ballon se trouve parfaitement aligné entre toi et la lampe de poche, le côté du ballon qui te fait face t'apparaît noir. Dans l'espace, c'est le moment où la Lune a le « dos » éclairé par le Soleil. Vue de la Terre, sa face est alors sombre : c'est la nouvelle lune.

Au contraire, lorsque ton corps se trouve entre la lampe et le ballon, la face du ballon tournée vers toi est complètement éclairée. Dans l'espace, c'est le moment où la Lune a le « devant » éclairé par le Soleil. Vue de la Terre, sa face est complètement lumineuse : c'est la pleine lune.

Les différentes zones d'ombre et de clarté que tu observes sur le ballon entre ces deux moments correspondent aux différentes phases de la Lune.

Recrée le Système solaire… pas à pas.

Les distances entre les planètes du Système solaire sont si grandes qu'elles sont difficiles à imaginer. Crée ton propre Système solaire. Il t'aidera à mieux imaginer ces distances.

Matériel nécessaire

Il est préférable de réaliser cette expérience à l'extérieur, sur le trottoir.

• De grosses craies pour dessiner sur le trottoir

• 10 pierres (1 très grosse, 4 grosses, 2 moyennes, 2 petites et 1 petit caillou)

Expérience

1. Commence ton Système solaire en plaçant la plus grosse pierre à tes pieds. À côté, inscris SOLEIL.

2. Appuie le talon d'un de tes pieds contre la grosse pierre. À la moitié de ton pied, place une petite pierre. À côté, inscris MERCURE.

3. À la jointure de ton gros orteil, dépose une pierre de taille moyenne. À côté, inscris VÉNUS.

4. Au bout de ton pied, place l'autre pierre de taille moyenne. À côté, inscris TERRE. Tout juste à côté de cette pierre, mets un petit caillou : c'est la Lune.

5. À partir de maintenant, avance en plaçant le talon d'un de tes pieds juste devant les orteils de l'autre et compte le bon nombre de pieds avant de déposer la prochaine « planète ». À un pied et demi du Soleil, place une petite pierre. À côté, inscris MARS. Pour un meilleur effet, place toutes les pierres en ligne droite.

6. À 5 pieds du Soleil, place une grosse pierre. À côté, inscris JUPITER.

7. À 9 pieds et demi du Soleil, place une grosse pierre. À côté, inscris SATURNE.

8. À 19 pieds du Soleil, place une grosse pierre. À côté, inscris URANUS.

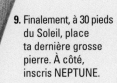

9. Finalement, à 30 pieds du Soleil, place ta dernière grosse pierre. À côté, inscris NEPTUNE.

Observe bien

Les planètes situées les plus près du Soleil, les planètes rocheuses ou telluriques, sont plus rapprochées les unes des autres que ne le sont les planètes gazeuses, dites joviennes.

Fais décoller une fusée.

N'est-il pas incroyable que de lourdes fusées réussissent à décoller du sol et à être propulsées dans l'espace ? Construis ta propre fusée au cours de cette expérience et amuse-toi à la faire décoller !

Matériel nécessaire

Pour réaliser cette expérience, il est préférable que tu t'installes dehors ; le mélange de comprimés contre l'acidité gastrique et d'eau peut causer des dégâts !

- Une règle

- Un crayon

- Un petit contenant de plastique dont le couvercle se glisse à l'intérieur du rebord (Le contenant utilisé pour ranger un film d'appareil photo fera parfaitement l'affaire.)

- Une feuille de papier mesurant 21,5 cm de largeur sur 28 cm de longueur

- Du ruban gommé

- Des ciseaux

- De l'eau

- Des comprimés effervescents contre l'acidité gastrique (Ce genre de comprimés se trouve en pharmacie. Demande à un adulte de t'aider à les trouver.)

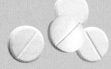

- Des lunettes de sécurité

Expérience

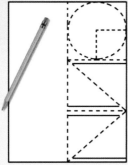

1. Sur la feuille de papier, reproduis les lignes pointillées et les lignes pleines telles qu'elles apparaissent sur le plan ci-dessus.

2. Coupe le long des lignes pointillées, comme indiqué sur le plan.

3. Plie le long des lignes pleines, comme indiqué sur le plan.

4. Colle le contenant de plastique, l'ouverture vers le bas, sur le bord inférieur du rectangle de papier, puis enroule le papier pour former le corps de ta fusée.

5. Roule les trois quarts du cercle en un cône pour obtenir le nez de ta fusée. Tu peux maintenant coller le nez au corps.

6. Colle les ailerons au corps de la fusée.

7. Retourne la fusée et verse de l'eau dans le petit contenant de plastique au tiers de sa capacité.

8. Pour cette étape-ci, agis rapidement ! Laisse tomber un comprimé effervescent dans l'eau et referme le couvercle.

9. Dépose la fusée, son couvercle contre une surface plane. Puis, recule-toi un peu et attends quelques secondes…

Observe bien

Lorsqu'on le plonge dans l'eau, le comprimé effervescent se dissout et crée des milliers de petites bulles de gaz qui exercent une pression à l'intérieur du contenant de plastique. Cette pression devient si forte qu'à un moment elle fait sauter le couvercle !

Les fusées que nous envoyons dans l'espace ont besoin d'une énorme quantité de carburant. En brûlant, le carburant produit des gaz chauds qui sont expulsés violemment par les réacteurs. Cette expulsion de gaz est si puissante qu'elle crée une poussée suffisante pour faire décoller la fusée.

Provoque un tremblement de terre

La gravité des dommages causés par un tremblement de terre ne dépend pas seulement de la force du tremblement de terre, mais aussi du type de sol sur lequel une maison ou une ville est bâtie. Réalise l'expérience suivante et tu comprendras pourquoi.

Matériel nécessaire
- Une petite table
- 2 bocaux transparents
- Du gravier et du sable fin
- De l'eau
- Deux petites voitures (jouets)

Expérience

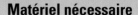

2. Remplis le premier bocal de gravier jusqu'à la moitié et place une voiture jouet sur le gravier, à l'intérieur du bocal.

1. Place les deux bocaux sur la petite table.

3. Remplis le deuxième bocal de sable fin jusqu'à la moitié.

4. Verse, lentement et délicatement, un peu d'eau dans le bocal de sable pour que le liquide s'infiltre tranquillement entre les grains et atteigne à peu près la même hauteur que le sable.

5. Ajoute environ 1 cm de sable sec par-dessus le sable humide dans le bocal et place l'autre voiture jouet sur le sable sec, à l'intérieur du bocal.

6. Attends une minute sans toucher les bocaux ni la table.

7. Secoue brusquement la petite table de gauche à droite pour créer comme un petit tremblement de terre.

Observe bien

La voiture dans le bocal de gravier n'a pratiquement pas bougé, alors que la voiture dans l'autre bocal s'est brusquement enfoncée dans le sable et l'eau. Le sol rocailleux est beaucoup plus stable que le sol sablonneux humide. Ainsi, un tremblement de terre de même force provoquera plus de dégâts dans une ville construite sur un terrain mou que dans une ville bâtie sur du roc.

Fabrique un fossile

Les fossiles sont des traces ou des restes de plantes ou d'animaux, conservés depuis des milliers, voire des millions d'années ! L'expérience suivante te permet de fabriquer ta propre empreinte de fossile.

Matériel nécessaire
- Une boule de pâte à modeler
- Un rouleau à pâte
- De la vaseline ou de l'huile végétale
- Un petit objet qui sera fossilisé : coquillage, feuille, brindille, os de poulet, etc.

Expérience

1. Aplanis la boule de pâte à modeler à l'aide du rouleau à pâte jusqu'à ce qu'elle ait environ 2 cm d'épaisseur.

2. Enduis le petit objet de vaseline ou d'huile pour qu'il ne colle pas à la pâte à modeler.

3. Presse le petit objet dans la pâte à modeler pour bien l'empreindre.

4. Enlève délicatement l'objet puis laisse la pâte à modeler sécher et durcir.

Observe bien

Le petit objet a laissé sa trace dans la pâte à modeler. Dans la nature, l'animal ou la plante est parfois enfoui dans le sable ou la vase. Au bout de milliers d'années, le sable ou la vase a durci et s'est transformé en roche. L'animal ou la plante a disparu, mais la roche a conservé sa marque, créant un fossile !

Fais naître des montagnes

Un peu comme nous, les montagnes naissent et grandissent ! Réalise l'expérience suivante et tu comprendras comment.

Matériel nécessaire
- 2 vieux livres (assez épais)
- 3 boules de pâte à modeler (de couleurs différentes)
- Un rouleau à pâte

Expérience

1. Utilise le rouleau à pâte pour former, avec chaque boule de pâte à modeler, une mince couche rectangulaire d'environ 1 cm d'épaisseur.

2. Étends les trois couches l'une par-dessus l'autre, comme pour former un sandwich.

3. Place les deux livres à deux extrémités du sandwich (le dos de chaque livre contre la pâte à modeler).

4. Pousse en même temps sur les deux livres pour les rapprocher peu à peu.

Observe bien

La pâte à modeler, qui formait auparavant une couche plate, commence à épaissir et à plisser avec le rapprochement des livres. La Terre est recouverte de gigantesques plaques qui peuvent aussi se rapprocher. Imagine que la pâte à modeler représente, au départ, une vaste plaine. Avec le rapprochement des plaques, la plaine se plisse tranquillement et finit par former, au bout de millions d'années, de hautes montagnes !

Fabrique un baromètre à eau

La pression atmosphérique, qu'on appelle aussi pression de l'air, correspond au poids de l'air. La mesure de la pression atmosphérique est très utile pour prévoir le temps. Pour la mesurer, on utilise un baromètre. Voici comment en construire un.

Matériel nécessaire

- un pot avec une ouverture large
- une bouteille avec un goulot étroit
- de l'eau à la température de la pièce
- du colorant à gâteau
- une cuillère
- une étiquette autocollante ou un petit papier et du ruban adhésif
- un crayon
- un carnet

Expérience

1. Verse de l'eau jusqu'à la moitié du pot environ.

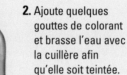

2. Ajoute quelques gouttes de colorant et brasse l'eau avec la cuillère afin qu'elle soit teintée.

3. Mets la bouteille à l'envers dans le pot, de façon que le goulot de la bouteille soit immergé d'environ 1 cm.

4. Appose l'étiquette autocollante — ou le petit papier avec du ruban adhésif — sur le devant du pot à large ouverture afin de mesurer les déplacements du niveau d'eau dans le goulot de la bouteille.

5. Indique sur l'étiquette, en traçant un petit trait à l'aide de ton crayon, le niveau de l'eau dans le goulot de la bouteille.

6. Place ton baromètre à l'abri de la chaleur et du froid et note le niveau de l'eau dans le goulot de la bouteille pendant plusieurs jours. Indique dans ton carnet si le niveau monte ou descend.

Observe bien

Le niveau d'eau dans la bouteille change, selon les jours. Quand la pression de l'air est élevée, elle pousse sur l'eau du pot et en fait remonter une certaine quantité dans le goulot de la bouteille. Une pression atmosphérique à la hausse annonce généralement du beau temps. Au contraire, lorsque la pression de l'air diminue, le niveau de l'eau dans le goulot diminue aussi. Une pression atmosphérique à la baisse annonce généralement du mauvais temps.

Conserve ta fraîcheur

Lorsque le soleil est brûlant, aurais-tu moins chaud en portant des vêtements de teinte sombre ou claire ? Essaie ce qui suit et tu auras ta réponse...

Expérience

1. Entoure un verre avec le papier blanc et l'autre avec le papier noir. Fixe les papiers avec du ruban adhésif.

2. Remplis les 2 verres avec de l'eau à la température de la pièce.

3. Installe-les au soleil pendant une heure, puis vérifie la température de l'eau dans chacun des verres.

Matériel nécessaire

- 2 verres identiques
- une feuille de papier blanc
- une feuille de papier noir
- de l'eau à la température de la pièce
- du ruban adhésif

Observe bien

L'eau est restée plus fraîche dans le verre entouré du papier blanc alors qu'elle s'est réchauffée dans celui entouré du papier noir. Les rayons du soleil agissent différemment sur les objets, selon leur couleur. Les couleurs foncées captent la lumière du soleil et la transforment en chaleur. Le papier noir entourant ton verre a « capté » la chaleur du soleil et l'a transmise à l'eau du verre. Pour leur part, les couleurs pâles agissent comme un miroir et réfléchissent en partie les rayons du soleil. Le papier blanc entourant le deuxième verre a réfléchi les rayons du soleil, ne leur laissant pas le temps de réchauffer l'eau du verre. Tu l'as bien compris : en pleine canicule, pour t'aider à mieux tolérer la chaleur, tu devrais porter des vêtements de couleur claire (blanc, rose, jaune) plutôt que des vêtements foncés (noir, brun, marine).

Habille-toi... selon le climat

Il vaut mieux se couvrir lorsqu'il fait froid... même la tête ! Après l'expérience qui suit, tu seras convaincu de l'utilité de porter un chapeau ou une casquette pendant la saison froide !

Matériel nécessaire

- 2 bocaux identiques
- une tasse à mesurer
- de l'eau chaude
- une casquette

Expérience

1. À l'aide de la tasse à mesurer, remplis les 2 bocaux avec la même quantité d'eau chaude. Fais attention de ne pas te brûler !

2. Recouvre l'un des bocaux avec la casquette.

3. Place les 2 bocaux dans le réfrigérateur et attends 30 minutes.

4. Plonge ton doigt à tour de rôle dans chacun des bocaux et compare les températures de l'eau.

Observe bien

L'eau est restée plus chaude dans le bocal qui est recouvert de la casquette. La raison est fort simple : la casquette empêche la chaleur de quitter le bocal. L'eau qui s'y trouve ne s'est donc pas refroidie. Tu vois qu'il est donc préférable de bien se couvrir pour se protéger du froid !

Mesure le poids de l'air

Bien que ce soit difficile à imaginer, l'air, comme toute chose, a un poids. Réalise l'expérience suivante et constate-le par toi-même.

Matériel nécessaire

- un cintre
- 2 ballons à gonfler de même grandeur et de même forme
- une aiguille
- 2 bouts de ficelle d'égale longueur

Expérience

1. Gonfle les deux ballons à la même grosseur. Pour t'aider, tu peux compter le nombre d'expirations. Essaie de les faire les plus égales possible.

2. À l'aide des ficelles, suspends un ballon gonflé à chaque extrémité du cintre. Suspends le cintre.

3. Une fois le tout en équilibre, fais éclater un des ballons à l'aide de l'aiguille. Attention de ne pas te blesser, surtout au moment de l'éclatement.

Observe bien

Le ballon rempli d'air est plus lourd et fait basculer le cintre de son côté. Voilà la preuve que l'air a bel et bien un poids !
En météorologie, le poids de l'air est un indice important qui permet de prévoir le temps qu'il fera. De l'air léger circulant au-dessus d'une région crée une zone de haute pression, ou un « anticyclone ». Cette condition amène le beau temps. Inversement, de l'air lourd crée une zone de basse pression, aussi appelée « dépression ». À cet endroit, le temps sera alors nuageux, accompagné de précipitations.

Crée un arc-en-ciel

Suis ces quelques étapes et crée ton propre arc-en-ciel !

Matériel nécessaire

Expérience

1. Remplis le verre d'eau.

2. Tiens le verre face au soleil. De l'autre main, tiens la feuille de papier sous le verre. Assure-toi que la feuille de papier est à l'ombre alors que le verre est au soleil.

- un verre transparent
- de l'eau
- une feuille de papier blanc
- un peu de soleil

Observe bien

La bande de couleurs qui apparaît sur ta feuille de papier est le résultat de la décomposition de la lumière du soleil. Bien qu'elle nous apparaisse blanche, la lumière du soleil est en réalité composée de plusieurs couleurs différentes. Dans ton expérience, l'eau décompose la lumière blanche du soleil et la sépare en sept couleurs : rouge, orange, jaune, vert, bleu, indigo et violet. C'est ce phénomène qui est à l'origine de l'arc-en-ciel qui se forme lorsque le soleil fait une apparition durant une averse. Chaque gouttelette agit alors comme l'eau de ton verre. Ensemble, elles décomposent la lumière blanche du soleil pour produire de magnifiques arcs-en-ciel.

L'effet du chaud et du froid

Essaie cette expérience et tu comprendras pourquoi l'air chaud s'élève tandis que l'air froid reste au sol.

Expérience

Matériel nécessaire

- une bouteille de plastique avec un goulot étroit
- de l'eau chaude
- de l'eau froide et des glaçons
- deux plats avec des rebords (genre moules à gâteau)
- un ballon à gonfler
- une ficelle ou un ruban à mesurer

1. Verse de l'eau chaude dans un des moules à gâteau. Sois prudent !

2. Dans le 2e moule, verse de l'eau froide et places-y les glaçons.

3. Gonfle un peu le ballon et enfile-le sur le goulot de la bouteille de plastique.

4. Maintiens la bouteille dans l'eau chaude pendant environ 5 minutes.

5. À l'aide de ta ficelle ou du ruban à mesurer, mesure le tour du ballon.

6. Mets ensuite la bouteille dans l'eau glacée et maintiens-la ainsi pendant encore 5 minutes environ.

7. Reprends la mesure du ballon.

Observe bien

Le ballon est plus gros lorsque la bouteille trempe dans l'eau chaude. Voici pourquoi. La bouteille plongée dans l'eau chaude (ainsi que l'air qui est à l'intérieur) se réchauffe. En se réchauffant, l'air prend plus d'espace. On dit qu'il se dilate. Il devient plus léger, s'élève vers le haut de la bouteille et pénètre dans le ballon qui se remplit d'air et se gonfle encore plus. En plaçant la bouteille dans l'eau froide, le ballon rapetisse. Plongée dans l'eau froide, la bouteille (ainsi que l'air qu'elle contient) se refroidit. En se refroidissant, l'air occupe moins d'espace. On dit qu'il se contracte. L'air quitte alors le ballon pour retourner dans la bouteille.

Le phénomène qui se produit dans ton expérience se produit aussi dans la nature. Les courants d'air chaud s'élèvent, tandis que l'air froid, plus lourd, a tendance à rester au niveau du sol. C'est ce « déplacement d'air » qui est à l'origine du vent !

Fabrique de la pluie

Toute l'eau de la terre voyage sans arrêt. Réalise cette expérience et observe-le par toi-même !

Matériel nécessaire

- un grand bol de verre
- un petit contenant rond (un contenant de yaourt fait très bien l'affaire)
- un mouchoir de papier
- de la ouate
- de la colle
- une grosse pierre
- des petits cailloux
- des fleurs et des brins d'herbe
- de la pellicule de plastique
- un gros élastique
- de l'eau

Expérience

1. Verse un peu d'eau dans le fond du grand bol de verre.

2. Pose un tas de petits cailloux au fond du bol.

3. Place le petit contenant sur le tas de cailloux. Tu peux même le camoufler parmi les cailloux. Prends soin, toutefois, de bien laisser l'ouverture libre.

4. Décore ton tas de cailloux avec des fleurs et des brins d'herbe, pour recréer un environnement naturel autour du petit contenant.

5. Couvre le grand bol de verre d'une pellicule de plastique et attache-la à l'aide du gros élastique. Place la pierre sur la pellicule de plastique, de façon à créer un poids qui enfonce la pellicule juste au-dessus du petit contenant.

6. Tu peux coller des morceaux d'ouate sur un mouchoir de papier et envelopper la pierre dans le mouchoir pour imiter un nuage. Place le bol de verre au soleil toute la journée.

Observe bien

À la fin de la journée, le petit contenant, qui était vide au départ, contient maintenant de l'eau ! Aussi incroyable que cela puisse paraître, tu as fabriqué de la pluie ! La chaleur du soleil a transformé l'eau dans le grand bol en vapeur invisible qui s'est mise à monter dans le bol. En rencontrant la pellicule de plastique, la vapeur s'est transformée en gouttelettes d'eau qui se sont accumulées sous la pierre. Puis ces gouttelettes sont, petit à petit, retombées dans le petit contenant, de la même façon que la pluie retombe sur terre et remplit les lacs.

Tout comme l'eau du grand bol, l'eau à la surface de l'océan se transforme en vapeur grâce au soleil. Dans le ciel, la vapeur d'eau rencontre l'air froid. Cet air froid agit un peu comme la pellicule de plastique et transforme la vapeur en gouttelettes d'eau. L'accumulation de ces milliards de gouttelettes dans le ciel forme les nuages. L'eau retombe ensuite sur terre sous forme de pluie.

Des nuages... juste pour toi !

Réalise cette expérience et fais naître des nuages sous tes yeux...

Expérience

Matériel nécessaire

- une bouteille de plastique transparent avec un petit goulot
- un cube de glace
- une feuille de papier de couleur foncée
- de l'eau très chaude (plus l'eau est chaude, plus l'expérience est réussie)

1. Remplis la bouteille d'eau très chaude. Attention de ne pas te brûler ! Laisse-la reposer pendant 5 minutes pour que la bouteille soit bien chaude.

2. Vide ensuite la bouteille de la moitié de son eau environ.

3. Place le cube de glace sur le goulot de la bouteille. Installe la feuille de papier foncé derrière la bouteille et observe bien.

Observe bien

L'eau chaude dans ta bouteille produit de la vapeur invisible qui monte jusqu'en haut de la bouteille où elle rencontre l'air froid dégagé par le cube de glace. Après quelques minutes, au contact de cet air froid, la vapeur d'eau se refroidit et se condense pour former le nuage que tu vois apparaître sur les parois de ta bouteille. Le même phénomène se produit dans l'atmosphère lorsque se forment les nuages. Lorsqu'elles sont trop grosses et trop lourdes pour flotter, les gouttes d'eau tombent du nuage sous forme de pluie.

Récolte des gouttes de pluie

Grâce à cette expérience, il te sera possible de récolter des gouttes de pluie et d'en observer les différences et la grosseur. Pour ce faire, tu devras attendre une journée de pluie.

Expérience

Matériel nécessaire

- un bol de plastique et son couvercle
- de la farine
- une cuillère
- de la pluie

1. Recouvre le fond du bol d'environ 2 cm de farine, puis remets le couvercle.

2. Sors sous la pluie. N'oublie pas ton imperméable ! Une fois à l'extérieur, enlève le couvercle du bol et laisse la pluie tomber sur la farine pendant 5 à 10 secondes environ.

3. Remets le couvercle et rentre à l'intérieur. Laisse le tout reposer pendant une vingtaine de minutes.

4. Ouvre le couvercle et, à l'aide de ta cuillère, retire délicatement les gouttes de pluie qui auront durci dans la farine.

Observe bien

Tu as recueilli différentes gouttes de pluie. Tu peux maintenant t'amuser à comparer la grosseur des gouttes. Réalise cette expérience pendant une forte averse et pendant une pluie fine. Compare la grosseur des gouttes obtenues. Que remarques-tu ? En général, le diamètre d'une goutte de pluie est d'environ 2 mm. Mais il peut varier entre 0,5 et 5 mm. Plus la pluie est forte, plus les gouttes de pluie sont grosses.

Observe la côte et ses habitants

Le meilleur moment pour observer la côte et ses habitants est à marée basse, lorsqu'une bonne partie du rivage est à découvert. Comme les heures des marées changent d'un endroit à l'autre et d'un jour à l'autre, consulte une table des marées avant ton départ. Ces tables sont affichées dans presque tous les lieux touristiques. Demande à tes parents de t'aider.

Aussi, pour profiter au maximum de ton séjour d'observation au bord de la mer et éviter les blessures, n'oublie pas les objets suivants :

- **Chapeau**
- **Chaussures antidérapantes**
- **Loupe**
- **Appareil photo**

- **Crème solaire**
- **Jumelles**
- **Petite pelle**
- **Crayon et cahier de notes**

Important !

- **Ne te promène jamais au bord de la mer sans la présence et la supervision d'un adulte.**
- **Ne grimpe pas sur les rochers glissants ou recouverts d'algues.**
- **Ne t'approche jamais des falaises.**
- **Surveille la marée montante et les grosses vagues.**
- **Regarde où tu mets les pieds.**
- **Ne touche pas aux animaux vivants.**

Soulève les roches

De nombreux animaux se protègent du soleil et des vagues en se réfugiant sous les pierres. Pour les observer, il suffit de trouver quelques grosses pierres humides et de les soulever délicatement. Tu y trouveras peut-être des mollusques tels que les moules et les littorines (aussi appelées bigorneaux) ou encore des crustacés tels que les balanes et les crabes. Replace toujours la pierre exactement comme elle était.

Littorine

Algues

Balanes   **Crabe**

Observe les algues

Sur les côtes rocheuses, des algues sont agrippées aux rochers. Observe-les de près, sans les piétiner. Elles sont remplies de petites bulles d'air qui leur permettent de flotter à marée haute. Soulève doucement une algue avec ta pelle. Cache-t-elle des animaux ?

Creuse le sable

Les plages de sable semblent à première vue désertes. Pourtant, elles grouillent de vie ! Il suffit de creuser. De nombreux animaux sont enfouis sous le sable et laissent des traces à la surface, comme des ouvertures d'air. Creuse près d'un trou. Tu y trouveras peut-être des vers de mer ou des mollusques tels que des coques ou des palourdes. Après tes observations, remets le sable à sa place.

Coque

Examine les galets

Les galets que tu trouves au bord de la mer sont souvent doux et arrondis. Ils sont polis par le brossage continuel des vagues et le frottement avec le sable et les autres galets.

Moule

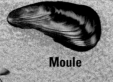

Palourde

Fabrique ton masque d'observation

Les bassins d'eau laissés par la marée haute grouillent de vie. Toutefois, la surface de l'eau agit comme un miroir et le reflet du soleil ou ton propre reflet sur l'eau rend difficile l'observation de ces bassins. Fabrique un masque d'observation qui te permettra de voir sous la surface de l'eau.

Matériel nécessaire

- Un gros contenant de lait ou de jus en carton ciré
- De la pellicule plastique
- Du ruban adhésif imperméable
- Deux gros élastiques
- Des ciseaux

Expérience

1. Découpe avec des ciseaux le haut et le fond du contenant. Demande à un adulte de t'aider.

2. Déchire un gros morceau de pellicule plastique, de façon qu'il recouvre complètement une extrémité ainsi que les quatre côtés du contenant.

3. Utilise du ruban adhésif pour coller les bords de la pellicule plastique sur le contenant.

4. Utilise deux élastiques pour faire tenir en place la pellicule plastique près de chaque extrémité.

Comment utiliser le masque

Apporte ton nouveau masque d'observation au moment d'une promenade à la mer. Installe-toi à ton aise et de façon sécuritaire près d'un bassin d'eau, afin d'éviter toute perte d'équilibre. Plonge l'extrémité recouverte de pellicule sous la surface de l'eau. Regarde dans le bassin à l'aide de l'autre extrémité. Observe, sans bouger, les diverses formes de vie évoluant dans le bassin.

Cherche les restes d'animaux marins

Les coquillages dispersés sur la rive prennent toutes sortes de formes. La coquille des coques a la forme d'un éventail. Celle des patelles a plutôt la forme d'un cône. Les buccins possèdent une grosse coquille en spirale. La coquille des littorines (ou bigorneaux) ressemble à celle d'un escargot. Cherche d'autres indices de vie : des plumes d'oiseaux marins, des carapaces vides de crabes, des squelettes d'oursins ou d'étoiles de mer…

Étoile de mer

Patelle

Oursin

Buccin

Observe les oiseaux

Observe à l'aide de jumelles les nombreux oiseaux de mer qui se nourrissent sur la rive. Certains, comme les cormorans, plongent dans l'eau pour attraper des poissons. D'autres, comme les goélands, recherchent des coquillages. Ils les ramassent avec leur bec, volent dans le ciel et les laissent tomber en plein vol pour que leur coquille se fracasse sur la roche. Il ne reste plus, ensuite, qu'à dévorer l'intérieur du coquillage.

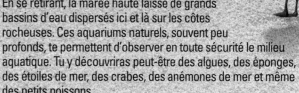

Cormoran

Goéland

Examine les bassins d'eau

En se retirant, la marée haute laisse de grands bassins d'eau dispersés ici et là sur les côtes rocheuses. Ces aquariums naturels, souvent peu profonds, te permettent d'observer en toute sécurité le milieu aquatique. Tu y découvriras peut-être des algues, des éponges, des étoiles de mer, des crabes, des anémones de mer et même des petits poissons.

Observe les bouts de bois

Sur la rive, les morceaux de bois rejetés par les vagues et la marée cachent des êtres vivants. Fendille le bois mou à l'aide de ta pelle. Tu y trouveras sûrement des tarets, ces petits mollusques qui creusent des tunnels dans le bois. Observe les longs tunnels des tarets avec ta loupe, puis replace le morceau de bois là où tu l'as trouvé.

Rapporte des souvenirs

Rapporte des souvenirs de ta promenade sur la côte en prenant des notes, des photos et en faisant des dessins de ce que tu as vu. Mais ne rapporte rien provenant du rivage. Rappelle-toi que les coquillages, les algues, les pierres et les morceaux de bois ont chacun un rôle à jouer sur la côte. Ils peuvent servir de nourriture ou de cachette à une multitude de petits animaux. Laisse le rivage tel qu'il était avant ton passage.

Glossaire

A

Abrasif
Matière qui use, nettoie ou polit d'autres matières par frottement.

Affluent
Cours d'eau qui se jette dans un autre.

Altitude
Hauteur par rapport au niveau moyen de la mer.

Amphibien
Animal qui peut vivre et respirer à la fois dans l'eau et sur terre.

Année
Temps mis par une planète pour faire le tour du Soleil.

Année-lumière
Distance parcourue par la lumière en une année à la vitesse de 300 000 km/s, soit environ 10 000 milliards de kilomètres. Sert d'unité de mesure des distances aux astronomes.

Antarctique
Continent recouvert de glace qui entoure le pôle Sud de la Terre.

Apesanteur
État dans lequel se trouvent les êtres vivants et les objets qui ne sont plus soumis à l'attraction terrestre. Sans poids apparent, ils flottent librement dans l'espace.

Archipel
Groupe d'îles.

Arctique
Terres et mers qui entourent le pôle Nord de la Terre.

Aride
Très sec.

Astre
Planète, étoile ou tout autre corps céleste.

Astronaute
Personne qui voyage dans l'espace à bord d'un vaisseau spatial. Les Russes utilisent le terme de cosmonaute alors que les Français préfèrent celui de spationaute.

Astronome
Scientifique qui étudie les astres et la structure de l'Univers.

Atmosphère
Couche de gaz qui entoure une planète, un satellite naturel ou une étoile.

Atome
Constituant élémentaire de la matière. Il est constitué d'un noyau (lui-même formé de protons et de neutrons) autour duquel gravitent un ou des électrons.

Axe de rotation
Ligne imaginaire qui traverse un objet de part en part, et autour de laquelle celui-ci tourne.

B

Banc
Regroupement de poissons d'une même espèce.

Banquise
Immense étendue de glace flottante située dans les régions polaires.

Big Bang
Événement survenu il y a environ 15 milliards d'années qui aurait donné naissance à toute la matière contenue dans l'Univers. À ce jour, le Big Bang est la théorie scientifique la plus généralement acceptée pour expliquer la naissance de l'Univers.

Biodégradable
Qui peut être dégradé par les micro-organismes du sol ou de l'eau.

Brousse
Terrain sec recouvert d'arbustes et de broussailles.

C

Calotte glaciaire
Masse de glace recouvrant de façon permanente un large territoire, en particulier dans l'Antarctique et au Groenland.

Canyon
Vallée étroite et profonde aux parois abruptes, généralement creusée dans un plateau calcaire.

Carapace
Enveloppe dure qui protège le corps d'un animal.

Chaîne de montagnes
Ensemble allongé de montagnes reliées entre elles et orientées dans la même direction.

Champ magnétique
Région dans laquelle s'exerce une force magnétique.

Charge négative
Charge électrique qui contient plus de particules négatives que de particules positives.

Charge positive
Charge électrique qui contient plus de particules positives que de particules négatives.

Chlorofluorocarbones (ou CFC)
Gaz utilisés dans les appareils de réfrigération et de climatisation, les solvants et les bombes aérosol. Ces gaz endommagent la couche d'ozone de l'atmosphère terrestre lorsqu'ils sont libérés dans l'air.

Climat
Ensemble des conditions météorologiques propres à une région de la planète sur une longue période de temps.

Colonie
Regroupement d'animaux d'une même espèce.

Colonisation
Installation d'un groupe d'êtres vivants dans une nouvelle région.

Combustible fossile
Combustible, tel que le pétrole, le charbon et le gaz naturel, qui s'est formé il y a des millions d'années à partir des restes de plantes et d'animaux enfouis dans le sol.

Concentration
Regroupement dans un espace restreint.

Consommateur
Se dit de tout animal qui se nourrit d'autres animaux, végétaux ou microbes (morts ou vivants).

Couche d'ozone
Fine couche de gaz de l'atmosphère terrestre qui absorbe une grande partie des dangereux rayons ultraviolets du Soleil.

Courant
Déplacement de l'eau, de l'air ou de l'électricité dans une certaine direction.

Courant d'air ascendant
Déplacement de l'air vers le haut.

Courant d'air descendant
Déplacement de l'air vers le bas.

Courant marin
Déplacement de l'eau des océans dans une certaine direction.

Cours d'eau
Écoulement de l'eau dans un lit, comme un ruisseau ou une rivière.

Covoiturage
Transport de plusieurs personnes dans une même voiture pour économiser l'essence et réduire la circulation automobile.

Cratère
Trou creusé au sommet d'un volcan ou par l'impact d'une météorite sur la surface d'une planète, d'une lune ou d'un astéroïde.

Cristal de glace
Particule de glace formée dans un nuage pendant le gel d'une gouttelette d'eau.

Croûte terrestre
Couche dure qui recouvre la surface de la Terre.

D

Débris
Restes d'un objet ou d'un organisme qui a été cassé ou décomposé.

Décomposeur
Organisme qui se nourrit de matière végétale et d'animaux morts, contribuant à leur décomposition.

Décomposition
Processus par lequel une plante ou un animal mort pourrit.

Déforestation
Action de détruire une forêt.

Densité
La quantité de matière par unité de volume.

Désertification
Transformation d'une région en désert sous l'action de facteurs climatiques ou humains.

Diamètre
Longueur de la ligne droite qui traverse un objet rond en passant par son centre.

Digue
Longue construction destinée à retenir les eaux d'un cours d'eau ou de la mer.

Donnée
Information qui provient d'une recherche ou d'une observation.

E

Eau douce
Eau très peu chargée en sels minéraux.

Écosystème
Milieu naturel dans lequel divers êtres vivants interagissent les uns avec les autres.

Effet de serre
Phénomène naturel et indispensable à la vie sur la Terre dû à des gaz rejetés dans l'atmosphère qui emprisonnent la chaleur du Soleil.

Électron
Particule élémentaire de charge électrique négative qui orbite autour du noyau de l'atome.

Élément chimique
Substance qui ne comporte qu'un seul type d'atome.

Ellipse
Trajectoire en forme d'ovale suivie par les objets célestes en orbite.

Énergie
Capacité d'un objet à fournir du travail. Il existe différents types d'énergie tels que la chaleur, la lumière et l'électricité.

Engrais
Produits ajoutés au sol qui le rendent plus productif pour la culture des plantes.

Épicentre
Point de la surface de la Terre situé au-dessus du foyer souterrain d'un séisme. C'est l'endroit où le tremblement de terre est le plus violent.

Équateur
Ligne imaginaire qui entoure la Terre à mi-chemin des pôles et qui sépare l'hémisphère Nord de l'hémisphère Sud.

Équinoxe
Journée de l'année, au début du printemps ou de l'automne, où le jour et la nuit sont d'égale durée, partout sur la Terre.

Érosion
Lent processus d'usure et de transformation du relief terrestre par des agents naturels comme l'eau, le vent et le gel.

Éruption
Jaillissement de lave, de gaz et de pierres d'un volcan.

Espace
Région dépourvue d'air qui se trouve au-delà de l'atmosphère terrestre.

Espèce
Groupe d'individus partageant des caractéristiques communes, capables de se reproduire entre eux et de donner des descendants qui pourront se reproduire à leur tour.

Espèce éteinte
Espèce animale ou végétale qui n'existe plus.

Évaporation
Transformation d'un liquide en vapeur.

Extraterrestre
Tout ce qui vient de l'extérieur de la planète Terre. Habitant d'une autre planète.

F

Faille
Fracture entre deux sections de l'écorce terrestre qui se déplacent l'une par rapport à l'autre.

Forêt tropicale
Zone pluvieuse, située près de l'équateur, où vivent une grande variété de plantes et d'animaux. La chaleur y est constante, la température ne descendant jamais sous les 18 °C.

Fossile
Reste ou empreinte d'un animal ou d'une plante ayant vécu en des temps préhistoriques, qui ont été conservés dans les roches sédimentaires de la croûte terrestre.

Foyer (ou hypocentre)
Le foyer d'un séisme est la zone située à l'intérieur de la Terre où se produit la rupture initiale. C'est de ce point que provient l'énergie soudainement libérée à l'origine du tremblement de terre.

Fusion nucléaire
Réaction au cours de laquelle les noyaux d'atomes se combinent pour former de plus gros noyaux, libérant une quantité énorme d'énergie.

G

Gaz
Substance qui se trouve naturellement à l'état gazeux et dans laquelle les atomes, qui ne sont pas reliés les uns aux autres, occupent tout l'espace disponible.

Gaz à effet de serre
Gaz de l'atmosphère qui emprisonnent la chaleur près de la Terre. La vapeur d'eau, le gaz carbonique et le méthane sont des gaz à effet de serre. La libération dans l'atmosphère d'une grande quantité de ces gaz due aux activités humaines conduit à un accroissement de l'effet de serre et au réchauffement global.

Géologue
Spécialiste qui étudie la formation et la composition de la Terre.

Glaciation
Période géologique pendant laquelle les glaciers recouvrent une grande partie de la surface terrestre.

Glissement de terrain
Masse de terre qui se détache d'une pente et s'effondre, avec des effets parfois dévastateurs.

Gorge
Passage étroit entre deux montagnes.

Gouttelette d'eau
Minuscule goutte d'eau.

Gravitation ou gravité
Force d'attraction existant entre deux corps. Elle crée le mouvement des planètes, des étoiles et des galaxies dans l'espace et attire les objets vers le sol sur Terre. Plus un corps est massif et rapproché, plus la force qu'il exerce est grande.

H

Hélium
Gaz très léger. Élément chimique simple qui est abondant dans les étoiles, notamment le Soleil.

Hémisphère
Chacune des moitiés du globe située soit au nord, soit au sud de la ligne équatoriale.

Horizon du sol
Couche de sol caractérisée par une composition et une couleur particulières.

Humidité
Quantité de vapeur d'eau dans l'air.

Humus
Partie superficielle d'un sol, constituée de substances résultant de la décomposition de matières animales et végétales.

Hydrogène
Gaz le plus léger. Élément chimique simple le plus abondant de l'Univers.

I

Îlot
Petite île.

Inlandsis
Immense calotte glaciaire recouvrant en permanence le sol des régions polaires.

Interstellaire
Qui est situé entre les étoiles.

Invertébré
Animal qui n'a pas de colonne vertébrale.

J

Journée
Temps mis par une planète pour faire un tour complet sur elle-même.

L

Latitude
Position nord ou sud d'un endroit ou d'un objet par rapport à l'équateur.

Lave
Magma parvenu à la surface. En refroidissant, la lave se solidifie pour former une pierre volcanique.

Lit (d'un cours d'eau)
Creux naturel du sol occupé par un cours d'eau.

M

Magma
Mélange épais de minéraux en fusion, plus ou moins liquide, provenant des profondeurs de la Terre.

Magnitude
Mesure de la brillance d'un corps céleste, en particulier d'une étoile. Plus le nombre est petit (et même négatif), plus l'objet est brillant.

Masse
Quantité de matière contenue dans un corps.

Matière
Substance constituant un objet.

Méandre
Sinuosité que décrit un cours d'eau coulant sur un terrain à faible pente.

Météorologie
Science qui étudie les divers phénomènes reliés au temps qu'il fait.

Méthane
Gaz formant un mélange explosif avec l'air. Il se dégage, entre autres, des végétaux en décomposition.

Micro-organisme
Être vivant minuscule, visible seulement au microscope.

Migration
Déplacement d'un groupe d'humains ou d'animaux d'une région à une autre.

Minerai
Roche dont on peut extraire des substances précieuses ou utiles, comme les métaux.

Minéraux
Substances naturelles non vivantes qui entrent dans la composition des pierres.

Moraine
Rochers ou autres débris entraînés et déposés par un glacier.

Mythologie
Ensemble des mythes et légendes d'un peuple. Beaucoup de dieux et de héros des mythologies grecque et romaine ont donné leur nom à des objets célestes.

N

NASA
Agence spatiale américaine (National Aeronautics and Space Administration).

Neutron
Particule non chargée se trouvant dans le noyau de l'atome.

Noyau
Portion centrale d'un atome, d'une comète, d'une galaxie ou d'une cellule.

Nutriment
Nourriture ou élément chimique essentiel pour vivre et grandir.

O

Orbite
Trajectoire d'un objet ou d'un astre tournant autour d'un autre corps céleste sous le contrôle de sa gravitation.

Orogenèse
Processus de formation des montagnes.

P

Paléontologue
Spécialiste qui étudie les fossiles.

Parasite
Être vivant qui se nourrit à l'intérieur ou à la surface d'un autre organisme.

Particule électrique
Particule de charge positive ou négative qui produit de l'électricité en attirant une particule de charge opposée.

Particule élémentaire
Constituant de l'atome qui ne peut être décomposé en particules plus petites.

Particule subatomique
Particule constituant l'atome.

Plateau
Étendue de terre relativement plate, qui se distingue de la plaine par son altitude plus élevée que les régions environnantes.

Poids
Force gravitationnelle qui s'exerce sur un objet et qui varie selon sa masse.

Point de congélation
Température à laquelle une substance gèle. L'eau gèle à 0 °C.

Point d'ébullition
Température à laquelle une substance bout. L'eau bout à 100 °C.

Pôle
Point situé à l'une des deux extrémités de l'axe de rotation de la Terre.

Précipitation
Eau sous forme liquide ou solide qui tombe des nuages et se dépose au sol.

Prédateur
Animal qui chasse et se nourrit d'autres animaux.

Pression

Poids de l'air ou de l'eau. Dans l'océan, la pression devient plus forte à mesure que nous descendons vers les profondeurs puisque la colonne d'eau au-dessus de nous s'accroît et devient plus lourde.

Producteurs primaires

Organismes, tels que les plantes et les algues vertes, produisant leur propre nourriture et dont plusieurs constituent une source de nourriture pour d'autres organismes.

Proie

Animal chassé et dévoré par d'autres animaux.

Proton

Particule de charge électrique positive constituant, avec le neutron, le noyau atomique.

Q

Quark

Particule élémentaire chargée, constituante des protons et neutrons, notamment.

R

Réchauffement global

Augmentation graduelle de la température moyenne de la Terre.

Récif

Rocher ou corail situé presque au même niveau que la surface de l'eau.

Région côtière

Région qui borde l'océan.

Roche

Matière dure composée d'un assemblage de minéraux.

S

Satellite

Corps en orbite dans l'espace autour d'un objet plus gros. Les lunes sont des satellites naturels qui gravitent autour des planètes. Les satellites artificiels sont des engins placés en orbite autour d'un astre, principalement la Terre, par une fusée ou une navette.

Savane

Grande étendue d'herbe dans les régions tropicales.

Sédiments

Matériaux solides ayant été arrachés à leur milieu d'origine par un agent d'érosion et transportés par l'eau, la glace ou le vent en un autre endroit. Les restes d'organismes vivants peuvent aussi former des sédiments.

Sismologue

Spécialiste de l'étude des tremblements de terre.

Solstice

Journée la plus longue (solstice d'été) ou la plus courte (solstice d'hiver) de l'année.

Spéléologue

Spécialiste qui étudie les grottes et les rivières souterraines.

Stalactite

Colonne de calcaire qui se forme à partir de la voûte d'une grotte.

Stalagmite

Colonne de calcaire qui s'élève à partir du sol d'une grotte.

Submersible

Véhicule sous-marin.

Surfusion

État d'une substance qui reste liquide sous son point de congélation.

T

Tropiques

Régions situées près de la ligne équatoriale où la température est chaude toute l'année. Les tropiques s'étendent 2 575 km au nord de l'équateur jusqu'au tropique du Cancer et 2 575 km au sud de l'équateur jusqu'au tropique du Capricorne.

U

Univers

Ensemble de tout ce qui existe.

V

Vapeur d'eau

Eau sous forme de gaz invisible.

Végétation

Ensemble des plantes qui couvrent une région.

Vertébré

Animal qui possède une colonne vertébrale.

Visibilité

Qualité de l'air qui permet de voir plus ou moins loin.

Volcan actif

Volcan en éruption ou volcan susceptible d'entrer en éruption dans le futur.

Volcan éteint

Un volcan qui n'est plus susceptible d'entrer en éruption.

Volcanisme

Ensemble des manifestations volcaniques.

Volcanologue

Spécialiste qui étudie les volcans et les autres phénomènes volcaniques.

Index

Caractères gras = Entrée principale

Crédits photos

Mesures

Plusieurs mesures du livre sont inscrites dans une forme abrégée. Voici un tableau explicatif de ces abréviations ainsi qu'une table de conversion.

Abréviations	
mm	= millimètre
cm	= centimètre
m	= mètre
km	= kilomètre
km^2	= kilomètre carré
km/h	= kilomètres à l'heure
km/s	= kilomètres à la seconde
s	= seconde

Table de conversion	
Métrique	**Impérial**
1 cm	0,39 pouce
1 m	3,28 pieds
1 km	0,62 mille
10 km	6,21 milles
100 km	62,14 milles